本书为国家社科基金项目成果（项目号：10CSH039）

新时代
农民专业合作社的
发展机制研究

范会芳◎著

中国社会科学出版社

图书在版编目（CIP）数据

新时代农民专业合作社的发展机制研究／范会芳著．—北京：
中国社会科学出版社，2018.9
ISBN 978-7-5203-2733-6

Ⅰ.①新… Ⅱ.①范… Ⅲ.①农业合作社—专业合作社—研究—
中国 Ⅳ.①F321.42

中国版本图书馆 CIP 数据核字（2018）第 146473 号

出　版　人　赵剑英
责任编辑　冯春凤
责任校对　张爱华
责任印制　张雪娇

出　　版　中国社会科学出版社
社　　址　北京鼓楼西大街甲 158 号
邮　　编　100720
网　　址　http：//www.csspw.cn
发　行　部　010-84083685
门　市　部　010-84029450
经　　销　新华书店及其他书店
印　　刷　北京君升印刷有限公司
装　　订　廊坊市广阳区广增装订厂
版　　次　2018 年 9 月第 1 版
印　　次　2018 年 9 月第 1 次印刷
开　　本　710×1000　1/16
印　　张　15.5
插　　页　2
字　　数　252 千字
定　　价　68.00 元

目　录

第二编 条件与机制

第三编　未来与发展

自　序

　　2017 年岁末，我应邀参加河南省第二届"爱故乡文化节"，又见到了河南境内近年来一直在从事乡建和合作社实践的一帮老朋友，如何慧丽老师、张砚斌书记等人。这同时也是我重新开始农民专业合作社的思考与研究的一个重要的契机。

　　与合作社结缘始于 2008 年初冬时节到焦作孟州的一次调研。在深入调研的过程中，我注意到当地正在进行的土地流转与农民专业合作经济组织的出现。这给我留下了深刻的印象。时隔一年，恰逢学院里动员年轻老师申报国家社科基金项目，在选题中频频出现的农村经济合作组织勾起了我尝试从事这方面研究的兴趣。为了进一步理清思路，2009 年的冬天，我带着几名研究生重返一年前调研过的村庄，与村支书促膝长谈，同时听取他关于农民合作组织的看法与意见。实地调研中获得的感性资料对于我申请课题起到了非常关键的作用。走进田野，直接面对研究问题与研究对象本身也是我当年课题申报成功的重要原因。

　　农民专业合作社，作为当时农村中新出现的合作经济组织，承载了政府、社会大众以及学术界很多的期许，同时也代表了十年前农村领域发展的一个新的突破点。以社会学背景组成的课题组，在研究中主要侧重于从农村社会阶层、国家与农民的关系以及土地流转等社会因素来探讨农民专业合作社的发展与阻碍。社会学视角的研究既体现了本项研究的优势，同时也是研究团队避实就虚的研究策略。客观地说，在实地调研的过程中，对于合作社发展的经济问题，如收益分配问题，资金短缺问题等，本课题都没有深入涉及。作为农村中重要的甚至是唯一的经济组织，仅从社会层面来探讨其机制和发展条件也是有些先天不足或者说隔靴搔痒的。这是本研究的不足之处。

　　课题从 2010 年立项到 2015 年结项,历时五年有余。这期间,课题组成员多次深入农村进行调研,同时也多次在一起进行沟通和切磋。课题组成员张伟兵教授、刘涛副研究员对于本课题作出了突出的贡献。此外,还要感谢我的研究生樊春辉、彭飞、韩梅、朱香玲等人,不仅参与了本课题的调研和数据统计分析工作,而且,帮助我校对了书稿,进行文献的查重工作等,在此对他们一并表示感谢。

　　应该说,有关农民专业合作社的研究具有一定的时效性。但是,从现实层面来看,作为农村中重要的组织形式,它将在较长一段时间内一直存在。从这个意义上来说,这又不是一个时效性非常强的研究课题。就课题组成员来讲,也都是慢性子,没有特别的"急功近利",总是想在更长一段时间内来观察和思考所研究的领域和研究的对象,这也是结项成果到如今才出版的一个重要原因。

　　时光荏苒。转眼间从课题结项到如今出版著作,又已经两年过去了。我很庆幸又重新回到农村社会学的研究领域,重新接触在农村坚持合作社实践的农民经验与新乡建派的学者,从而也能够有机会重新思考、验证和修改书中的一些想法和观点。整体来看,当时的"新形势"在十九大报告之后的话语文本中,转化为"新时代"。在农村领域,既有不变的地方,也有新情况、新现象的出现。具体而言,国家和农民的关系近十年来没有太大的变化,农村劳动力的外流、老人农业也依然在持续。新变化、新情况则包括:中央从政策层面提出"振兴乡村战略"与重建农村集体经济,精准扶贫战略与全面建成小康社会的宏观布局等。此外,越来越多的返乡青年开始回到家乡,投身到乡村建设与农村经济领域,从事有机农业生产和专业合作社经营,乡村振兴开始有了更多力量参与。

　　本书出版时间的"滞后"恰好能够让我重新注意到现实领域内的这些新变化从而能够在定稿之前进行一定的修改和补充。这是让我深感安慰和暗自庆幸的地方。

　　借助本书出版的契机,我又带着我的几名研究生重新走访了当年调研过的农民专业合作社,同时电话回访了当年的几位合作社理事长,深入调查了两个目前运营较为成功的合作社。回访的过程也收获颇多,相关内容已经补充到本书前面的相关章节中。

　　回望这几年的研究历程,曾经因为课题的结项、论文的撰写而纠结和焦虑，但整体来看，这段研究经历还是让自己受益良多。首先，因为进入到合作社的研究领域，从而有机会结识了多位河南境内甚至全国各地的农民专业合作社的理事长，他们率真、淳朴、执着，与他们的深入接触让我能够第一时间内获取丰富的一手资料，也获得了许多书本之外的真知灼见。与他们的交流、交往让自己受益匪浅，同时也收获了许多真挚的友谊。这是研究之外的收获。其次，借助课题研究，使得我多次深入农村各地进行调研，这在很大程度上开阔了自己的研究视野，加深了我对于农村、农业和农民的认识，也让自己更"接地气"了。我深切感觉到，与现实相关的研究，研究者如果不能够深入实地，只是在象牙塔内"闭门造车"，将会导致创造力和研究能力的枯竭，同时作出来的学问也不会具有太大的价值。相反，当研究者走出象牙塔，走到乡间和农民群体中去，你会发现研究的乐趣，同时也能找到更多具有现实意义的研究课题。

对于合作社的这项研究暂时告一段落了，但我知道，自己的乡村研究才刚刚起步，内心的乡土情结依然还在。这些都将促使我在今后的研究生涯中，持续不断地走向农村基层，继续关注现实领域的新变化、新问题。受温铁军先生、何慧丽老师等人的影响，今后我也将在研究之余，抽出时间和精力投身当代的乡建运动，为家乡的发展和改变尽绵薄之力。

是为序。

2018 年 4 月 3 日于郑州盛和苑

第一编　背景与现实

第一章　农民合作社发展的背景分析

农民专业合作社是基于农村发展、农业需要、农民需求的一种经济合作组织形式，以农民为主体，通过农民集体组织、互助发展实现农民富裕与农村发展。这种合作组织受到新时期国家转型的战略影响，并与村庄社会的变迁紧密相连，是农民在"三级所有，队为基础"的公社体制解散后组织形式上的创新，普遍存在于农村地区。要深入研究新时期农民专业合作社的发展机制，首先必须解析合作社发展的宏大背景，理清研究进路，探明合作社的发展现实，为进一步的研究奠定基础。

第一节　转型期农民专业合作社发展的宏观背景

一　转型发展的社会动因

十一届三中全会之后，中国步入了改革开放的新时代，社会结构、经济结构等也开启转型之路。一方面，各种潜在的力量被激活，国民经济获得了长足的发展，中国一跃成为世界强国；另一方面，伴随着积极效应的释放，负面问题日益凸显，贫富差距日益拉大，基层社会分化日益加速，距离公平、正义的目标还相距甚远。在农村，大量的青壮年劳动力外出务工，造成村庄社会的日益空心化。这是农民对农村的背叛和逃离，更是穷困农民无奈和心酸的体现。

城乡经济收入差距的拉大是造成这一现象的主要原因。不可否认的是城乡之间收入的差距一直是客观存在的，但是建国后的几年国家尤其注重调整收入分配差距，把大量的工作放在农业发展方面。到1978年，城乡收入的差距已经缩小为2.57∶1，1983年达到新中国成立以来的最低水平：1.82：1①。但是随着改革的进行，国家发展重心向城市转移。工业化和城市化的快速推进，城乡二元的制度分割，使得大量资源向城市集聚，城镇居民收入迅速提高，城乡差距快速拉大，2011年的数据显示城乡居民人均收入比例扩大至3.13：1。这种差距的拉大集中表现在物质与精神生活上的差距。而城市经济的发展需要大量吸纳农村的劳动力，数以千计的农民涌入城市，目睹到城市的灯红酒绿和车水马龙，心理上的失衡感日益加剧，对城乡的不同待遇和发展产生极大的抱怨。此外，随着城镇化建设速度加快，各种利益纠纷和矛盾的积压，农民非理性的行为层出不穷，以法抗争、以理抗争和身体抗争事件频繁出现，并且已有蔓延的趋势。上访事件频发，其中大多数是无理的"谋利性上访"。另一方面，基层上访治理的方法却日益非正式化，"摆平就是水平"成为普遍做法，大量谋利型上访被不断生产出来②。与西方相比，中国农民的利益诉求在方式、目标、理念等方面有极大不同，在缺乏足够的制度以及文化基础的前提下，农民的抗争并不仅仅是维护其正当权利，而是借助政治风气，试图赢得政府、社会等方面的同情与支持，最终目的是获得更多的经济利益。政府也往往出于维持稳定的目的，满足无理诉求。这种强化造成更多农民在类似情境下采取同样的行动策略，以期在未来的利益分配中占据相对有利地位。这种形式的农民上访并不是为了推动规则或制度的改变，而仅仅是为个人谋取更大的利益，这是顺应甚至强化规则的表现，变规则为己所用。所以公民社会并不会由此逐渐形成，相反，还会由于个人利益的无限扩大而逐渐被消解。满足了发展经济的欲望，却忽视了社会的诉求；彰显了个体权利要求，却失去了应尽的社会义务。

经济与社会、责任与义务的失衡，使国家开始重新思考发展战略与模式，进一步调整发展战略，解决过度发展带来的各种矛盾和问题，更好地协调国家、市场和社会的关系。党的十八届三中全会提出了全面深化改革、推进国家治理体系和治理能力现代化的目标。这就必然要求更加注重改革的系统性、整体性、协同性。由此可以看出，国家开始凸显公平和正义，注重社会中多元化力量的运用，积极推动他们参与到经济社会发展过

---

① 《中国城市发展报告》（No.4，聚焦民生），社会科学文献出版社2011年版。

② 陈柏峰：《信访的分类治理研究》，《政治学研究》2012年第1期。

程中，激发各主体的活力，形成一个团结而具有活力的社会。在乡村社会中，农民合作社作为国家的发展战略的一种实践载体，在 2013 年中央一号文件中被高度重视，提出"创新农业生产经营体制，稳步提高农民组织化程度""农民合作社是带动农户进入市场的基本主体，是发展农村集体经济的新型实体，是创新农村社会管理的有效载体。按照积极发展、逐步规范、强化扶持、提升素质的要求，加大力度、加快步伐发展农民合作社，切实提高引领带动能力和市场竞争能力"①。可以认为，在国家转型和现代国家建设的背景下，农民专业合作社的建设与发展，不仅是促进农村经济发展、实现农民增收的路径，也是国家在推进乡村自治和现代国家建设中的一项重要战略决策。

二 发展方向的转变与乡村社会的机遇

从乡土中国到现代中国，国家可以说发生了史无前例的巨变，而当前的转型期则是这个长时段中的关键节点，也是新的发展方向的起点。当前的转型是一场空前的制度的变迁和发展，是更加凸显方向、前途及命运的转型，体现社会的公平、正义、均衡与和谐。之前单纯的国家一元化管理变成以国家管理为主的多主体参与模式，注重国家、市场与社会的共同参与及其关系的调整，突出市场与社会在发展中的作用。

首先，是由经济建设中心论向全面发展的转变。从十六大经济建设、政治建设、文化建设的"三位一体"，到十八大、十九大的经济建设、政治建设、文化建设、社会建设、生态文明建设的"五位一体"，其体现了一种全面的、均衡的和协调的现代化，其中社会与生态得到突出强调。在此前经济中心的发展历程中，社会与生态变得较为脆弱，整个国家的发展失去了平衡，新的布局是一种更为科学合理的安排。社会建设注重社会参与、社会发展与社会治理，强调激活社会力量，让其参与城市发展与现代化建设的过程中，服务发展目标，贡献发展成果。生态文明则是对快速、激进的发展模式的反思，凸显一种健康、稳健和可持续的发展理念，在经济的快车中安置上和谐、生态的音符，使得社会能够在发展的同时稳步前进。

更能彰显转型发展理念的是国家治理目标的设置，党的十八届三中全

---

① 中央一号文件发布，要求快发展现代农业（全文）及解读，http://blog.sina.com.

会将全面深化改革的目标定为"推进国家治理体系和治理能力现代化"，在社会的管理上，由稳定型的管理向预防性的现代治理体系转变。治理凸显的是参与、协商，强调上下之间的互动与结合，具有较强的双向性，因此能够推动社会、市场力量的参与。三方地位是平等的，通过政府、社会及市场之间的协商，实现对事务的共同治理，民众的民主参与度和参与能力得到提升。从传统的统治、管理方式向现代国家治理体系的建设转变，能够有效抑制政府的缺位、错位和失位的问题，提高政府工作的责任感，同时也提高社会的组织化、自治化水平，在实现自我管理、自我服务和自我发展目标的同时，更好地监督政府、融入市场，其核心是更好地实现和维护广大人民群众的利益，化解人民内部的矛盾，消除市场对人民利益的过度剥夺，促进人民的收入和福利提升，维护社会的公平正义。

自20世纪90年代以来，"三农"问题日益凸显，国家对于农村秩序和稳定的重视度不断提高，2006年取消了延续千年的农业税，并开始通过各种政策和措施来提高农民的收入。自2006年起农村发展与农民增收成为历年中央一号文件的主题，重点就是推动农业现代化，以农业发展来提高土地的效益，进而增加农民收入，并进一步通过提高农业补贴来增加农民的种田积极性。新农村建设与农民增收也被提到战略发展的高度，国家与基层对农村投入大量的资源，以用于农村建设，但是外部的建设却未取得应有效果，新农村成为一种摆设，资源输入并未有激发农村活力，相反却成为一种依赖，作为基础性的农业也未得到发展。

因此国家转变策略，重点支持农业生产，希望通过对农民的补贴来激发农业的内在活力，推动农业现代化。但是农业税取消与农业补贴增加，农民的种田积极性并未增加，农业生产中的组织方式缺乏，农民种田成本相当高，而农业效益却未相应提升。取消农业税后，没有了集体资源，村社集体的统筹能力大大降低，而且一些地区村民小组长也不存在了，村社集体很难为农户提供相应的公共服务，农民的组织能力更加弱化，需要单独面对天灾人祸以及市场竞争。尤其是2010年的旱灾使得农业受到巨大冲击，水源很快枯竭，大量农民的生活生产陷入无水可用的困境，中国西南区域赤地千里，庄稼绝收，人畜饮水困难，严重危及生产和民生，此后中原地区、东北地区接连发生旱灾，而单家独户的弱势农民难以应对，小农经济的弊端完全显示，农业发展的服务能力不足与农民的弱势地位凸显的问题并存。为此，国家的农村发展战略再次转向，开始注重农村公共服务设施建设与农民合作能力的提升，2011 年中央一号文件提出大兴农田水利建设，2012 年中央一号文件提出科技兴农的战略，2013 年与 2014 年中央一号文件又在农民组织化、农业支持、服务方式及土地流转等方面提出了要求，从农村建设到农业发展，并切入到农村结构中的各环节，力图通过提升各方面的质量和能力来改善"三农问题"，这必然是一种系统的、可持续的发展模式，也给农村发展、农民富裕与农业现代化提供了机遇。

农民专业合作社也遵循了现代国家建设的路径，自觉彰显出国家战略转型的导向，经济效益是合作社的重要目标，但是合作社也要更加注重人的发展、文化的塑造、社会的和谐以及生态环境的保护，不能再走急功近利的老路。在国家转型的战略规划下，合作社承载培育合作文化、塑造公民意识、维系基层秩序、维护国家权威等更加多元的功能。

三　转型对于合作社发展的影响

国家发展的转型凸显的是更为系统和综合性的目标，在关注国家本身的同时，开始注重社会的建设和发展，对基层社会发展意义更为重大，也会影响到整个农村社会，作为组织化的农民专业合作社也必然会呈现出转型发展的特征。

1. 合作社的综合性更强

2006 年《中华人民共和国农民专业合作社法》指出，"农民专业合作社是在农村家庭承包经营基础上，同类农产品的生产经营者或者同类农业生产经营服务的提供者、利用者，自愿联合、民主管理的互助性经济组织"，这表明了合作社的经济性质，这种性质决定了合作社的建设目标和发展方向。但是单纯的以经济利益为主和缺乏调控的目标，使得合作社容易走入极端，这种情况在现实中是普遍存在的，套取项目、谋得私利、夺取资源的行为和逻辑充斥在合作社中，使得合作社严重扭曲和变形。为此，新形势下，合作社也必然要朝向更为综合的方向发展，不仅要承担经济发展的功能，而且要更加具有治理、政治和文化的功能，在实现经济目标的同时，注重综合性功能的培育，确保合作社的可持续性。

2. 合作社的农民主导性更强

合作社法中明确提出，"成员以农民为主体；以服务成员为宗旨，谋求全体成员的共同利益"，从规定上看，农民作为而且应该成为合作社的主体和主要力量，而何为"农民"？只有对农民主体进行合理的认知才能够科学地进行研究。如果按照形式上的理解，从事农业生产的人都是农民，那么就包含了很多"非农民"的农业生产者，而且这也是现实中的常态。大量企业、城市的精英组建合作社，而真正的农民却未参与其中。因此对于何谓农民，不仅要看其户口是否长期（一般以三至五年以上为限）在农村，而且要看其是否从事种、养业或直接为种、养业进行产前、产后服务。如果将来统一城乡户籍制度，则要看户口是否在乡村[①]。如此才能让真正从事农业生产的、在农村的农民成为合作社的主体或者主导性力量。此外，资本主导的合作社也要有合理的农户参与比例。只有农民成为合作社的主体，并主导合作社的发展方向，才能够真正的让土地上的效益回归农民，实现农民增收与富裕的目标。

3. 合作社的功能将更为多元

农民专业合作社作为基层的经济性组织，重要功能就是集聚农村资源，进而通过新载体来提升农业生产的效益，获得更高的经济利益，提高农民的收入水平。但是随着国家治理的转型，合作社必然赋有更为多元的功能，尤其是建立一个现代的治理体系，必须依靠社会、市场力量的参与，合作社不仅是农民的组织，而且是市场竞争中的重要主体，在国家的发展格局中承担更为重要的职能。通过有效地组织、动员和管理，可以提高农民的合作水平。而民主管理、民主决策和民主监督，充分履行社员的责任，承担相应的义务，也能够培养社员的民主意识。合作水平提高、民主意识的养成进而可以实现一种协商式的运行模式，也能够有效地解决发展中的矛盾和问题，维持社会的基本秩序。

4. 合作社与村庄的融合度将会提升

村庄是一个系统的结构，由多种要素和子系统构成，维系整个村庄社会的发展。外部力量主导的农民专业合作社在村庄之中，却又远离乡村社会，与农民的日常生活存在一定距离。而随着农民的融入与功能的多元化，合作社虽然是超脱于村庄之外建立的组织，但是必然立足于村庄社会

---

① 李长健、冯果：《我国农民合作经济组织立法若干问题研究》，《法学评论》2005 年第 4 期。

内部，融入到农村的生产、生活等各方面，进而成为日常生活中的、必不可少的重要组成部分。合作社与村庄社会高度关联，甚至会成为超越村庄之上、与村庄融为一体的公共性组织。在村社组织治理和服务能力弱化的情况下，新的具有丰富资源的合作社能在组织农民、提供公共服务、参与社会治理方面发挥重要作用，成为一个公共性较强的、超越个体农民的超力量。

第二节　取消农业税之后的乡村之变

一　乡村形态之转变

乡村形态主要是随着时空变化而呈现出各种视觉特征的外显表现，是一种外部的综合性现象与现状，主要表现在村庄形态、农民形态、政府形态以及合作社形态等方面，这些外显形态虽然自为一体，却又有极大关联性，都是随着现代化、工业化的外部力量的改造而形成的。

1. 村庄形态的城市化

传统的村庄是基于地缘和血缘基础上发展而成，农民都选择距离耕地较近的地方建房，以方便及时照料土地和家禽，保证能够自给自足，"日出而作、日落而息"是生活的常态。这种生活模式也决定了村庄建筑的特色，传统村庄建筑一般都注重农业生产与日常生活的融合，主房、庭院、配房功能有序，为生产提供了便利，而且有较大的公共活动空间，为邻居之间走动、串门及互助提供了便利。在村庄地理位置上，可以分为山区村庄、半山区村庄以及平原地区村庄；根据经济发展差异，也存在富裕村、欠发达村和贫困村等。这些村庄虽然地理位置、经济状况以及风土人情都不相同，但是却都伴随着城市化的推进而发生了巨大改变，原有的面貌基本不复存在，呈现出多元化的形态，主要有以下三种：一是在城市空间格局中的城中村和城郊村。这些地区在城市化的进程中基本都被改造，集体土地也变为建设用地，农民居住到新建的城市社区中。城市社区一般都为高层建筑，周边是繁华的商业区，农民不再依靠土地谋生，而是通过租房或者经商维持生活，已经不再是真正意义上的农民。二是人口密集的中心村。一些位于中心区域的村庄，由于处于交通要道、市场发达、人口密集，不仅本地区的经济较为发达，而且能够有效辐射带动周边区域，这种村庄一般是新型社区改造的基点，通过合村并居，大量的小型村庄迁移而来，原来的院落改建为楼房，大量农民上楼，节约出的土地转化为建设用地。由于人口集中、交通优越，政府也会通过招商引资、园区建设等，吸引大量企业集聚发展，以解决农民的就业问题，但是仍然会有一些农民依靠种地为生，传统农村进入了一个过渡式的半城市化状态。三是偏远地区的普通型村庄。这类村庄虽然远离城镇，交通和市场都相对落后，但是却仍然受到现代化的冲击。大量的年轻人长期远离农村，前往城市务工，而老年人在家务农。这仍然是传统意义上的村庄社会，但明显呈现出新旧二元布局，农民开始选择在周边区域或者道路两边新建楼房，尤其是新婚的年轻农民都会建楼房，但是老房子却仍然存在，长期闲置，无人居住。比如山东某村的宅基地有 600 多处，闲置多达 200 多处。村庄空心化成为一种趋势，随之而来的是人力资本空心化、治理主体空心化等诸多问题。

2. 农民的阶层分化

改革开放的三十年，中国乡村社会发生了巨大变化，农民的生活、职业、收入、居住等形式都发生了巨大变化，农民群体高度分化，形成了差异明显的社会阶层。依据农民的生产与生活形态的差异以及与农业的亲疏关系，可以分为离农阶层、半工半耕阶层、一般农业生产阶层、村庄贫弱阶层等四大类。离农阶层分为两类，一是城中村或者城郊村的农民，收入最高，且工作稳定，已经不再从事农业生产；另外一种是举家外出农户，由于全家进城经商、务工，并获得了稳定的工作和住房，收入相对较高，已经完全脱离了农业生产。半工半耕阶层是农民中的普遍形态，以代际分工为基础，子女外出务工、经商，老年人在家务农，务工是家庭的主要收入，但是工作并不是很稳定，由于老人在家而能够随时返乡。这样家庭的土地仍然存在，而且务农也能够解决家庭的基本生活需求，在村庄中处于中等偏上水平，而且部分农户由于家庭务工较为成功，开始自己经商，逐渐成为村庄中的中上阶层。一般农业生产阶层以务农为主要收入来源，他们是乡村农业发展中的重要力量。在人多地少的基本国情下，他们的耕地规模一般在 5 亩左右，为了维持生活，他们会努力流转外出务工农户的土地，因此一般有能力的家庭耕地规模能够达到 10 亩左右，有些农户能够到 20 亩，这样他们一年的收入接近村庄中等左右水平，也能够维持基本的家庭开支需要，因此他们非常关心农业生产。土地与农业对于家庭的重要性，也使得他们成为农民中的主要群体和村庄社会中的积极力量。贫弱阶层是村庄中的少数，他们由于身体和家庭原因，父母也已经年迈，缺少基本的劳动力，不能外出务工，经营的土地规模较小，家庭收入最低，是村庄社会中的底层。而一旦缺乏对这部分农户的救助，他们自身又没有改变现状的能力，很容易成为村庄中的钉子户和上访户①，对乡村社会秩序的稳定带来挑战。

　　3. 合作组织变化

　　对于中国分散的小农经济而言，单家独户进行农业生产的风险极大，需要有强有力的组织来解决公共服务问题，满足农民的生产需要。新中国成立后，通过"三级所有、队为基础"的公社体制将农民组织起来，在水利设施建设、农业科技服务等方面作出巨大贡献，改变了靠天吃饭的农业生产状况。分田到户后虽然暂时释放了农村活力，但是又陷入了"单干"的局面，尤其是取消农业税后，农民的个体化趋势更为明显，在农业生产中，由于缺少组织而陷入"无力"境地，天灾人祸侵蚀农民的劳动热情。而在市场中，由于个体力量的弱小，难以平等参与市场竞争，农业效益非常低。为此，国家提出要加强农村经济组织的发展，尤其是重点推动农民专业合作社的发展。然而农民自主成立的合作社，在技术应用、市场拓展、资金筹集、服务供给等方面存在明显不足，在促进农业现代化与实现农民增收方面的能力较低，取而代之的是资本主导的专业化企业的发展，他们成为乡村社会的主导性力量。而这种合作社作为村庄经济组织本应该以农民为主导，却又远离农民，个体农民没有能力争取到合作主导权。在社会组织建设方面，由于大量年轻人的外出，村庄的自治型社会组织基本不存在，虽然一些地区积极发展老年人协会、留守妇女协会等组织，但是仅仅在个别示范地区能够发挥作用，大多数地区的社会组织也是昙花一现。目前，外部的基金会和行业协会也开始积极介入乡村社会，力图通过资金融入来支持村庄发展，发展养老互助合作社、金融合作社等，建立起集互助、合作、自治和发展为一体的村落社会共同体，这种模式也处于初期阶段在局部地区推行，而且多依靠外部力量，普及性和持续性相对不高。此外，随着基层组织的弱化和人口流动性增强，乡村社会的妇

────────────

　　①　贺雪峰：《取消农业税后农村的阶层及其分析》，《社会科学》2011 年第 3 期。

联、共青团等组织的组织、动员及影响力迅速下降，即使党组织的建设也在日益弱化，正式社会组织的弱化使得一些邪教、非法组织发展起来，威胁着乡村社会的稳定。

二　乡村关系之改变

这里所指的乡村关系，包括乡村外部的农民与国家、政府、市场的关系，以及乡村内部的农民与村庄、家庭、农民的关系。这些主体之间的关系都在发生剧烈变化，外部关系对立化与内部关系的离散化并存，冲击着乡村的基本秩序，并挑战整个社会的团结力和凝聚力。

1. 乡村与外部力量的对立化

传统中国皇权虽然至高无上，"普天之下、莫非王土，率土之滨、莫非王臣"，但是皇权不下县，"国家"的概念在乡村中的影响不大，皇权在基层是一种象征性的存在，农民的家庭与家族感则更为强烈，费孝通认为农民"为自己可以牺牲家，为家可以牺牲族……这是一个事实上的公式"①。传统情况下个人依附于家庭、家族，距离皇权、"国家"非常遥远，国家利益与自己基本不相关。中国步入现代国家建设以来，尤其是新中国成立后，以土改为核心的革命把农民拉入了现代体制中，从祖荫下得到解放，成为国家的主人翁，赋予更多的个体权利，开始直接与国家对接。人民公社体制、家庭联产承包责任制、村民自治、税费改革等都是农民权利彰显的体现。然而农民权利的不断释放，却没有得到相应的规范和机制的引导，出现农民认同国家的变革，却又不断地挑战国家的权威的现象。国家改革的实质是希望通过消解侵蚀农民利益的问题，给予农民更大的发展空间，农民实质认同国家的变革，却相反没有国家感，因为他们仍然是远离国家的，现代国家政权建设中的"民族—国家"观仍未塑造完成，农民有家而无国的意识仍然存在，因为眼前利益仍然超出遥远的预想，实体的乡村与虚拟的国家是当下的现实。

在农村社会国家往往以某一层级的政权机构出场，例如政府、法院、局委等等，或者以强制性的政策来展示，例如文件、规划、意见等等，因此农民心目中政府的形象更为深刻，也有层级划分，中央、省市、基层等

---

① 费孝通：《乡土中国》，上海人民出版社 2006 年版。

三级，传统社会的中央政府在农民心中是正义的代表，是遥远的青天，遥不可及，却值得信赖。省市政府是中央政策的传达者，基层政府是执行者。基层政府与农民走的最近，也是政策的直接执行和贯彻者，因为与农民的利益关系最为紧密，也最容易与农民产生利益纠纷。取消农业税后，乡村干部没有资源治理村庄，也失去了应有的责任感，村庄事务基本事不关己，村民与村干部成为陌生人。而在城市化快速推进过程中，因为拆迁、征地、补偿等问题带来的矛盾增多，原有的家庭与村庄内部纠纷转为村庄、农民与基层政府间的公共性矛盾，农民不断地越级上访，寻求解决之道。缺乏义务和责任的"钉子户"涌现，尤其是村庄中的贫弱阶层、大社员成为不稳定因素，大量的上访事件涌现在乡村社会中。但是大量的上访却又被要求在所在地解决。农民的斗争屡次被压制，在丧失信心的同时，也对省市乃至中央政府的信任感降低，农民与国家的关系在直接对接的同时，却与政府的关系渐行渐远。

政府作为政策的执行者要承担起化解"三农"问题、实现农业发展与农民富裕的责任。而政府本身的能量非常有限，需要借助市场的巨大力量，引导市场资源来支持乡村的发展。改革开放以来，在国家的支持下，市场向乡村社会的渗透能力逐渐增强。分田到户后农民成为农业生产的主体，也是农业生产要素和财产的主体，他们直接与市场对接，以个体身份参与市场交换和市场竞争。粮食、蔬菜、家禽等在满足基本需要的前提下，都会拿到市场上交易。大量的年轻劳动力也到城市务工，参与到市场竞争中，农民的工资性收入迅速增加，甚至成为一些家庭的主要收入来源。与此同时，市场也主动进入到乡村社会中，通过建立企业、开发地产、发展旅游业、成立合作社等方式，推动农业生产的商品化，挤占农村的资源，对于去组织化的农民来说，根本无力与强大的资本竞争，以至于大量资源和效益被带走，弱势、分散的农民心中充满不满、抱怨，却很难在市场竞争中有话语权，农民与市场的关系变得日益复杂和纠葛，但无论如何农民已经开始融入到市场体系中，不断与市场博弈、抗争与妥协，力图借助市场的力量来改变自身的命运，然而个体的力量终究是那么薄弱，螳臂当车。可以说农民命运又处在一个新的分界点上。

2. 乡村内部力量的离散化

在乡村社会内部农民与村庄、农民与家庭、农民与农民之间的关系正在改变，传统乡土社会的特点逐渐消失，熟人社会走向半熟人社会、甚至陌生化社会，亲密的关系解体，紧密的乡村社会共同体离散化问题凸显，农民与村庄、家庭之间的关系日益疏远，呈现出松散化状态。

　　传统的乡村社会中，农民"生于斯、死于斯，是一个'熟悉'的社会，没有陌生人的社会"①，这种熟悉且透明化的传统是乡村的基础。农民世代定居，较少迁移，终老于乡村，熟悉、信任并变得非常亲密。农民属于村庄和土地，村庄也离不开农民。而新的历史条件下，农民的生活与生存状况发生了巨大变化，传统的宗族组织解体，地方性规范和秩序瓦解，农民的流动性增强，大量的农民远离村庄和家庭，尤其是随着消费主义和市场理念的侵入，年轻农民向往城市的美好与奢华，而厌恶繁重的农活和脏乱的农村。他们常年在外务工，基本没有对家乡的眷恋，希望能够永远留在城市，农民与村庄的关系逐渐疏离。

　　由于农民外出以及对城市的眷恋，村庄变得空虚、冷清，吴重庆认为这是一个"无主体熟人社会"②，也就是农村已经失去了主体和自我发展的动力，成为城市的依附者。而由于年轻人周期性的返乡，农村中仍然存在熟人社会的部分特征，只是在这种社会中舆论失灵、面子"贬值"、资本流散，农民与乡村的利益关联不断降低，他们已经没有了对于村庄的责任和关切，即使无法进城，却心已不在乡村，村庄已经与自己无关，这种责任伦理的变迁也直接影响着村庄的社会关系和家庭结构。

　　大量的农民进城务工，收入也明显高于在家的务农收入，年轻人的收入增加也使得自立能力日益增强，他们不再依靠父母，甚至逃离父母和家庭，以获得更多的自由和权利，家庭也正在日益走向核心化，子女与父母的关系日益疏远。在湖北京山地区，分家后，子女基本就脱离了原来大家庭，而且不再依靠父母，年迈的父母也失去了家庭事务的话语权。家庭缺少了核心力量，兄弟姐妹之间的关系也在疏远，兄弟之间也要明算账，因为利益而导致兄弟反目、老人自杀的现象时常发生。个体权利在家庭中不断彰显，甚至不再考虑亲情和血缘，阎云翔认为，这是"自我中心式的个人主义的发展。这种个人主义是一种不平衡的个人主义，即权利义务失

---

① 费孝通：《乡土中国》，上海人民出版社 2006 年版。
② 吴重庆：《从熟人社会到"无主体熟人社会"》，《读书》2011 年第 1 期。

衡的自我中心价值取向，它无视道德规范、乡规民约和法律，无视责任、义务的平衡，导致人们抛弃家庭责任，造成农村家庭的代际紧张和养老困境，传统养老文化迅速流失"①。农民更关心个人的幸福与他人的眼光，道德与信仰难以即刻改变贫困生活，只有获得大量的货币，提升自己的经济地位，才能获得社会的认可。人们之间更加斤斤计较，理性算计充斥在乡村社会，温情脉脉的乡村共同体已经消散，农民、村庄与家庭之间的关系趋于离散化。

在整个国家与乡村社会剧烈变迁的背景下，乡村自身的复兴已经相对较为困难，而农民专业合作社作为新型合作组织，是国家战略规划中的一个重要节点，势必要融入更多的功能和价值，在富裕农民的总体目标下，对外要能够对接国家与社会，更好地适应国家的治理转型和发展战略，对内要调试好各种要素之间的关系，优化村庄结构，建设村庄共同体，重建与恢复乡村良性的内生系统。

第三节 农业现代化的时代要求

自中国步入现代化国家发展阶段以来，就一直高度重视农业的现代化建设，通过各种手段、途径和力量来引导农业发展，提升农业的专业化、产业化和商业化水平。由于中国国情的独特性，现代化的步伐相对缓慢，而进入新时期，农业现代化的要求变得更为现实和重要。

一 改造传统农业的要求

传统农业是相对于现代农业而言的概念，象征着传统社会中落后、低效、封闭的农业生产模式。传统农业技术落后，难以抵抗自然灾害，导致农民生存困难。为维持生存，农民必须确保粮食的产出，并及时储备粮食以防备天灾带来的威胁。而在技术落后的情况下，生产足够的粮食只能依靠劳动力，通过最大限度投入劳动力以确保粮食产量。因此农民只能留在土地上，需要"靠天吃饭"。而现代农业则更加注重的是专业化、商业化

---

① 阎云翔：《私人生活的变革：一个中国村庄里的爱情、家庭与私密关系（1949—1999）》，龚小夏译，上海书店出版社 2006 年版。

和企业化的运作，以获得实在的效益为目标，注重农业生产技术的改造、土地的规模化生产和农业服务，以最低的劳动力投入获取最大的回报，实现生产效率的最大化，从而改变农业、农村的落后面貌，实现城乡发展的一体与均衡。

随着人口不断增长和农业发展压力的增加，从传统农业到现代农业的转化成为必然，这也是世界各国一直努力的方向。欧美等发达国家探索实践了传统农业的改造之路，通过发展大规模的家庭农场实现了土地的集中与农业的高效，土地耕种规模达到几千上万亩，在耕整、播种、施肥、收割以及流通、销售等环节都实现了机械化和信息化，极大提高了农业的效益。而日本也根据本国的资源禀赋走出了"合作经济组织 + 农户"的发展道路，借助综合农协来组织农业生产、流通和销售，保护农民利益。中国作为处于现代化过程中的国家，也高度重视传统农业的改造，一是技术上的变革。国家推动农业科技人员进村服务，积极"增加农膜原料产量，调整农、地膜用料结构，开发新品种。改进大型农机具，加快发展中小型农机具和农产品加工机械"[1]，并推广新式的农具、耕作技术，开展垦荒运动，制定了以机械化、电气化、化学化等为内容的农业改造政策。二是发展农业合作组织。在马克思主义的相关理论指导下，积极对传统的小农经济进行改造，毛泽东指出，"一切劳动农民，否认那个阶层，除了组织起来集体生产，是无法抵抗灾荒的"[2]。而合作社成为当时改造小农经济的选择，是政府的一项重要任务。在合作社的引导下，大量的水利设施得以兴建，农业服务能力不断提高，以合作社组织分散的农民，推动农业的规模化发展。

而在这种"集体统一经营"出现了合作的困境时，又回到了家庭分散经营的道路上。虽然家庭分散经营可以解决温饱问题，但是却不利于现代农业的发展，因为农业的生产不仅是家庭的事情，更涉及家庭、市场、政府等多个主体，是一项系统性的工程，只有疏通各个环节，才能确保效益的最大化，但是目前农业生产"各自为战"，且相互抵制，以至于仍然

---

① 中共中央党史研究室等：《中国新时期农村的变革：中央卷》，中共党史出版社 1998 年版。

② 毛泽东：《中国农村的社会主义高潮》中册，1956 年版，第 548 页。

固守原地而没有发展。尤其是随着中国农村人口的迅速增加，农业生产的压力日益巨大，农业基础设施仍然是 1980 年代之前修建的，农业服务能力也随着机构改革而降低，难以抵抗"天灾人祸"，农民仍然在"靠天吃饭"。此时大量的劳动力不断流出农村，农业发展的主体性力量弱化，农业的技术革新难度加大，农产品流通方面表现出市场体系建设的滞后，支持服务体系不适应生产发展要求，难以有效地做到产需平衡衔接①。目前，虽然已经大量使用农药、化肥和农机等，但是却处于一种破坏性使用的层面上，也是粗放的、野蛮的农业生产。现代农业不是一种简单的农业科技的移植，而是保护基础上的可持续性农业，可以说农业生产仍然相对"传统"，与整个国家的现代化水平不相符合，难以满足社会发展需要和农村发展需求，分散的、小规模的农户经济走向现代化仍然是时代的诉求。因此，可以认为新型农业经济合作社的发展是现代化的选择，也是改造传统农业和小农经济的契机。

二　粮食安全保障的要求

自古以来就有"国以民为本，民以食为天"的理解，粮食是国民生存的基本保障，直接关系国计民生，更是国家独立发展、政治稳定和社会和谐的重要资源。因此，粮食安全问题受到了各国的高度重视，作为国家安全体系的重要构成内容。新中国成立后，为了解决 5.4 亿人民的吃饭问题，提出了要"以粮为纲""农业是基础""储粮备荒"的战略，把吃饭问题放在巩固政权的重要位置，基本解决了人们的温饱问题。但是由于自然灾害和制度问题，仍然没有避免饥荒的发生。改革开放以后，农业生产得到了快速发展，尤其是最近十年以来粮食的产量不断提高，2013 年中国粮食总产量达到 6.0193 亿吨②，实现了粮食产量的"十连增"，2017 年统计局数据显示全国粮食总产量 6.1791 亿吨。但是在粮食增产的同时，粮食的缺口也依然存在。自 2008 年我国已经从粮食净出口国变成了净进口国，进口粮食的数量也在不断增加。有关数据显示，2012 年中国三大

---

① 张耀影：《传统农业改造的四种道路》，《广西社会科学》2005 年第 7 期。

② 国家统计局：《国家统计局关于 2013 年粮食产量的公告》，http：//www.stats.gov.cn/tjsj/zxfb/201311/t20131129_ 475486.html，2013 年 11 月 29 日。

主粮进口量暴增，玉米、小麦、稻米进口量分别比 2011 年增长了 197% 、195% 、305% ，其中，稻米进口量 12 年来首次超百万吨[①]。2017 年中国粮食累计进口 13062 万吨，较 2016 年增加 13.9% ，其中，大豆累计进口 9553 万吨，稻米累计进口 403 万吨，小麦累计进口 442 万吨，玉米累计进口 283 万吨；2017 年中国粮食累计出口 280 万吨，较 2016 年增加 47.4% ，其中，大豆累计出口 11 万吨，稻米累计出口 120 万吨，玉米累计出口 8.6 万吨。虽然从总体上看，中国粮食还处于相对安全状态，但是已经存在了一些不容忽视的问题[②]。

从农业生产的现实来看，中国的农业基础仍然相对薄弱，农业可持续发展能力不足，粮食安全隐患依然存在。一是粮食生产的基础设施缺乏。虽然国家高度重视水利、道路、农机服务机构、流通设施等建设，但是仍然存在水资源不足、服务能力偏低、道路失修等问题，粮食增速缓慢，粮食安全风险增加。二是耕地减少的威胁。随着城镇化建设的推进，耕地面积不断减少，1996 年我国人均耕地为 1.59 亩，2009 年下降到 1.52 亩；2009 年全国耕地为 20.32 亿亩，2012 年耕地是 20.27 亿亩[③]。目前我国人均耕地面积 0.0976 公顷，远低于世界平均水平，处于世界中下水平。而且减少的土地多为优质耕地，直接威胁到粮食的产量。此外，虽然 18 亿亩红线仍然在维持，但是土地的质量却在不断下降，由于大量的化肥、农药的使用，土壤板结、酸化、盐渍化等问题突出，肥力迅速下降，影响到粮食的产量和质量。三是农民种粮积极性降低。随着农业生产资料价格大幅上涨，以及农村公共品供给的缺失，农业生产的成本不断上涨，尤其是粮食的比较收益日益降低，农民种粮的积极性不断降低，一些农民宁愿抛荒，也不愿意种粮。一些农民为追求更好的利益，而外出务工或者种植经济作物，大规模经济作物的种植，已经危及粮食安全问题。

随着经济的全球化，粮食生产、流通与消费逐渐纳入到国际市场体系中，这也给国家粮食安全带来了更大的挑战，欧美发达国家的大农场已经

---

① 严海蓉、胡靖、陈义媛、陈航英：《在香港观察中国的粮食安全》，《21 世纪》2014 年第 6 期。

② 臧云鹏：《人民财评：我国三大主粮进口猛增原因在哪里?》，http://finance.people.com.cn/n/2013/0617/c1004－21862975.html，2013 年 6 月 17 日。

③ 瞿长福：《从耕地状况看粮食压力》，《经济日报》2014 年 2 月 19 日。

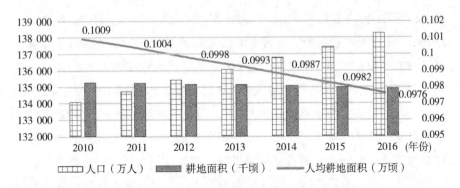

2010 年以来人口数量、耕地面积、人均耕地面积变动图

相对成熟，不仅现代化水平较高，而且国家给予农业高额补贴，因此农业的效益非常高，中国小农经济很难在国际市场上与之平等竞争，会影响到中国粮食的价格，以至于进一步降低农民的种粮积极性。当前，中国的粮食安全问题较为复杂，已经不是单纯的国家重视程度的问题，涉及全球、国家、市场、农村与农民等多种因素，这些因素在转型的乡村社会变得相互纠缠，粮食安全受到国际市场的影响，同时又直接与国家发展相关，而且粮食的公共性问题日益消解在个体化的现代社会中。但是中国人多地少，人均不过一亩三分地的基本国情，决定了粮食生产时刻不能放松。因此，当前国家要重新梳理各种利益关系，在注重现代化建设的同时，要注重粮食生产的组织化，尤其借助合作社这个载体，提升农业服务的能力和水平，降低农业生产的成本。可以说，在大量农民仍然需要返回农村的情况下，农民仍然需要依靠粮食维持生存安全，因此只要生产便利、服务到位，农民就能安心，地才会有人种，粮食危机才能避免，合作社能够成为整合乡村资源，重新树立粮食安全意识和责任的载体。

三　农民普遍富裕的要求

随着整个国家经济发展水平的不断提高，农村社会的经济收入水平也在不断提高，国家统计局的数据显示农村居民人均可支配收入 2006 年为3587 元，2011 年已经增长到 6977 元，农村居民人均纯收入年均增长为9.3%，2014 年更是突破 1 万元，2016 年为 12363.4 元，可以说农民的收入水平一直在稳步提升。而同期的城镇居民收入 2006 年就为 11759 元，超过农村 2015 年的水平。2011 年已经增长到 23979 元，年均增长 9.5%

以上，2015 年城镇居民人均可支配收入突破 3 万元，2016 年增长为
33616.2 元。农村居民的人均可支配收入与增速都滞后于城镇居民，城乡
之间的差异较为明显，而且农村的社会保障体系也不健全，在医疗、养
老、教育等方面仍然需要较大开支，这都让农民承担着巨大的生存压力。
为此，党的十八大报告明确提出到 2020 年农民人均纯收入比 2010 年翻一
番的目标。而从现实来看，由于农民消费支出的增加，尤其是农村年轻劳
动力的消费意识转变，消费的欲望增强，农民富裕的诉求日益提高。

目前来看，农民收入增加主要是来源于工资性收入，这部分收入提升
了农民的收入总量，但是农业收入的增加幅度非常小，除去物价的影响，
一些农户的农业收入甚至没有增加。中国目前农民增收也面临很多制约性
因素，例如技能缺乏、户籍分割、农产品价格低、土地流转难度大、社会
资源弱、政策支持力度小等问题。从农业收入来看，由于农资价格上涨以
及农业服务能力的弱化，农民的增收难度增大，从湖北、河南等地农村的
调研来看，一户农民如果有 5 亩地，每年每亩地收入 1000 斤稻谷、500
斤小麦，价格都在 0.9 元左右，除去各个环节的投入，每亩约为 600 元
（不计算劳动力投入），纯收入不足 4000 元，除去家庭各种日常开支，基
本收不抵支，而且一年的辛苦还不如外出一个月的务工收入。这就刺激了
大量的农民外出务工，尤其是农村年轻劳动力基本都进城，但是进城能否
获得预期的回报呢？

大量的进城农民其实难以获得稳定的工作，早期的农民多从事重体力
的制造业、建筑业等工作，这些工作辛苦且风险较大，当前虽然很多农民
从事服务业，但是工资相对不高，而且年轻农民的消费欲望较强，一年很
难留下积蓄。一些中年务工农民能够攒下一些钱，也多用在子女教育、父
母养老等方面，而且务工农民的子女也难以获得与城镇居民同等的教育机
会，他们如果让子女进城就学，必须缴纳额外的费用，也增加了这些农民
的开支。总体来看，农民的生存压力仍然相对较大，这普遍提升了农民对
于富裕的向往。

国家一直在努力改善农民的收入水平，取消了延续千年的"皇粮国
税"，而且实行农业补贴，资金直接补贴到户，只是补贴的资金较为分
散，难以在农业基础设施建设与服务上发挥作用，对于农民增收基本没有
帮助。国家要切实提高农民收入，必须通过城乡一体化发展，让更多的农

民能够获得非农就业机会，提高农民的非农收入水平。同时，又要确保国家粮食安全，让农民有种粮的积极性，能够全力地从事农业生产。农业土地的产量毕竟有限，粮食的价格也不会在很短时间内快速提高，个体的农民依靠土地很难实现增收。这里国家与农民都陷入了矛盾之中，农民要稳定也要富裕，国家要发展更要安全，打破这种困境，就需要一种立足于农民与农业的发展道路，而农民专业合作社就是一种合适的途径，它一方面可以组织农民来发展农业，又可以推动农业的现代化、专业化和市场化，并延伸农业的产业链条，扩展到其他产业领域，形成以农业为基本的经济体系，从而不仅可以提高农业本身的收益，也能够增加农民的转移性收入，满足农民富裕的现实诉求。

第二章 国内外合作社研究的文献综述

合作社，作为一种提高农民弱势群体的地位以及增加收入、改变自身处境的新型组织形式，如果从 1844 年罗虚代尔公平先锋社的创立算起，合作社已经在世界各地经历了 170 年的历史实践。就中国而言，农民专业合作社正式成为国家法律明文认可的有效组织形式和特殊法人（2006 年合作社法正式颁布）已经有 12 年。因此，国内外学术界围绕合作社的实践与尝试、功能与作用、发展的模式与路径、困境与影响等等诸多方面从不同的学科都进行了详尽而深入的解读与研究。出于本项研究的现实需要以及研究者对于国内外相关研究文献的广泛阅读，本章拟从以下几种维度对目前学术界有关合作社研究的文献做一个粗浅的梳理。

第一种维度：国内与国外的相关研究；第二种维度：经济学视角与社会学视角的研究；第三种维度：根据研究的主题和内容的研究，比如对于合作社作用和影响的研究，对于合作社发展现状与困境的研究等。

为了能够对目前国内外有关的研究做一个较为全面的梳理，本章拟综合采用上述三种分析的维度加以阐述。

第一节 国内学术界关于合作社的相关研究

选择以国内学术界关于西方合作社的相关研究为切入点进行介绍并不是因为西方缺乏相关的研究，相反，从 19 世纪合作社思想开始萌芽以来，相关的研究一直都在持续，迄今研究成果可以说汗牛充栋。但是，一方面外文资料查找困难，自身阅读能力有限；另一方面，国内学者关于西方合作社相关研究也已经做了比较充分的翻译和介绍，所以也就没有必要去重新面对西方的外文资料。因此，本书主要是借用国内学者对于西方合作社研究的二手资料进行梳理，本节准确的标题应该是"国内学者关于国外研究的分类与陈述"。

第一种维度，国内外相关（有关合作社）研究又可以细分为以下三个方面的内容：（一）国内学者关于西方合作思想的研究综述；（二）国内学者关于西方合作社发展阶段的研究；（三）国内学者关于国外合作社发展经验的研究。

一　国内学术界关于西方合作思想的研究综述

当今经济学界普遍认为，合作是个人或者组织以自愿为前提进行联合，通过有目的、有计划的共同协力与相互扶持，从而增强自身竞争能力，实现共同目标的过程和行为。

胡卓红（2008）在《农民专业合作社发展的实证研究》一书中较为系统地梳理了西方合作思想的产生及历史沿革。认为，现代意义上的合作思想和合作实践最早起源于17—19世纪的空想社会主义。托马斯·莫尔、康帕内拉在他们各自的著述中都隐含了早期合作思想的萌芽。19世纪的空想社会主义的代表人物傅立叶和欧文，更加系统和全面地提出了有关合作经济的设想。傅立叶主张，新的理想的和谐社会应该是由生产基层组织——消费合作社共同构成的。

罗伯特·欧文（1771—1858）被后人敬称为"合作经济之父"，是19世纪英国杰出的空想社会主义者。1817年，欧文在《致工业和劳动贫民救济协会委员会报告》书中对合作公社做了初步的阐述。1820年，在《致拉纳克郡报告》将自己关于合作公社的思想演绎到了新的层次。在他的晚期著作《新道德世界书》中，他系统而全面地阐释了关于合作社的想法与观点。

李昱姣（2009）在《空想的逻辑——欧文、傅立叶合作思想辨析》一文中较为全面地概括了欧文的合作社思想。文章认为，合作公社是以财产公有制为基础的集体性劳动生产单位和消费单位，其主要特征包括：普通社员一定限度地参与合作公社的管理；管理人员通过社员选举产生，并组成理事会实现对于合作公社的领导。欧文合作思想的内容主要包括：财产公有，按劳分配；坚持自由、平等、民主的原则等。

李海燕等（2012）认为，欧文有关合作公社的思想是假说而不是空想。文章全面客观地评价了欧文的合作社思想，"在英国，合作制的种子是由罗伯特·欧文播下的"。

可以说，欧文的思想一直贯穿于世界范围合作运动的历史，欧文关于合作公社思想独到而富有前瞻性，可谓经典。直到现在，欧文的合作公社思想依然是现代合作社原则的重要基础之一。

从 1812 年起，罗伯特·欧文写了《关于新拉纳克工厂的报告》《新社会观》《论性格的形成》。欧文对于现代合作社的产生不仅做出了理论上的说明，同时他的更大贡献在于通过在印第安纳州建立合作新村的实践把他的有关合作思想付诸实践。虽然他的实验最终以失败而告终了，但是欧文关于合作思想的理论和实践对以后世界范围内的合作社运动和社会主义国家的合作社运动产生了深远的影响。

1. 有关罗虚代尔先锋社的研究

孔祥智、金洪云、史冰清等在《国外农业合作社研究》一书中，对于合作思想的产生和沿革进行了详细的梳理。认为，在 19 世纪 30 年代，世界合作社运动发生了很大的变化。罗虚代尔先锋社正是在上述背景下出现的，它区别于欧文的合作公社和消费合作社，其突破在于充分重视社员的个人利益，把社员的个人利益和民主原则结合起来，在公平和效率之间寻求平衡。之后，各种类型的改良主义的合作社纷纷发展起来，比如，有"销售合作社之父"称呼的威廉·金在英国的布莱顿组织了消费合作社，法国的路易布朗在国家社会主义思想的影响下主张创办生产合作社，提出"职业相同的人应当组织生产合作社，同时由于合作社缺乏资本，需要国家给以帮助"。此外，还介绍了 19 世纪末、20 世纪初法国重要的消费合作社流派。

《国外农业合作社研究》用了较长的篇幅对于罗虚代尔先锋社的发展经历和影响等进行了详细的介绍。同时，还介绍了英国的消费合作公社、法国的生产合作组织、德国早期的消费合作社和信用合作社等合作社的基本情况。

2. 关于马克思的合作思想的研究

王镇（2013）从政治学的视角梳理了马克思、恩格斯的农业合作思想。马克思、恩格斯有关农业合作的思想被学者概括如下：农业合作运动是一个长期的过程；改造小农的方法是采用自愿的方式而不是剥夺的方式、采取国家帮助的形式让农民走上互助合作的社会主义道路。

阎占定、丁兵（2013）从马克思、恩格斯农业合作思想所蕴含的政治价值取向和政治观点入手，其基本观点是马克思、恩格斯的农业合作思想是关于阶级解放的学说，产生于阶级对抗和劳动力自立的需要，是劳动者获得解放的道路、资本主义制度得到改造的力量、社会主义制度得以建立的途径。

戴明福（2014）从历史的角度研究马克思、恩格斯农业合作思想，认为合作社是一种即将转入共产主义高级阶段的过渡形式，是小农的出路和社会改造的需要。

廖萍萍（2007）研究了马克思的合作思想。作者运用马克思的辩证唯物主义和历史唯物主义方法，对马克思的合作思想进行了深入的研究，确立马克思合作思想的基本观点。最后，文章认为，研究马克思的合作思想有利于构建社会主义和谐社会。

刘霞、杨菲蓉（2011）重点研究毛泽东的"组织起来"重要思想。作者认为"组织起来"和毛泽东的农业合作思想紧密联系。它坚持自愿互利的原则，生产合作社是其主要形式，采用循序渐进和示范的方法，以党的领导为保障，采取农业合作和农业科技双管齐下的路径。

二　国内学者关于西方合作社发展阶段的研究

孔祥智、金洪云、史冰清等在《国外农业合作社研究》一书中，依据世界合作社运动本身的历史特征大致将合作经济的发展划分为四个阶段：

第一阶段：1844—1917 年，这是合作社的早期发展阶段。在这一阶段，经历了合作社的产生、合作制原则的确立、世界合作联盟成立以及合作社在世界范围的广泛发展。第二阶段：1918—1945 年，这是合作社发展的全面调整阶段。在这一时期，政府对于合作社给与了更多的支持，合作社发展进入了一个国家干预的新时期。第三阶段：1946—1980 年，合作社大发展和调整、改革时期。在此阶段，以苏联的合作化模式为主导的社会主义各国的合作社得到广泛发展。发达国家的合作社在经营结构、经营方向上进行了调整，政治地位逐渐提高。在此阶段，社会各界对于合作事业达成共识，认为政府对于合作社的立法和政策支持是不可或缺的。合作社立法、合作社教育、提供各种优惠服务及财政援助等对于合作社发展起到了巨大的保护和推动作用。第四阶段：1981 年至今，合作社自由发展、创新阶段。20 世纪 80 年代后，随着世界经济一体化和贸易自由化的发展，国际、国内竞争日益加剧，合作社开始对自身的发展模式进行不断地调整。一方面，合作社逐步走上集团化，甚至跨国方向发展的趋势；另一方面，合作社的成分也在逐步改变，引入了股份制，有的甚至成了典型的资本主义集体经济组织。如美国新一代合作社的公司化趋势使其成为一股强劲的市场竞争力量。

上述对于西方合作社发展阶段的研究和划分对于国内学者了解西方合作社的发展历史有着重要的参考意义。

三　国内学者关于国外合作社发展经验的研究

孔祥智、金洪云、史冰清等在《国外农业合作社研究》用了 13 章的内容对美国、英国、德国、法国、荷兰、丹麦、捷克、以色列、日本、韩国、印度 11 个国家的合作社发展的历史沿革、政策演变以及经验借鉴等进行了详尽的说明。胡卓红在《农民专业合作社发展的实证研究》中对世界上其他国家的合作社也做了较为系统的介绍，上述两本著作可以作为国内学界了解西方合作社发展经验的重要参考文献。

常运涛等（2010）介绍了澳大利亚以及台湾的农业合作组织的特点及其对于中国大陆发展农民专业合作社的借鉴和启示。作者认为，政府应该开展专项研究，并为合作组织培养专门人才，同时建立跨行政区域的组织架构，建议实行组织化运销等。

孙梅（1997）也撰文介绍了澳大利亚的农业合作社。张丽娜（2007）介绍了荷兰的农民专业合作社的经验，及其对于我国农民专业合作社发展的借鉴及启示。此外，徐旭初等（2008）介绍了德国农业合作社的发展情况，认为，德国的农业合作社之所以能够在市场中占领重要的位置，主要原因在于有明确的法律基础、健全的农村金融体系、严格的审计制度以及有机的联盟机构等。此外，德国的合作社对于政府的支持没有依赖，而政府主要是通过立法和提供优惠政策来保障合作社的合法权益的。

孙亮（2013）撰文介绍了美国、韩国、印度合作社发展的情况。文章认为，美国以农场为生产单位的生产模式加速了农业合作社的发展，韩国的农业合作社是由政府主导的，并且也逐步实现了农业现代化，而印度则通过建立全球最大的合作组织网络逐步实现了农业现代化。

蔡素星（2013）介绍了以色列合作社的运营模式和管理特点。莫沙夫是以色列合作社的主要形式之一，该形式注重平等公平，强调私有财产，重视互助合作等。作者认为，以色列的莫沙夫对于我国的合作社建设具有一定的借鉴意义。

洪闯华（2012）较为简要地介绍了美、法、日等国合作社的基本情况，并总结了国外合作社的四种组织治理模式。张学军（2012）介绍了美国农业经销合作社规范的演变及其对我国合作社发展的经验借鉴。

袁丽丽（2015）以 19 世纪 60 年代至 90 年代俄国的合作化运动为研究对象，介绍俄国贷款储蓄合作社、消费合作社以及劳动组合的基本情况。认为其发展落后的主要原因在于农奴制的残留、欠发达的商品经济、缺乏主动与首创精神的民众以及政府摇摆的态度。谭银清、王钊、陈益芳（2015）从历史和现实两个维度梳理西方合作社的演进，分析西方农业合作社的结构演变，认为西方农业合作社的演变对我国合作社异化问题有重大的启示意义。

在中国期刊网输入按照篇名中关键词进行检索，发现 2007—2014 年，介绍日本农协的文章有 90 篇，介绍美国合作社的有 40 篇，介绍澳大利亚合作社的文献共 12 篇。

关于日本农协的研究，主要集中在以下几个方面：（1）关于日本农协的发展经验及其对我国农民专业合作社建设的启示（张罗素，2002；冯开文，2003；成田拓未等，2009；周应恒等，2013；刘颖娴等，2014）；（2）关于日本农协的发展历程及组织建设研究（陈柳钦，2010；坂下名彦，2000；冯邵奎，2009；昊天，2003、2004；马丽等，2015）；（3）日本农协的金融体系及其融资经验研究（余丽燕、罗良标，2012；胡庆琪，2009；朱新山，2013）；（4）日本农协的营销经验和策略研究（刘启明，2015；卢迪颖，2016；董佳佳等，2018）。

由于篇幅所限，对于上述各个国家合作社研究的文献，本节不再一一介绍，但是，通过对于上述文献的梳理可以发现：（1）相当一部分文献对于国外合作社经验的介绍是比较浅显的，而且其出发点大都是为了"为我所用"的目的（对于我国合作社发展的借鉴）；（2）关于美国合作社和日本农协（合作社）的研究相对较多，而且大多采用比较的研究视角；（3）上述研究多注重对国外合作社治理模式、组织形式以及国家在合作社发展的作用研究。

第二节　不同学科视角下有关合作 社的研究分类与研究综述

有关合作社的实践和研究，在西方有着较为久远的历史和传统。从20世纪30年代到现在，国外有关合作社的研究视野涉及经济学、法学、文化学、社会学等诸多领域，并已经历了多个阶段，不断发生嬗变。目前，占据学术界前沿位置的则主要是新制度经济学的分析范式。

一　经济学视角下有关合作社的研究概述

目前一般认为，西方关于农业合作社的经济学研究以20世纪60年代科斯经济学的诞生为断代标志，可以主要划分为两个阶段。在第一阶段内主要采用新古典经济学为主要研究工具，侧重于农业合作社的均衡分析与边际分析，并衍生了两种不尽相同的农业合作社理论：一种是以 Eme Lianoff 和 Phillips 为代表，主张合作社是传统农场经济的演变，是独立农业经济体的不完全联合；另一种理论以 Enke、Helmberge 和 Hoos 为代表，提倡将农业合作社视为小型的现代企业，认为，合作社是现代企业组织类型在农业领域的延伸，主张合作社的管理与决策应该由职业经理人完成。这个时期的研究特点在于，注重理论模型的构建与比较研究，但忽视了合作社的内部动力、组织与扩展机制的研究[1]。

第二阶段采用科斯经济学为分析工具，转向对农业合作社内部制度的研究，主张合作社是系统性的契约与博弈的结果。科斯经济学采用博弈论为基础理论范式，把农业合作社视为农场主愿采用联合行动追求最大化效益的联盟。随着对于合作社内部机制的研究，成员异质性问题日益成为研究的核心观点，契约理论和联盟理论的应用越来越普遍，这是农业合作社理论研究发展的新趋势（刘勇，2009）。

---

[1]　刘勇：《西方农业合作社理论文献综述》，《华南农业大学学报》（社会科学版）2009年第5期。

20 世纪早期农业合作社理论主要以萨皮诺（Aaron Sapiro）为代表的美国加利福尼亚学派和以艾德温·诺斯（Edwin G. Nourse）为代表的市场竞争标尺学派。萨皮诺将农业合作社视作是小农场主所组成的联合公司，并认为合作经营应限定在小麦或者烟草等单一产品，以便实现规模生产；另外他建议合作社与社员之间建立起类似现代企业的固定合作契约，并鼓励各农场主之间实现联合，进行集中管理，从而垄断产品市场，实现合作社的最大效益。艾德温·诺斯反对对农产品市场的垄断，主张按区域来组建农业合作社。

20 世纪中期以来对于农业合作社的本质一直存在争议，其中，主要有三种观点：一是认为农业合作社是农场的延伸（垂直一体化模式），主要代表人物是 Eme Lianoff 和 Phillips；二是认为农业合作社是独立的企业模式，可以被看作是投资者所有企业的变体，该观念的代表人物是 Enke，认为合作社只要实现生产者剩余和消费者剩余最大化，社员的福利就能最大化，合作社的决策主要由经理人员主导的高级协调者来完成；三是认为农业合作社是农场主以集体或联合行动而存在的联盟模式①。

伴随着 20 世纪 60 年代科斯经济学出现，一系列的新的经济学理论诸如产权理论、交易费用理论、委托代理理论等开始出现并介入到合作社内部制度研究。这些新生的经济学理论对于合作社组织内部制度安排、组织绩效等方面的研究提供了大量成果。

20 世纪 80 年代以来，博弈论视角下农业合作社理论又有了进一步的发展。在新古典经济学理论中，农业合作社的社员资格被假定是同质性的（homogeneous）。然而，对社员资格的异质性问题，新古典理论并未深入分析。从 20 世纪 80 年代开始，博弈论被大量用于分析社员资格异质性条件下合作社内部的决策过程。

Staatz 首先运用俱乐部理论和博弈论把合作社作为一种联盟（coalition）进行了研究。Sexton 运用博弈论方法进一步研究了农业合作社，他认为，农业合作社是一种独立的农场主为了完成纵向一体化功能而具有横向联合性质的联盟，农场主如果不能从中收益是不会参与的，并且这种联

---

① 刘勇：《西方农业合作社理论文献综述》，《华南农业大学学报》（社会科学版）2009 年第 5 期。

盟只有提供与其他替代性组织至少相当的收益时，才能保持稳定。

综上所述，由于农业合作社发源和盛行于西方发达市场经济国家，因此，农业合作社的实践和研究在这些国家比较领先，尤其在美国。上述西方经济学关于合作社的研究和理论基本代表了经济学各流派关于合作社研究的主要方向。

就国内学术界而言，当前对于农民专业合作社的研究也主要是借用西方经济学的上述理论来分析中国农民专业合作社发展的动因、农民专业合作社的内部治理结构以及合作社的异质性问题等等。也就是说，国内有关农民专业合作社的研究主要是经济学领域、从事农业经济问题的学者为主，借用的方法和理论不外乎西方经济学的视角。

当前，国内有关合作社研究的经济学视角的研究成果主要集中在以下几个方面：（1）有关合作社的性质、内涵和本质规定性的研究；（2）有关合作社的制度构建研究；（3）有关合作的内在动力、外部影响因素及合作行为后果的研究；（4）合作社治理机制和治理结构的研究；（5）合作社的筹资问题、资金问题研究；（6）各地合作社发展的实证研究。上述研究的文献将在下一节进行较为详细的分类和阐述。

二 社会学视角下关于农民专业合作社的研究综述

相对于经济学偏向于关注合作社的内部治理结构、合作社的产生的动力机制以及合作社发展资金问题等，社会学研究者更倾向于关注合作社发展的外部制度环境、合作社与政府的关系以及合作社发展的影响因素以及农民的合作能力与合作意识的分析等问题。

熊万胜（2009）发表在《社会学研究》2009年第5期上的一篇论文《合作社：作为制度化进程的意外后果》运用制度经济学和组织社会学的相关理论对于合作社在中国的发展进行了深入的社会学解读，可以认为是社会学视角下对于合作社研究的代表性作品和观点。

熊万胜认为，中国的农民专业合作社是具有中国特色的农民的专业合作经济组织，法律对合作社性质的规定决定了农民专业合作社在现实中的尴尬地位（既区别于企业法人，同时又不同于一般的社团法人）。作为一种特殊的法人，它在社会学视野中是面目模糊的。也就是说，社会学界对于农民专业合作社这一种新的特殊法人还缺乏深入的研究。"社会学界对于这种新型组织的研究重心仅局限于这种经济组织中的非经济因素,比如习俗、关系网络、信任、整合或其他文化问题,而有一个最基本的问题始终没有得到解决:即,应该如何从整体上把握这类组织,或者说,作为社会学研究者,我们究竟应该如何想象农民专业合作经济组织"①。此外,熊万胜认为,社会学对于合作社的研究还处于缺乏范式的阶段。为了致力于研究范式的突破和创新,作者详细考察了农民专业合作经济组织作为一种制度化进程的意外后果的过程。

由此可以看出,社会学视角下对于合作社的研究迥然区别于经济学视角对于合作社的研究,也就是说,社会学研究者更关注从整体上、用社会学的想象力来把握和研究农民专业合作组织,而不是像经济学研究者那样,更关注农民专业合作社的现实运作、发展路径以及实际经验等。

如果说,熊万胜对于农民专业合作社的研究代表的是社会学界理论派的研究方向,那么,中国社会科学院社会学杨团老师对于农民专业合作社的研究代表的则是"行动研究法"。二者的区别在于前者只是把合作社当作当前农村社会的一种客观存在和社会现实,仅仅是从学理层面对其发展过程、内在逻辑、发展悖论等现象进行解释;而行动派的研究的出发点则是致力于用研究来推动现实,研究本身不是目的,而是为改变现实服务的工具和手段。

杨团(2008)以四个农村合作组织为案例,从组织的缘起和演化、组织结构与功能、活动内容与成效三方面对其进行了比较分析,指出,综合性农协应该是未来中国农村合作组织发展的方向。同时指出,农村合作组织的发展受到社会外部机制与自身内生机制的双重影响,特别是政府对合作组织的政策性影响是至关重要的。之后,在《社会科学》2009 年第 11 期,杨团老师提出,要借鉴台湾农会经验,在大陆建设综合农协。此后,杨团老师就一直在山西、湖南等地推动综合农协的实践。在 2010 年《天津社会科学》第 2 期"中国农村合作组织发展的若干问题的思考"一文中,杨团老师对于中国农村合作经济组织的发展进行了全面的反思梳理。论文以"中国农村社会经济组织为何发育不良"这一问题为由,以

---

① 熊万胜:《合作社:作为制度化进程的意外后果》,《社会学研究》2009 年第 5 期。

农村社会、经济自治组织为例做了探讨。研究认为，经济类和社会类的资源在农村组织中具有相互补充、相互借重的性质，非经营性的社会活动可以凝聚人心，获得社区团结和社会组织成长的社会资本；提升组织的能力，是组织成长由于当下农合组织缺乏权能分开的制度，导致决策和执行缺乏监督。为此，农村合作组织发展政策需做相应调整。作者比较了欧美农民协会与东亚地区等地农协的不同。文章认为，两者最大的不同在于功能的统合性①。

2014 年《时事报告》第 1 期，杨团老师详细介绍了山西永济蒲韩乡的综合农协。她认为，综合农协是当前乡村治理的创新范式，并提出了综合农协蒲韩模式②。

纵观杨团老师近些年关于农村合作组织、农民专业合作社方面的研究成果以及她在该领域的身体力行的实践，可以发现，她关于农民合作社发展的未来出路有非常清楚的认识。在她看来，综合农协可以协调解决中国的农业、农村和农民问题，未来农村发展以及乡村治理的创新都在综合农协的发展。除此之外，杨团还倡导农民专业合作社内部金融合作等。

此外，熊万胜在《合作的后果》《农民合作的新前景》等书中，对于中国乡村的前途与农民合作的前景都作出了预测与勾勒。

除此之外，万江红、管珊（2014）运用社会学的分析视角将我国的农民专业合作社发展放到"国家—社会"这一分析框架下进行审视。文章认为，农民专业合作社作为一种新型的合作经济组织，承载了国家解决三农问题的重要使命，同时，作为市场经济而组建的经济互助组织，体现了国家与社会互动关系的一种建构。目前，在我国农民专业合作社发展实践中，存在项目依赖、效益弱化和动力不足等三个方面的问题，而政府干预、政府缺位以及乡村社会的性质特点则是导致上述问题的重要原因。作者认为，农民专业合作社的发展过程同时也是改造乡村社会的过程。

杨涛（2014）从合作社内部大小社员之间、因为资源要素差异所导致的不平等分配现象出发，提出养成非正式的合作规范、构建合作社权力运作的制度规范、监督机制和冲突调解机制的重要性。

---

① 杨团：《中国农村合作组织发展的若干问题的思考》，《天津社会科学》2010 年第 2 期。
② 杨团：《综合农协，乡村治理的创新范式》，《时事报告》2014 年第 1 期。

赵晓峰、刘成良（2013）着眼于村庄社会内部的权力结构，论述村两委同合作社之间的利益博弈，文章将合作社视作权利拓展型参与者，将村支部和村委会合并统一视作权力垄断型参与者，双方存在着明显的利益分化，有机的民主协商机制的形成成为必要，如何构建一个权力制衡的多中心治理模式是一个重要的理论命题。

曹锦清（2000）在学术界较早提出了有关农民合作能力和合作意识的讨论，此后，有关问题的讨论在社会学领域形成了一个学术热点。贺雪峰、徐勇、董磊明等三农学者为代表，围绕上述问题发表了一系列文章，这些也可以看作是社会学视角下有关农民专业合作社研究的成果。此外，刘滨等（2009）从农民行为逻辑与合作能力的角度增加了社会学视角下有关农民专业合作社的研究。朱启臻（2008）讨论了农民专业合作社产生的基础和条件。

黄胜忠（2008）提出，合作社发展过程中出现的一个现实悖论，即合作社的初衷是希望作为弱者的联合，可是实际上却成为强势地位非小农群体的联合。作者指出，要建立良好的合作社治理机制，内部机制与外部机制有机结合。张文明（2015）也提出这个问题，指出农村合作社发展中的"新政社合一"现象，认为只有把农民的土地产权、经营权、承包权、转让权的"四权"定价市场化、交易市场化评估并以此作为"入社资本"才能较好解决合作社遭遇的"集体制度困境"。

此外，社会学视角下对于农民专业合作社的研究还关注如下几个方面的问题：（1）运用问卷法和实地研究法对于各地合作社的发展现状的描述和研究；（2）从新型农村建设、农村发展的角度看农民专业合作社的功能、作用和影响的研究；（3）关注农民专业合作社发展的动力机制研究等。

第三节　不同主题下关于农民专业合作社的研究综述

一　农民专业合作社的性质和本质规定性的研究

合作社的本质规定性是指它之所以为合作社及其区别于其他组织的制度特性，这种本质规定性集中体现在合作社的基本原则上。黄祖辉（2009）专门讨论了合作社的本质规定性。文章认为，合作社的本质规定性可以归结为自我服务和民主控制两个方面。

熊万胜将合作社看作是一种制度化进程的意外后果。他认为，中国的农民专业合作经济组织从本质上是与企业主体与社团主体不完全相同的特殊法人，具有鲜明的本土化特征，因此可以将其与国外的同类组织进行比较研究。

此外，徐旭初（2003）、唐敏（2004）、苑鹏（2006、2007）、梁怡（2009）、袁丽丽（2017）等分别从不同的角度探讨了合作社的本质及其与股份公司的区别等。

徐旭初（2003）认为，分析合作社的本质规定性的基本路径应该以国际合作社界公认的合作社原则及其演变为考察主线。作者根据合作社发展的历程，详细考察了合作社原则的演变过程，最后指出，合作社的本质既不是资本的合作，也不是人的合作，而是一种交易的联合；其次，合作社运行机制的核心在于按惠顾额分配盈余；再次，无论合作社的规模及民主管理等方面的规定如何变化，合作社无论如何不能突破以下原则，即所有者与惠顾者同一、成员民主控制、按惠顾额分配盈余、资本报酬有限等原则，否则合作社就不再是合作社。

徐旭初（2008）认为，合作社本质上是一种环境适应性的组织。苑鹏（2006）认为，使用者与所有者同一是合作社的本质属性，并比较了合作社与股份公司之间的区别。赵阳林（2005）认为，合作社的本质是弱者的联合。吴俊杰、张小翠（2008）认为，合作社的本质在于促进农民增收。

孔祥智（2014）认为，合作社的本质规定性是由四个方面的特征构成，其一，合作社是一个特殊的企业；其二，合作社是由全体成员共同所有的；其三，合作社是遵循民主控制的原则；其四，合作社目标的多元性。正是合作社的上述特点决定了它与股份制企业、合伙企业等的根本区别。

综上可知，关于合作社本质的讨论及其本质规定性的定义多是从国际合作社通用的原则中推演出来的。可以看出，目前学术界关于合作社本质的认识还没有达成共识，尽管都承认合作社是一种不同于企业（公司）的特殊法人，但是，其本质规定性究竟是自我服务、民主控制还是弱者的联合，或者在于其益贫性，显然不同的学者有不同的观点。这也说明，合作社这一特殊的组织形式，目前尽管有法律出台，但其面目依然是不清的。

二　关于农民合作社发展的困境研究

农民专业合作社发展至今，虽然在数量的发展方面突飞猛进，且取得了显著的成绩。然而，在现实中的发展从来不是一帆风顺的，甚至可以说，合作社在某种程度上陷入了一定的困境中。那么，如何摆脱困境，我国合作社未来的出路在哪里？

仝志辉（2009）提出，农民专业合作社发展陷入"小农困境"，原因在于农民的分化；其次是资本下乡。"在政府部门、资本和大农的共同利益驱使下，大农联合小农的假合作社就成为合作社发展的主体力量"。"大农吃小农"的合作组织就成为农村合作组织的主要形式。在作者看来，当前的政策不足以抑制"大农吃小农"合作社的发展，而此类合作社有可能加剧农村社会分化，恶化小农的生产处境，同时导致农民专业合作社发展的很多政策落空。

同样是关注合作化中的"小农困境"问题，楼栋、孔祥智（2014）基于成员异质性的背景，结合具体案例，对合作社发展中的小农处境进行分析，认为：无论是合作社发展中"大农吃小农"的逻辑，还是成立合作社是"小农理性选择"的判断，都存在一定局限性，需要用辩证的观点来看待农民合作社发展中的小农困境。

赵晓峰、何慧丽（2013）指出，我国的农民专业合作社发展目前遭遇了结构性困境；郑美华、江光辉发现我国农民合作社内存在资金互助发展困境；万江红、管珊、钟涨宝（2014）通过对实践中农民专业合作社的调查，发现其面临"规范困境"；张晓山分析了农民专业合作社的实践以及面临的挑战；刘涛将当前农民专业合作社的发展实践放到当代国家建设的背景下进行考察；温铁军认为，当前我国农民专业合作社发展的困境在于没有真正以农民为主体的合作社。

三　关于农民合作社发展的出路研究

我国的农民合作社发展至今，虽然经历困境，但总体上还是在不断向前发展。关于合作社发展的出路以及未来发展的方向，学术界同样存在不同的看法和争论。

黄祖辉（2013）认为，要发展农民专业合作社，就要创新农业产业化经营模式。适应当前新形势的新模式应该是"公司＋合作社＋农户"。

仝志辉（2009）明确指出，深化农村改革的关键不是推进土地流转，而是发展农民专业合作社。苑鹏（2014）认为，我国的农民专业合作社的发展要走多元化发展的道路①。彭晓静、李凤瑞认为构建利益分配机制、监管机制、土地流转机制和融资机制"四位一体"的新机制才能破解发展难题。

张会学、王礼立（2014）等探讨了农民专业合作社一体化的演进路径。文章认为，合作社的横向一体化和合作社的纵向一体化是今后农民专业合作社发展的方向。

四 有关合作的原因、影响因素及合作后果的研究

在我国，合作社产生的原因与国外合作社的原因有相似的地方。那么有哪些因素影响到合作社的发展呢？黄祖辉等（2011）以浙江省农民专业合作社为例，运用经济学的分析模型分析了我国合作社效率低下的原因以及影响合作社发展的诸多因素。陈东平、陈跃（2017）重点论述信用合作交易成本的大小影响农民是否参与合作社的选择。李道和（2012）分析了农户加入合作社的影响因素，认为，政策法律、经济环境、社会文化环境、农产品特征、技术环境、农户个体特征及加入后在合作社中所处的角色等都会影响农户加入农民专业合作社。马彦丽（2012）以13个农民专业合作社、340户农民为基础对其合作意愿和行为进行了调查和分析，指出，受教育程度低且兼业特征明显的弱势农户，更愿意加入合作社，此外，加强合作社知识的宣传对于农户的入社意愿和行为都有显著正向影响。邓军蓉、何蒲明（2016）基于湖北省159个粮食类合作社成员的资料调查合作社成员合作意愿，发现合作社法律法规普及度、运行机制、带头人素质、成员资格制度是影响成员合作意愿的主要因素。

杨龙、仝志辉（2013）分析了农村精英对于合作社发展的影响，文章指出，村庄精英会影响合作社的非线性发展。任大鹏、李蔚（2017）

---

① 苑鹏：《农民专业合作社的多元化发展模式》，《中国国情国力》2014年第2期。

通过研究发现，在合作社内部，成员享有的和让渡的民主权利范围呈现差异性，概念化为"梯次民主"，主要原因在于民主成本过高影响效率，资本主导合作社发展给予了出资人充分话语权，成员不"自为"与风险不共担。

五　有关合作社治理机制的研究

有关合作社的治理机制问题，是合作社发展中至关重要的问题之一。现有的研究多是从经济学的角度进行分析的。宋茂华（2007）较早研究了农民专业合作组织的治理机制问题。文章认为，我国农民专业合作经济组织治理机制一直存在严重的缺陷，如产权不清晰、内部人控制严重、激励机制不足等问题。这些问题严重影响了合作组织的凝聚力、竞争力和对农民的带动作用。徐旭初、吴斌（2010）通过对浙江省 526 家专业合作社的实证分析，深入探讨了合作社的治理机制对于合作社绩效的影响路径以及二者之间的相互关系。文章认为，合作社的股权结构、牵头人的情况以及理事会结构这三大因素对于合作社的绩效有着较大的影响。良好的合作社治理结构是内部机制与外部机制的有机结合，因此，要提高合作社的绩效必须从完善治理机制入手。孔祥智、蒋忱忱（2010）分析了成员异质性对于合作社治理机制的影响。文章认为，人力资本要素拥有量的不同导致了合作社成员的异质性，而异质性又进一步影响到合作社的治理机制的形成。作者认为，不应该过分公平，否则将降低合作社要素所有者的激励，这不利于合作社的进一步发展。胡勇（2014）分析了农村土地股份合作社的制度基础及其治理机制。姜红、陈秀萍（2014）分析了合作社内部治理机制存在的问题及进一步完善的建议。文章认为，合作社的治理是指与治理结构相对应的一系列制度安排，包括决策机制、激励机制与监督机制等。当前我国农民专业合作社内部治理机制存在的问题有：民主决策机制不完善，普遍存在内部人控制的现象；激励机制不足；监督约束机制不够健全；股权集中化明显；一人一票表决制没有落实等。崔宝玉等（2012）分析了内部人控制下的农民专业合作社的治理。文章认为，内部人控制虽然在合作社发展的初期阶段具有必然性，但极易诱发合作社社员的利益冲突、利益侵占、委托代理等合作社治理失范问题。因此，应该从正式制度的设计和实施方面，规范合作社的健康发展。宋扬（2013）从法人治理和农民合作自治相结合的角度分析了农民专业合作经济组织的治理机制创新。文章认为，非正式制度中的信任与权威关系对于合作组织的治理机制创新具有重要作用。袁久和（2013）从产业经济学的角度分析了合作社中的委托代理关系与合作社的治理机制问题。张晓庆（2013）从交易成本的角度研究了农民专业合作社的治理机制问题。

综上所述，可以看出，合作社的治理机制属于经济学的研究范畴。尽管学术界关于合作社的治理机制的构成、治理机制中存在的主要问题都从不同侧面进行了分析，但是，当前我国合作社的治理机制问题仍然是制约合作社进一步发展的关键因素。

六　有关精准扶贫背景下合作社的研究

党的十八大以来，扶贫开发被纳入"四个全面"战略布局范围内，精准扶贫走上历史舞台。农民合作社与扶贫有着天生的联系，自产生之日起，就具有益贫的特性，是存在于农村社区极为灵活的经济组织，也是国家精准扶贫政策在农村落地最理想的载体。因此在精准扶贫的大背景下，很多学者开始了自己新时期的农村合作社研究。

首先是理论上对农民合作社参与扶贫进行的研究。李国祥（2016）从理论证明农民经济合作组织参与精准扶贫的必要性和可行性；赵晓峰、邢成举（2016）基于农户与合作社关系的阐述，提出"整合国家财政扶贫资源与合作社进行对接，再吸纳贫困农户的自有资源，使贫困农户能够更好地参与合作组织"这一理论逻辑，构建农民合作社与精准扶贫的协同发展机制；李如春、陈绍军（2017）、柏振忠与向慧和宋玉娥（2017）研究的是农民合作社在精准扶贫中的作用机制；李想（2017）关注点在于农民合作社的扶贫参与行为，包括参与决策、参与程度两个步骤。

其次是农民合作社参与扶贫实践的研究，包括现状描述、经验总结、扶贫路径等方面。柏振忠、李亮（2017）基于恩施土家族苗族自治州的实地研究，分析武陵山片区农民合作社助力精准扶贫的基本情况，认为武陵山片区的农民合作社处于初级发展阶段，存在贫困农户受益少、社员受益有限、发展能力不足的情况，造成在精准扶贫工作中有心无力，没有发挥应有的作用，政策依赖性太强，无法满足贫困农户的需求。陆立银（2017）在总结甘肃省马铃薯新型经营主体农民专业合作社扶贫经验的基础上，对合作社在扶贫领域的进一步行动提出了意见和建议。

第四节　核心概念、研究视角及研究思路

一　核心概念的界定及区分

在本研究中，核心概念有三个，新时代、农民专业合作社以及长效机制。可以说，本书的章节安排、研究思路的展开在很大程度上都是围绕着上述三个核心概念展开的。下面将对这些核心概念逐一进行界定和解释。

（一）新时代

何为新时代？为什么要在新时代背景下谈农民合作社的发展？

2017年10月18日，在中国共产党第十九次全国代表大会上，习近平总书记在《决胜全面建成小康社会，夺取新时代中国特色社会主义伟大胜利》的报告明确提出了"新时代"的概念。《报告》指出，这是中国特色社会主义进入了新时代。"这个新时代，是承前启后、继往开来、在新的历史条件下继续夺取中国特色社会主义伟大胜利的时代，是决胜全面建成小康社会、进而全面建设社会主义现代化强国的时代，是全国各族人民团结奋斗、不断创造美好生活、逐步实现全体人民共同富裕的时代"。

在此背景下，中央明确提出，要实施乡村振兴战略，培育新型农业经营主体，实现小农户和现代农业发展的有机衔接。而农民专业合作社就是新型农业经营主体之一，同时具有衔接小农户与现代农业发展的重要功能。

在本研究中，新时代同时也指农村发展所面临的新阶段、新环境。进入新世纪以来，伴随着农村村民自治和民主化的进程，以及农业税的取消、国家和农民关系的改善，农村发展的宏观和微观环境都发生了很大变化。2006年，《中华人民共和国农民专业合作社法》正式颁布，2007年正式实施，2017年12月27日第十二届全国人民代表大会常务委员会第三十一次会议修订此项法案。在此法案基础上，作为农民自发组织起来、自下而上寻求发展的农民专业合作社开始在全国范围内蓬勃发展，成为增加农民收入、促进农村发展、提升我国农业产业化的有效途径。

近年来，有关促进农民专业合作社发展的政策文件还在不断涌现。作为三农政策风向标的中央"一号文件"在2007年至2017年10年间，先

后数次提及合作社的发展。其中，在 2012 年的中央一号文件中，有 28 次（处）提及农民专业合作社。这充分展示了国家层面的政策导向对于合作社发展的重要作用，说明中央的政策是合作社发展长效机制中最为关键的外部推动力量。

2012 年，国家在中央"一号文件"中，重新肯定了农民专业合作社在发展农村经济、促进农民致富方面的作用，重申了国家对于农民专业合作社发展的鼓励和肯定。2013 年，中央"一号文件"提出，要大力支持和发展多种形式的新型农民合作组织。并且，将农民专业合作社的地位和重要性重新做了界定："农民合作社是带动农户进入市场的基本主体，是发展农村集体经济的新型实体，是创新农村社会管理的有效载体"。2014 年，中央"一号文件""构建新型农业经营体系部分"明确提出，"推进财政支持农民合作社创新试点，引导发展农民专业合作社联合社，支持农民合作社发展农产品加工流通"。此外，还指出了加快供销合作社改革发展。之后每年的中央"一号文件"，农民专业合作社作为新型农业经营主体，在文件中也都有提及。

综上所述，大多数研究是在宏观意义和整体视角上使用"新时代"这个概念的。这里的"新时代"既包括国家发展到当前阶段的整体环境和状况，也指在当前情况下国家有关农村、农业和农民的具体的政策规定和发展导向。需要说明的是，所谓"新时代"在本研究中是指合作社发展的外部环境，它是动态的，处在不断发展变化之中。

（二）农民专业合作社及其相关概念

"农民专业合作社"是本研究的核心概念。目前，对于该概念的界定，无论是在法律上，还是学术界，并不存在大的争议或者不同的理解。在《中华人民共和国农民专业合作社法》中，对于合作社是这样规定的：农民专业合作社是在农村家庭承包经营的基础上，同类农产品的生产经营者或同类农业生产经营服务的提供者、利用者，自愿联合、民主管理的互助性经济组织。

在我国的本土实践中，合作社更多被看作是弱势经营者为改善自身的生产经营条件和生活状况、在互助合作的基础上、自愿联合经营的社团法人。

在 2006 年《合作社法》出台之前，农民专业合作社还被称之为"农村专业合作社经济组织"或者"农民合作组织"。

作者认为，无论是"农民专业合作社"，还是"农村专业合作经济组织"，两个概念没有本质上的区别，都是指以农民为主体的弱者的联合，是建立在自愿、民主基础上的互助性经济组织。但在 2006《合作社法》没有正式颁布之前，该种组织形式在定位上不甚清晰。具体表现为：在进行注册登记的时候，各地没有统一的标准，有的将合作组织看作社团在民政部门进行注册登记，有的是把合作组织当作企业在工商管理部门进行登记。即使在合作社法颁布出台之后，合作社的性质和定位依然不够清晰。在《合作社法》中，合作社被定位为一种"特殊法人"，既不同于一般的企业法人，同时也不同于作为社会组织的社团法人，是一种介于两者之间的特殊法人。这一特殊规定其实注定了合作社在市场经济中的尴尬身份，同时也在一定程度上影响了合作社作为独立的市场主体快速成长和发展。

严格意义上而言，合作社并不能算作是"新型农民合作组织"，因为这里的"新"是相对而言的。无论是在我国的历史上，还是在西方合作社发展的历史上，农民合作组织或者合作社在实践中都曾经真实存在。那么，新形势下农民专业合作社与建国初期的合作社有何区别与联系？我国的农民专业合作社与西方国家当前的合作社又有何异同，以及农民专业合作社与农民协会有哪些相似之处和不同之处？下文拟针对上述几个相似的概念做简要区别，以便在更准确的意义上理解和使用"农民合作社"这个概念。

1. 农民专业合作社与建国初期合作社的异同

受欧洲合作社思想和实践的影响，20 世纪初叶，合作社思想开始在中国萌芽生长。1918 年，北京大学成立消费公社，是我国迄今为止的第一个合作社。1919 年，薛仙周在上海发起创立了上海国民合作储蓄银行。20 世纪 20 年代，信用合作社在中外救灾团体——华洋义赈救灾总会的推动下成立。同时，在国民政府期间，孙中山先生也颁布了有关合作社发展的政策，在抗战期间，中国工业合作社运动也开始兴起。

1949 年，中华人民共和国成立以后，在中央高层的集体决定下，从 1952 年开始，推进全国范围内的社会主义改造，在农村，则是合作社运动的实施。那么，20 世纪 50 年代的合作化运动，和当前在农村的农民专业合作社有何区别和联系呢？

在毛泽东看来，合作化是实现集体化的必经阶段，只有经过合作社才能达到集体化的目标。应该说，当时以毛泽东为首的国家领导人看到了小农经济的低效率，看到了农民联合起来走合作道路的必要性（这是与当前提倡成立农民专业合作社的初衷相似的地方）。毛泽东关于农业合作社的思路是受到苏联及列宁相关思想和实践影响的，同时，发展合作社及合作化运动其最终的落脚点还在于走农业集体化的道路，践行的是对于农业社会主义改造的目标，是全国社会主义改造的重要组成部分。

1953 年，在中央政治局会议上，毛泽东批评了某些高层国家领导人右倾的做法，明确提出，社会主义道路是我国农业唯一的道路。发展互助合作，是党在农村工作的中心，而互助合作运动的过程，就是由社会主义萌芽的互助组，进到半社会主义的合作社，再进到完全社会主义的合作社。事实上，之后农村合作化的发展完全是按照毛泽东的思路和设计进行的。尤其是后期高级农业合作社完全违背了农民自愿加入和有权自主退出的原则，违背了当时农村和农业发展的现实情况，最后演变成为一场声势浩大的农业合作化运动，之后快步进入集体化和完成社会主义改造之后，走上了所谓社会主义的道路。

回顾 20 世纪 50 年代我国农村合作化的历程，并与当前的农民专业合作社相比，二者的相似之处在于：（1）都是由政府自上而下进行推动的；（2）初衷都是为了改变小农经济的弱势地位，提高农民的收入，改变农村生产力落后的局面，同时，都体现出农民联合和合作的益处及意义。

不同之处在于：（1）20 世纪 50 年代的合作社最终目的是为了让中国的农民走上集体化的道路，而今日提倡发展的合作社则是为了帮助农民富裕起来，为了改变农村、农业和农民的弱势贫困地位，最终目标有所不同。（2）50 年代的合作社带有较强的政治色彩及强制性，多数农民都最终在地方和基层政府强大的政治动员和政治压力下选择加入合作社。今日的合作社则是农民自愿基础上的联合，完全尊重农民的意愿，没有强迫的意味，同时，进退自由，符合国际合作社的原则和精神。

2. 农民专业合作社与农村专业经济协会

农村专业经济协会，又简称"农协"，是根据 1998 年国务院颁布的《社会团体登记管理条例》而依法向民政部门申请登记的社团法人。1998年《社会团体登记管理条例》出台以后，农协开始在各地农村陆续发展起来。主要推动的部门有地方的民政局、科协以及农村基层政权组织等。

随着我国市场经济的全面推进，农村中以家庭联产承包责任制为主导的生产方式不能够适应市场化的需求，从而出现"小农面对大市场"的难题与尴尬。而农村专业经济协会的出现则可以某种程度上发挥其对于农民的组织功能。有学者将农村专业经济协会的功能概括为：政府与农民之间信息的传递者、农业产业化经营的重要组织者、农民利益与意愿的表达者等。此外，学术界还主要从农协对于新农村建设的角度、提升农业产业化水平的角度、农协在农业科技方面的作用以及农协发展的误区及重要障碍等诸多方面进行了深入研究。

在发展之初，由于申请登记的门槛较高，所以农协的发展速度较为缓慢。这可以认为是农协发展的第一个阶段，即 1998—2002 年。

2003—2007 年，我国农村各类专业经济协会进入一个快速发展的时期，各类农协数量开始快速增加。这可以看作是农协发展的第二个时期。

进入 2007 年以后，随着《农民专业合作社法》的颁布实施，农村专业经济协会的发展开始进入一个停滞、萎缩时期。所以，从 2007 年至今，可以看作是农协发展的第三个时期。农民专业合作社的快速发展在很大程度替代农协成为推动农村发展、增加农民收入、促进农业规模化和产业化经营的新动力。

至此，可以看出，农民专业合作社与农村专业经济协会之间的关系。在"农民专业合作社法"正式出台以前，农村专业经济协会曾经一度获得快速成长，并且承担专业合作社的主要职能。但是，由于缺乏法律的明确规范和定位，在 2007 年《农民专业合作社法》正式出台以后，原有的农村专业经济协会纷纷改名换姓，变更为农民专业合作社，而农村专业经济协会的数量在全国范围内急剧减少。

从表面上看，2007 年以后，似乎是各地农村专业合作社的快速发展使得农协失去了其应有的作用和市场，从而导致了自身的萎缩和停滞。然而，通过与农民专业合作社进行比较发现，农村专业经济协会在近些年发展的停滞是与没有专门的法律法规来明确其法律地位这一客观现实相联系的。而农民专业合作社的快速发展正是得力于《农民专业合作社法》的出台。由于没有专门的法律规定，因此，农协的登记管理只能依据《社团登记管理条例》进行。而由于大多数农村专业经济协会规模较小，缺少充足的资金，没有专职人员，使之无法达到《社团登记管理条例》规定的法定登记条件，因而大量的农村专业经济协会不能成为独立法人，这就使得农村专业经济协会难以获得充分的合法性。

导致问题的另外一重根源是各地政府认识上存在偏差和误解，对于农协和农民专业合作社之间关系理解的误区导致对于农协的支持度下降。

显然，二者的功能和作用在一定程度上有重合以及相互替代的部分，但是这并不意味着二者之间是相互冲突和此消彼长的关系，农民专业合作社的发展并不必然取代农村专业经济协会的存在。相反，二者在功能上是可以相互促进的。农村专业经济协会可以实现在更大范围的联合，同时，可以发挥作为行业协会的功能。而农民专业合作社则是农民自愿出资入股共同从事农业生产经营活动，通过参与市场竞争谋取共同利润的经济组织。

因此，农村专业经济协会不是农民专业合作经济组织的初级形态，农民专业合作社也不是高级发展阶段，二者各具不同功能和特色，不能相互取代。①

（三）机制、动力机制与长效机制

"机制"原本是指机器内部的构造和动作原理，是从自然科学中借来的概念。在社会学的范畴内，"机制"则特指组织有机体内各构成要素之间的相互联系及其功能。动力机制，主要是指推动事物（合作社事业）获得长足发展的各种动力因素的总和以及各种动力要素之间的相互关系、作用机理以及为维护和改善这种作用机理而形成的系统动力要素与外部环境之间关系的总和。

与动力机制相对应的还有其他各种机制，比如，治理机制、组织机制、长效机制等。相比于"动力机制"，长效机制更具有宏观性、整体性，更能从长远发展的角度指导合作社发展实践的开展。

作者认为，长效发展机制包括外部动力和内部动力。内部动力因素，指的是农民的合作意愿、共同的利益结合点，村庄精英的带动，村委会、党支部（内在因素）所形成的对于农民专业合作社发展的合力。外部动力因素是指，推动合作社发展的外在条件和制度安排。比如政府对于农民

---

① 鲁可荣：《农村专业经济协会发展困境及政策建议》，《济南大学学报》（社会科学版）2010 年第 3 期。

专业合作社发展的支持等。

农民专业合作社的发展取决于各动力要素及各种关系组合的整体性与有机性，它不是各个部分的机械组合或简单相加。要素之间相互关联，构成了一个不可分割的整体。

在本研究中，将"长效机制"具体操作化为促进农民专业合作社发展的条件和机制、影响农民专业合作社发展的主客观因素，既包括宏观环境、政策、外部政策因素等，也包括农民专业合作社的经营主体、土地流转的实践等。

二　研究思路、研究过程与研究框架

（一）研究思路

研究之初，研究者就初步确定了本研究的思路和切入点，即"多视角切入"和"社会学解读"。所谓"多视角切入"是指从多方面、多角度来探寻影响和构成农民专业合作社发展的条件机制和制约因素。"社会学解读"，则是指从社会学的专业视角出发，运用社会学的理论工具和研究方法来深入分析各种因素，主要是非经济因素在农民专业合作社发展过程中发挥作用的渠道与过程，切入到农民专业合作社运行的实践层面进行考察。在研究的过程中，本研究团队始终非常注意从社会学的视角而非经济学的角度来看待和分析农民专业合作社这一社会历史事实。需要说明的是，之所以一直坚持用本专业的角度来对农民专业合作社进行研究，并非是故步自封，或者基于对本专业优势的过分强调。具体原因如下：

第一，经济学视角的合作社研究，往往偏重于合作社本身的讨论，更多的分析合作社作为一种企业组织，与投资者导向的企业相比，其经济绩效怎样，组织边界及内部的治理结构如何生成和运作，相对忽视了对合作社所处的政治条件、文化环境的讨论。实际上，任何组织形式，都是嵌入于一定的社会环境之中的，特定的文化传统、政治运行规则、人群的心态和行为逻辑等也会对组织的形成和运作产生深深的影响，因此也应该纳入到对组织的生成、运作和发展趋势的讨论中。

第二，经济学视角的合作社研究，通常建立在市场竞争和人们自由结社的基础上。这是一个隐含的前提。但在社会学看来，这个隐含的前提恰恰需要讨论。

　　综上所述，作者认为，经济学的视角固然有其独特的优势，但是，过于强调经济学视角的分析也许会遮蔽有关农民专业合作社发展中其他面向的社会事实和真实存在。因此，本研究团队立足于本专业，发挥优势，坚持用社会学的角度和视角进行分析。具体而言，本研究是在借鉴经济学研究成果的基础上，引入社会学的"制度/行动者"分析框架进一步探讨中国农民专业合作社的生成路径、目前态势和未来的发展走向，增进农民专业合作社的相关研究。

　　（二）研究过程与研究方法

　　研究之初，课题组拟采用社会学实证研究的方法进行，即大规模发放问卷，在实证数据的基础上进行理论概括和抽象。后来，随着研究的不断深入，课题组发现，问卷法不太适合于本课题的研究，原因如下：

　　1. 同一地区的农民专业合作社有着较为明显的同质性特点，而不同地区的农民专业合作社又处于不同的发展阶段，因此，用一份标准问卷难以了解到不同地区、不同类型合作社的整体情况；

　　2. 由于人力、物力以及课题组研究人员精力的局限，在全国范围内进行大规模的问卷调查不太现实，不仅成本高，效果也不见得好；

　　3. 深入访谈法、个案跟踪法以及文献法等其他收集资料的方法相对于问卷法具有更加明显的优势。

　　因此，在本研究过程中，课题组成员先后到河南、山西等地实地走访，长期跟踪多个典型合作社，长期与合作社理事长、合作社社员保持密切联系，经常通过各种方式与合作社的实践者探讨有关合作社的长远发展问题。此外，课题组成员也多次参加全国农民专业合作社理事会会议，参与农民专业合作社的发展与讨论。

　　概括而言，本课题主要采用参与式观察法、结构式访谈法、文献法来收集资料，在此基础上，采用典型案例法、比较法、文献法进行研究。

　　（三）研究框架

　　本书共分为三编，第一编，背景与现实篇，主要包括三章的内容。第一章，从国家—社会经济结构转型的宏观背景、政策演变的动态趋势以及农业现代化的时代要求、取消农业税之后的村庄之变几个方面展开。第二章主要介绍合作社现状研究、核心概念、研究思路与研究方法。第三章，全面介绍了合作思想的来源、国外发达国家合作社经营的经验与模式以及我国农民专业合作社的发展历程。此外，还结合相关数据，重点分析了河南省农民专业合作社发展的整体情况及存在的问题。

研究报告的第二编，条件与机制篇，主要围绕合作社发展的条件与机制展开。共包括五章，分别从合作社的经营主体（老人农业）、微观环境（村庄）、必要条件（土地流转）、发展模式、发展动力等几个方面详细展开。

第三编，未来与发展篇，包括两章，主要探讨合作社发展的长效机制的建构以及我国合作社未来发展方向。

第三章　农民合作社的发展历程、区域经验及面临困境

农民合作社是世界各国历史探索和实践的重要内容，是改造传统农业经济，推动现代化建设的重要手段，它蕴含了丰富的政治、文化和经济的内涵。从世界合作社的发展史来看，其早期是由民众发起的"自下而上"的民间运动，力图以推动农民合作来消灭剥削、压迫、专横、奴役等罪恶的根源，走向乌托邦式的理想社会。

19世纪工业革命以后，社会发生巨大改变，进入一个快速的转型时期，人们的思想逐渐开启，价值观念也开始转型，于是便寻找在资本主义私有制外的平等世界。这一时期英国空想社会主义者欧文提出了"合作公社"的模式。之后，合作化及其农民合作社的理念开始迅速向全球传播，马克思的农民合作化思想，英联的合作社运动以及美国、日本合作社的发展都产生了巨大影响。在这样的背景下，中国的合作社在归国留学生的努力下，与传统中国合作理念和价值融合，形成以救国为核心的中国合作化道路，并在中国革命与改革的实践中不断完善和调试，发展为新时期的一种改造传统农业经济的方式。

新的历史时期，农民专业合作社发展仍然保持较高水平，有力推动了农业的专业化、商品化、社会发展，在农民经济发展、社会治理、秩序维系及文化塑造等方面发挥着积极作用，但是在发展过程中也同样面临着一些亟待解决的问题，需要从维护农民利益出发，来推动农民合作社向纵深方向发展，有效化解发展中的问题和矛盾。

第一节 合作思想的由来及各国合作社的经验借鉴

一 合作社的起点及核心思想

英国空想社会主义者、合作经济学家罗伯特·欧文是合作社的最早实践者，他在早期的著作《新道德世界书》《致拉纳克郡报告》等著作中都阐述了合作思想及合作社的模式。1824 年，欧文以空想社会主义、合作经济思想等为基础，在美国创建了最早的合作社，并实践了合作社早期的分配制度、管理机构及合作社的附属机构，建立了合作工厂、商店及教育机构等，力图通过合作社来化解资本主义私有制下的矛盾，减少资本对农民和工人的剥夺，努力建设一个平等、和谐的社会体系，并通过合作来对抗资本和市场。① 由于合作社处于初期探索阶段，仍然存在很多问题，而且市场本身也不完善，合作社最终没有能够成功，但是欧文依然继续传播他的合作思想，创办了《危机》杂志，在伦敦建立了"全国劳动产品交易市场"，力图通过产品的直接交换，来消除中间商对农民的盘剥，使得劳动者能够获得更多的利润。

之后，欧文的合作思想从空想变为现实，激励了早期的学者和实践家，他们沿着欧文的思想，继续推动合作社的实践和发展。威廉·汤普森创办"合作社"、傅立叶提出社会主义观等，他们都力图改变走向分裂的社会，建立合作协同的理想社会。威廉·汤普森作为一个基督教的社会主义者，创办了白里登合作社，力图积累合作社发展的原始资本，建立属于自己的合作社。他从实践中探索管理、运作的经验，形成与社会发展相适应的经济组织，从而能够增加合作者的收益，并推动合作社的长期发展。在他那里，合作社不是对现有体制的破坏，而是通过劳动者自己的努力参与到市场竞争中，获得应有的利益。

不幸的是，合作社未能逃离失败的命运。马克思认为"合作社仍然限于个别工人偶然努力的范围，就始终既不能组织垄断势力按照几何级数增长，也不能解放群众，甚至不能显著地减轻他们的贫困的负担。"② 这

---

① 傅晨《中国农村合作经济：组织形式与制度变迁》，中国经济出版社 2006 年版。
② 《马克思恩格斯选集》第 7 卷，人民出版社 2009 年版，第 499 页。

表明了农民合作及合作社的建设不能仅是"承认"下的存活，而应该是挑战制度的力量，是一种新的生产关系的再造。马克思从政治层面来解决合作社的发展问题，提出"联合劳动要取代雇用劳动""从私有向公有过渡"等观点，可以看出他所认同的合作社不是资本主义制度下的合作，而是要通过合作来挑战和改变现有制度，确保生产资料属于人们，也使"人民的意识让位给合作社的真正意志。"① 恩格斯在《法德农民问题》里对合作社进行了更为明确的阐述，就是要把国家的价值与制度融入合作社中，以国家力量实现改造小农、改造传统农业，最终形成共同的意志来达成社会主义国家建设的宏大目标。阶级划分是推动合作的关键力量，正式把农民与地主之间的、工人与资本家之间的剥削被剥削关系进行了深刻的阐释，让被剥削者成为一个团结和合作的阶级，并自觉地组织起来进行抗争。马克思、恩格斯的努力是一种改变社会未来命运的探索，力图通过依靠合作社这个载体让农民组织起来，在合作中进行认同和改造，形成抵抗资本主义的基础力量。

早期的合作社理论与实践更多是改变社会现状的尝试，或者说是与资本主义抗争的努力，并生成了合作社的早期理论框架和实践样态。合作社的实践者在倡导维护底层农民利益的同时，也希望通过合作的方式改造小农的价值与观念，从社会底层来实现推动整个社会改造的美好目标。只是由于各国国情不同，合作社的实践过程和结果也难以按照预期去发展，无论如何这些探索和努力为后来合作社的实践提供了经验。

二 发达国家合作社发展的经验及启示

（一）苏联的社会主义合作社

1860 年，特威尔的奶酪生产合作社是苏联最早的农业合作社，而合作社的经营时间并不长，由于管理、经营方面的问题，尤其是运行的资金不足而最终失败。1871 年政府积极鼓励储蓄合作社的发展，以为合作社提供运营资金，制定了储蓄合作社的章程，提出成员股额相同、贷款权平等、合作社仅向社员贷款等规则，储蓄合作社并不是为了谋取利益，合作社的贷款利息也相对较低。在储蓄合作社的支持下，农业生

---

① 《马克思恩格斯选集》第 3 卷，人民出版社 1995 年版，第 289 页。

产合作社得到了一定程度的发展，1917 年西伯利亚地区的奶酪合作社达到 3500 多个①。1914 年初，全俄共有 5985 个农业合作社，至 1917 年已增长到 8500 个，扩大联盟建设是这一时期农业合作社发展的典型特征。

十月革命以后，土地收归国有，苏维埃政府制定了一系列推动合作社发展的政策，发放了大量的贷款和合作社补助金，并建立了消费合作社，统一计划人们的生产生活问题。列宁的新经济政策时期进一步推动了合作社的发展，也形成了关于合作社的完整思想。他力图以合作来改造小农、改造传统农业文明，推动苏联快速走向社会道路，他在《论合作社》中提出合作社可以完成"建成社会主义社会所必须的一切"，"合作社往往是同社会主义完全一致的"。② 合作社在实现公平与平等的基础上，更为根本的是通过文化革命来改造整个国家。

斯大林继承了列宁的合作制，但是在面临粮食危机的现实情况下，认为"实行列宁的合作社计划，就是把农民从销售合作社和供应合作社，提高到生产合作社，提高到农村集体农庄的合作社"③，于是苏联开始把农户联合起来，实施规模化的土地经营，发展大规模的集体农庄。苏联的集体农庄对农村发展进行统筹规划，集中资源支持现代化建设。同时力图实现三个方面的目标：一是确保粮食安全。国家现代化建设必须确保基本的生存安全，而集体经营便于管理和计划，能够实现国家的意志，保证土地的粮食种植规模，保证粮食安全；二是形成集体意识。现代国家建设必须有高度的集体意识和合作精神，"政社合一"的公社体制能够增强个人集体意识，并对集体产生较强的依赖感，个人也会自觉融入到集体中，并由此获得稳定的生产生活资料，合作社成为一个和谐的共同体；三是推动农业的现代化建设。土地的规模化经营，便于机械、技术的推广，有利于现代农业目标的实现，最重要的是改造了传统小农经营模式，从而最终推动传统农业走向现代农业。

从实际运行来看，合作社并没有实现理想化的设计目标，国家对农业的改造也由于过急、过快而由初级阶段的互助组（或共耕社）快速向集

---

①　杜吟棠：《合作社：农业中的现代企业制度》，江西人民出版社 2002 年版。

②　《列宁选集》第 4 卷，人民出版社 1995 年版，第 570 页。

③　《斯大林选集》下卷，人民出版社 1979 年版。

体农庄转化，忽视了农民的认识水平和接受能力，没有充分考虑区域发展的差异，很多地区采取强制手段推行合作社，严重违背了恩格斯指出的，"我们对小农……，不是使用暴力手段，而是依靠示范……"① 的发展思路，行政命令、强迫取代了引导、自愿、合作等合作社发展理念，合作社虽然数量迅速增加，但是粮食产量并没有增加，而且大幅减产，农村中间充斥着负面情绪，怠工、偷懒等行为普遍存在，农业生产效益低下，集体化之下的合作组织难以维系，最终走向解体。不可否认的是，苏联合作化运动中的一些理念和方式，对中国合作社发展产生了积极的影响。

（二）美国的现代化农场合作社

美国城市化水平较高，农民数量少，土地一般由家庭进行规模化经营，形成了具有代表意义的家庭农场经营模式，家庭农场也是美国农业合作社的主要组成部分。总体来看，在家庭农场基础上发展的合作社较为成功，规模大、类型多元、合作能力强是美国合作社的突出特征。

美国合作社的发展相对较早。18 世纪中期，美国就成立了生产、销售等不同类型的合作社，各州也制定了适合本地区的合作社法规，合作社也注重相互之间的联合，1857 年建立了农场主的州联盟和跨州的合作联盟。在国家和地方的推动下，1980 年合作社已经发展到 1000 个，乳品类合作社占 75%，谷类合作社占 10%。② 1910 年代初期，美国的信贷合作体系也日益完成，成立了农场信贷协会、农场信贷管理局、市场局等，此后美国又相继出台了农业销售、合作社信贷等一系列法案，满足了合作社专业化的发展需求。

随着美国农业合作组织的类型日益多样，业务复杂化明显，为推动合作社进一步的专业化、规范化，美国合作社开始走"新一代合作社"的发展道路，注重农业的纵向一体化发展，推动合作社从生产环节向加工、流通领域延伸，加强不同类型合作社的联合，尤其是鼓励与企业的合作，以适应市场竞争需要。融资方式更加多元，开始吸纳企业、社会资金入股，而且创新了分配方式，不断完善按股分红，融入了交易返还额。在美国的合作社的支持下，家庭农场的规模也不断扩大，2002 年美国农场主

---

① 《马克思恩格斯文集》（两卷集）第二版，人民出版社 1955 年版，第 434 页。
② 樊亢：《美国农业社会化服务体系》，经济日报出版社 1994 年版，第 212 页。

平均耕地规模达到 180 公顷，农业生产已经高度机械化、专业化，合作社已经渗透到了农业的全领域，确保了农业生产之外的环节能够归农民所有，农民 90% 以上的收入都来自非农收入，合作社有能力与工商资本竞争，也能够与政府进行谈判，以获得更好的政策支持，美国农业已经高度现代化，农民的收入水平并不比城市的居民低，甚至比城市居民生活得还要幸福。

美国对农业生产的资金投入力度大，家庭农场的发展基本要靠政府补贴，每年都提供超过百亿美元以上的农业补贴，仅农场主的补贴收入一项就占总收入的 20%。其中，对玉米、大豆、小麦、高粱、棉花和大米等农作物的补贴最多，约占政府补贴的 70%—80%。

为防止天灾人祸的发生，美国建立了健全的农作物保险制度，在发生风险赔付时，根据农产品产量的损失以及保险合同约定的单价，对农业生产者进行赔付，保障水平能覆盖农民收入的 60%—70%，政府对保险进行补贴，而且对农业生产者提供特大灾害援助。[①] 美国的农业扶持资金主要来源于发达的二、三产业的税收，而中国二、三产业发展不均衡，而且国家的收入主要用于城市发展与现代化建设，难以实现对农业的高额补贴。美国的农业制度及相关政策对中国有着较大启示，但是美国的国情与有着几亿农民的中国有着极大的差异，在中国城市化及产业发展水平还相对较低时，仍然有大量的农民需要依靠土地和农业生产维持生存，因此难以实现美国式的大农场经营。

（三）日韩家庭经营基础上的农民合作组织

日韩的农业经营模式和中国最为相似，人多地少，主要是一家一户的小农经营，为了改变人多地少带来的农业效率低下的问题，1880 年，日本学习欧美经验，引进了大量的机械设施，推行欧美的"大农场"经营方式，但是由于耕地面积过小及水稻生产的限制而失败。之后，开始转向以家庭精细化耕种为表现的"老农化经营方式"，注重良种、肥料、土壤、耕作及灌溉等体系化和精细化，以精耕细作来提高农业生产效率，"老农化经营"适应日本自然条件，以及人多地少的国情，开始在全国范围内推广开来。1897 年，日本通过了《耕地调整法》，对"老农化"生

---

① 刘涛：《发展家庭农场需要考虑的重点问题》，《中国老区建设》2013 年第 7 期。

产和土地的改善提供贷款，保护小农利益和家庭农业生产。1900 年，出台了《产业组合法》，也是日本第一部关于合作社的法律，鼓励农业合作组织的发展，逐渐在各领域合作社得到了发展，在农民自发成立的团体基础上，日本建立了农协，1947 年的《农业协同组合法》，推动在全国范围内建立了农协组织，农协组织有指导农业生产、购销农业生产资料、提供信贷服务、组织农民互助等多种功能，成为维护农民利益，推动日本农业发展的基础。韩国农协（全国农协中央会）组织于 1958 年成立，主要从事供应与销售工作，在 1961 年颁布的《农协法》，规定了在全国农协中央会与农业银行合并的基础上成立韩国农协。

日韩两国的农协都非常发达。日本农协已经形成从基层农协，到都、道、府、县农协，以至全国农协的三级组织系统。韩国分为中央联合会和村镇两级，中央直接对基层农协进行管理。韩国农协的权力很大，在农业发展中获得了政府较多的支持，也为农民争取了更多的利益。基本所有的种田农民都加入了农协，农协不仅帮助农民制订农业生产计划、进行产业结构调整、提供生产技术支持，在农业生产资料购买、农产品销售、信贷服务等方面也能够提供便利，成为连接小规模农业生产与大市场的桥梁，可以降低农业生产的风险。[①] 日韩两国政府不仅注重农田水利、道路桥梁等基础设施建设，而且不断加大投资力度，着力改善农民的居住条件、卫生环境。同时，积极为农民提供农业知识培训，增强老人的文化素养，提高对农业新技术的掌握能力。注重合作素养的提升，强调农民的合作文化的培育，形成农民"自助、合作"的团结发展精神。

日韩的农业补贴政策较为完善，日本制定了山区、半山区的补贴政策、农业环境补贴政策等，尤其是建立了新农业经营稳定政策，重点补贴农业生产的中老年中的骨干农户，发挥他们在农业发展中的引领、支撑作用，以解决农业生产老龄化的问题。

韩国由中央和地方共同投入进行农业补贴，形成了稻农固定型直补、耕地转让补贴、恶劣环境农业补贴、农业景观保护补贴等多种形式的农业直补政策。

日韩农协有力地发挥了组织农民的作用，提高了农民合作水平，解决

---

① 刘涛：《我国家庭农场发展的基础与对策思考》，《中国粮食经济》2013 年第 7 期。

了农业生产中一家一户解决不了的问题，同时增强了农民与市场上其他主体的谈判能力，改变了农业生产的弱势地位。

与日韩农业发展相比，中国农民组织能力不足，在基层组织治理能力弱化后，农业服务体系日益弱化，农业基础设施残破不全，农民种田的难度增大、成本提高。因此，需要借鉴日韩经验，建立一个超出家庭至上的公共单位，组织农民合作生产。同时，需要注意的是中国与日韩的发展差异明显，日韩的现代化水平较高，农村人口非常少，农业已经商品化、专业化，加上农协垄断性的保护，农产品价格高于国际市场，日韩更为注重的是农业的利润，是维护农业的利益，因此可以说农业问题超过了农民问题，而中国农民仍然总人口的 50% 以上，农民问题仍然非常重要，如果不考虑农民的生存与发展问题，而仅仅从农业的利润出发，关注农业本身的发展，忽视了农民问题，这样就会带来极大的社会稳定问题。

第二节　我国农民合作社的发展历程及阶段特征

一　理想与革命：合作社在探索中前行

自晚清以降，中国的内忧外患导致国家动荡、社会混乱，仁人志士开始寻求救亡图存的良方，一些知识分子去海外求学，以能够寻找解决中国问题的方式，西方的合作制度及合作理念被引入到中国，并从救国和立国的角度来推动合作社的发展，作为"中国合作之父"的薛仙舟在学习日俄合作社的基础上，明确了以合作社来改造社会、建设国家的目标，并把合作社作为立国之基。廖仲恺则认为："解决生产分配问题之和平手段者，惟人民之合作运用耳。倘消费者能够相互团结，以谋取自助，则资本主义之跋扈，不知自灭，而产业的民主之基础，予以构成矣。"[①] 孙中山在对欧美农业发展的观察过程中，发现农民合作起来就可以对抗工商资本，后来他在《国民政府建国大纲》中提出训政时期要建立自治机关，广泛建立合作社，包括农业、工业、交易、银行、保险五种合作社。

在政府的推动之外，社会力量也积极推动合作社建设。梁漱溟在山东邹平和菏泽进行了乡村改革，发动了乡村建设运动，建立乡村学校、成立

① 廖仲恺：《廖仲恺集》第 2 版，中华书局 1983 年版，第 285 页。

合作社，其中，在邹平建立了美棉运销合作社，后改名称为"梁邹美棉运销合作社联合会"，负责集中产品、加工运销，下设 4 个办事处。[1] 1932 年仅 15 社、219 人、667 亩棉田，到 1936 年底，已达 156 个社、3826 名社员、入社棉田 42453 亩、运销皮棉 445045 斤。1932 年底，邹城县合作社的数量为 20 家，1933 年增至 25 个，入社社员 545 人。1934 年合作社增加到 133 家，入社社员达到 4446 人。1935 年底合作社数目达到 336 家，入社社员增加到 14939 人。[2]

此外，梁漱溟还非常重视合作教育事业，为合作社培育专门人才。在他看来，"中国革命不是内部自发的，农民是没有时代自觉的，要待教育来完成革命。"合作教育是推动合作社发展的必备条件，没有合作文化和合作运动，合作社就难以发展起来，要"从教育启发他自觉而组织合作社"。他认为"中国的问题解决，关键在于文化再造，文化再造必须引进合作主义"。由此，在乡村建设运动中，合作社首先从提高管理人和社员的文化素质出发，举办讲习会、乡学、村学、函授班等，赋予缺乏团体的中国农民以合作精神，增强合作意识，使合作社真正成为一种合作典范。梁启超提出以西方合作主义作为支点，创造以互助合作精神为主导、以社会和谐为宗旨的新文化。

合作社运动在内需外困的情况下迅速发展起来，1928 年，全国合作社有 722 家，到 1945 年增加到 172053 家。[3] 这时期的合作社主要是为了应对乡村衰败、社会失序的现状，以合作来消除阶级、取代自私自利的竞争、抵制资本的控制，改变农民的生存状况，并拯救中华民族。合作社建设一个重要原因是改造小农的不足，传统农民是"愚、穷、弱、私"的，要改变乡村之面貌，必须重建新文化、破除旧文化，改变农民的行为与心理，真正的让农民组织起来、团结起来，从而改变中国人"一盘散沙"的格局，以发展乡村教育、推动乡村建设、改造传统文化成为这个时期的合作化运动的内在特征。从现实来看，这个时期的合作社运动虽然破除旧文化，但并未建立起来与合作社相适应的新文化，而且知识分子的期待明

显脱离了农民的现实需求。因为"马铃薯""一盘散沙"都是相对于国家这个公的单位而言的，是民族国家与家族村社的比较，在农民那里家族村社才是自己的，而民族国家离自己太远，看起来和自己并没有关系，合作社的理想化情结很难在村庄层面实现。

新中国成立后，面对内忧外患的发展困境，国家开始在全国范围内推行农民合作社。

合作社在初期发展阶段效果明显，自 1952 至 1958 年间，随着土地规模化耕种以及农药、化肥的使用，谷物产出增长了 21.9%，人口增长了 14.8%，同时公社规模也不断扩大，到 1958 年末，公社平均为 5000 户、10000 个劳动者和 10000 亩地。[①] 1958 年初，参加高级社的农户达到全国农户总数的 98%；粮食征购速度也大为加快，到 1957 年 11 月，全国已经完成 1957—1958 年粮食征购任务的 76% 以上。[②]

二　改革与发展：农民合作经济的复归

十一届三中全会以后，中国农村也进入了新一轮的改革期，原有的土地集体耕种模式转为实施家庭联产承包责任制，把农村耕地承包到户，由个体农户单独经营，也即是"包产到户"。1982 年的中央"1 号文件"对农业生产责任制进行了说明，"它是建立在土地公有基础上的，农户和集体保持承包关系，由集体统一管理和使用土地、大型农机具和水利设施，接受国家的计划指导，有一定的公共提留"，并说明了"它不同于合作化以前的小私有的个体经济，而是社会主义农业经济的组成部分；随着生产力的发展，它将会逐步发展成更为完善的集体经济"。农户对土地进行承包，农民有土地的使用权，并在土地上进行独立的劳动，土地所有权由村集体所有，村集体定期结合人口变动情况对土地进行调整，并负责征收农业税费。对土地的家庭经营模式提高了农民生产的积极性，释放了农村的

---

① 资料转引自林毅夫《制度、技术与中国农业发展》，上海人民出版社 2008 年版；刘涛《现代国家建设与小农合作的困境——现代国家建设视角下合作社的实践模式解析》，《华中科技大学学报》（社会科学版）2011 年第 6 期。

② 转引自罗汉平《农业合作化运动史》，福建人民出版社 2004 年版；刘涛《现代国家建设与小农合作的困境——现代国家建设视角下合作社的实践模式解析》，《华中科技大学学报》（社会科学版）2011 年第 6 期。

活力，粮食产量不断增加，亩产达到历史最高水平。村社集体的统筹管理也发挥了极大效用，村集体收取的共同生产费可以用于水利、道路等公共设施的建设，为农业生产提供了保证。

分田到户释放农村活力的同时，也弱化了农村内生规则的约束能力，以往被抑制的边缘化人物开始凸显，成为村庄中的"大社员"、钉子户，在农业税收取中他们不愿或难以缴纳农业税，村集体对这类村民也难有办法，抗税成功让大量的农户效仿，收税的成本不断提高，农业税常年积累难以上收，村委为能够完成任务经常与村民发生冲突，甚至出现了大量的恶性事件。1990 年代"三农"问题日益凸显，农民负担不断加重，中央虽然多次下发禁止加重农民负担的文件，但是仍然无法解决实质性的问题，干群关系紧张、农民群体上访等问题层出不穷，农村到处流传"农民什么都不缺、只缺陈胜、吴广"，土地抛荒、粮食减产等问题又再次出现。

从表面上看，农民负担的加重与基层政府直接相关，他们成为农民直接抗争的对象，国家、社会及媒体都将矛头指向了基层组织。而从农村之外来看，从改革开放初期的农村兴盛到现在"农民真苦、农村真穷、农业真危险"的"三农"问题出现，不仅是基层组织及农业税收本身的问题，而是国家现代化的发展战略所致，农村资源不断地被输入城市，用于工业化、现代化建设的战略目标，这是农村走向衰落的重要原因。

国家为彻底解决"三农"问题，2003 年完全取消了农业税，力图化解因为农业税收取带来的诸多矛盾，并给予种田农民各种农业补贴，以提高农民的积极性和农业生产的效率。但是税费改革对农村财政产生了较大冲击，农村公共事业发展的资金不足问题普遍存在，中央开始通过转移支付来改善资金不足问题。

取消农业税之后，农村公共设施建设资金来源主要由转移支付和农民自筹资金构成，转移支付主要用于农村水利、退耕还林、风沙治理、农村养老、优质种子、农药化肥等补贴，以支持农村的基础设施建设。国家转移支付的实际效用并不理想，普通财政转移乡镇政府自主决定资金用于哪些项目，或者说哪些乡村发展的公共品，无论这些公共品农民是否需要，以至于出现了农民需要的没有建设，不需要的设施却投入大量资金，大量的资源被浪费。

此外，农村转移支付的资金被大量变相使用，有的乡镇利用农村转移资金支付后勤费用，如政府办公费用、招待费等。农村公共品供给难依然存在，为进一步解决这一难题，国家开始推广安徽省探索实践的"一事一议"制度，原来的乡统筹、村提留中用于农村公共事业发展所需的资金，不再固定向农民收取，采取"一事一议"的筹集办法，在农民自愿的基础上筹资筹劳用于村庄公共事业发展。

家庭联产承包责任制及税费改革虽然解决了制度不合理的一面，却没有能够较好地解决农村的公共品供给问题，也就是没有形成合理的关于农村经济发展的制度设计。乡村社会内部的农民仍然在探索改善农业生产现状的方法，农户之间的联营、联合及合作组建的合作社、合作企业等相继出现，据农业部 2003 年统计，我国较规范的合作经济组织达到 15 万多个，入社农户达到 2363 万户，占农户总数的 9.8%。① 这个时期合作经济的发展主要依托集体力量，由村社集体组织农户进行合作生产，也表明了农民对于合作生产所提供便利的期盼，农民的自发合作可以更好地解决实际生产需求，因此农民愿意合作。但是随着农业税取消，村社集体的治理能力与组织能力弱化，村集体不再有动力和能力来推动农村合作经济组织的发展，有能力的个人或工商资本企业开始进入到这一领域，成为合作社的主导型力量，并对传统农业的改造产生了一定的积极作用。

在这种情况下，以合作社改变农业发展现状，提高农业生产效率和推动农业现代化成为重要途径，也成为各地区探索的方向。2007 年国家颁布了《中华人民共和国农民专业合作社法》，政府开始规范支持专业合作社的发展，明确了合作社性质和原则，以确保能够维护农民利益。

农民专业合作社是家庭经营基础上的创新，在一定程度上符合农村发展的需求。因此说农村合作社的快速发展并不是偶然，而是农民在农业生产中的自主选择，对于一家一户分散经营的小农来说，在农田水利、农业技术等方面的自我供给成本较高，而且市场信息的获取费用也比较高，"去集体化"后的乡村更为分散，农户面临越来越多的生产难题，因此他

---

① 郑凯文：《新时期农民专业合作经济组织的建设与发展》，载《中国农民合作经济组织发展论文集》，促进中国农民合作经济发展国际研讨会，2006 年。

们需要超越家庭之上的合作组织来提供公共性的农业生产设施，降低单家独户自我供给的费用。国家为进一步消解农业生产中的各种问题，推动农业现代化的发展，积极鼓励农民专业合作社的发展，出台了一系列规范和引导农民专业合作社发展的政策，尤其是地方政府尤为注重扶持农民专业合作社的发展，主动引导农民发展合作社，引导资本下乡发展合作社，在各级政府的大力支持下，合作社发展迅速，当前成为主要的农民经济合作组织。

第三节 农民专业合作社发展的区域经验及困境

一 农民合作社发展的总体概况

根据国家工商总局的数据显示，截至 2013 年底，我国农民专业合作社达到 98.24 万户。2016 年，农业普查数据显示，在工商部门注册的农民合作社总数达 179 万个，其中，以农业生产经营或服务为主的农民合作社 91 万个。2017 年 9 月，统计数据显示，全国农民专业合作社数量有 193.3 万家，入社农户超过 1 亿户。农民专业合作社发展进入了快车道。

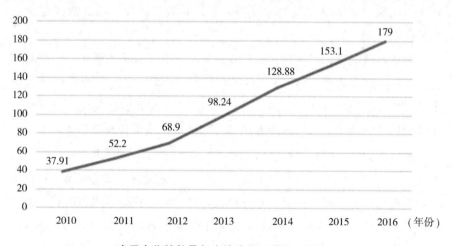

农民合作社数量年度统计值（单位：万户）

以上数据均来自政府官方网站。

从生产领域来看，农民专业合作社覆盖领域广泛，涉及种植、养殖、农机、技术、生态等多方面，种植和养殖业占据2/3以上。合作社的服务也从单一的生产资料购置，向加工、流通、品牌化及销售等环节延伸，实现了生产与经营环节的全覆盖，增加了合作社的竞争力。

从区域发展特色来看，不同地区的农民专业合作社结合地区实际，发展具有特色优势的产业和农产品，并以市场为导向推动合作社的专业化经营，并形成了一批具有较强竞争力的合作联社。在形式上也呈现出日益多元的趋势，出现了龙头企业带动型、专业协会带动型、产权带动型等，表现为"公司＋农户"、"龙头企业＋合作社＋农户"、"公司＋合作社＋农户"、股份合作社等多种形式。从合作社的分布来看，中部合作社数量较多。中部省份的合作社之所以发展较快，主要由于其处于平原地带，属于农业和人口大省，耕地多且便于集中经营，东部次之，偏远西部和山区合作社较少。

二 区域经验：河南省农民合作社的发展现状及特征

（一）河南省合作社总体发展情况

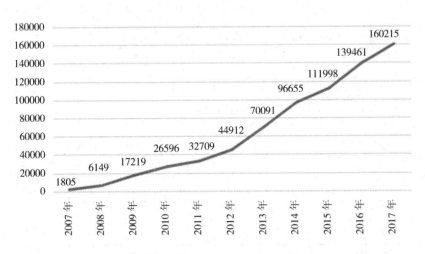

河南省农业合作社年度统计值（单位：户）

以上数据来源于河南省工商行政管理局官方网站。

随着农业产业化、组织化程度的提高，河南省农民专业合作社发展势头强劲，呈现规模化、集约化以及产业链向高附加值拓展的良好态势。至

2013 年—2017 年农民专业合作社登记管理情况统计表

	时间（年份）	2013	2014	2015	2016	2017
	合计（户）	70091	96655	111998	139461	160215
按业务范围分（户）	农业生产资料的购买	6512	10439	13378	17661	20964
	农产品销售	7347	11917	15393	20756	24656
	农产品加工	1461	1673	2002	2868	4215
	农产品运输	1188	1384	1612	2244	3415
	农产品贮藏	1387	1706	2200	3202	4574
	与农业生产经营有关的技术、信息等服务	12427	18843	23059	29460	34599
	种植业	17724	28853	34994	44563	51738
	养殖业	5337	7328	7812	12267	15058
	其他	16708	14512	11548	6440	996
	出资总额合计（万元）	17878290.16	27800993.46	33734285.24	42815076.17	49151026.48
出资方式（万元）	货币出资额	14735508.87	23605423.17	28944903.03	37139860.18	42991681.94
	非货币出资额	3142781.29	4195570.29	4789382.21	5675215.99	6159344.54
按出资总额分（户）	出资总额 100—500 万元	29895	41839	48759	62274	72214
	出资总额 500—1000 万元	9310	15316	18920	24671	28916
	出资总额 1000 万元—1 亿元	3280	5681	7203	9124	10418
	出资总额 1 亿元以上	21	40	41	46	48
	成员总数（户）	468278	635316	747156	937524	1130202
按成员类别分（户）	农民成员	459481	623246	733161	921343	1112585
	非农民成员	7450	10480	12264	14270	15436
	企业单位成员	877	1088	1223	1385	1474
	事业单位成员	111	142	147	161	169
	社会团体成员	359	360	361	365	538
按成员人数分（户）	成员 50—100 人	339	540	799	1061	1478
	成员 100—500 人	148	214	306	400	625
	成员 500—1000 人	3	3	3	11	15
	成员 1000 人以上	0	0	0	2	2

资料来源：上述数据均来自河南省各地政府网站。

2017 年底，河南省共有农民专业合作社 160215 户（如上表所示），比
2016 年增加 20754 户；出资总额 49151026.48 万元（如上表所示），比
2016 年上半年增加 6335950.31 万元。在这 16 万多户合作社中，出资额在
100 万—500 万元的有 72214 户，占合作社总量的 45.07%，比 2016 年增
加 9940 户，较上年同期增长 15.96%；出资额 500 万—1000 万元的有
28916 户，占总量的 18.05%，比 2016 年增加 4245 户，同比增长
17.21%；出资额在 1 亿元以上的有 48 户，比上年同期增加 2 户。合作社
的产业链也逐步向多样化、非传统的方向拓展，"业务范围"中归属"其
他"的比例高达 61.52%。除此之外的各个方面基本上持均衡发展的
态势。

统计显示，合作社中涉及种植业、养殖业的分别为 51738 户、15058
户，占总量的 32.29%、9.4%，较上年同期增长 16.1%、22.75%；与农
业生产经营有关的技术、信息等服务类 34599 户，占 21.6%；农产品销
售的 24656 户，占 15.39%，较上年同期增长 18.79%。

河南省的农民专业合作社覆盖了种植、养殖、水产、林果等各类农
业，主要集中在畜牧、蔬菜、优质粮、林果等支柱产业，涉及猪、鸡、
牛、牛奶、小麦、水稻、大蒜、草莓、西瓜、辣椒、甘蓝、金银花、食
用菌、红枣、石榴、苹果、葡萄、樱桃等大部分地方特色和优势农
产品。

不仅如此，农民专业合作社还直接在农机作业、农资经营、农产品销
售、加工、运输、贮藏、沼气和小农信贷等方面为农业生产经营提供服
务，而且所涉的领域在不断扩大。其中，农业生产资料的购买类 20964
户，占总数的 13.08%；农产品加工、运输、贮藏、销售类分别为 4215、
3415、4574、24656 户，占总数的 2.63%、2.1%、2.85%、15.39%。合
作社规模大小不同，成员大都是本村或邻村的，从几十户到几百户不等；
成员为 50—100 人的合作社数目最多（如上页表所示），达到 1478 户，占
总数的 69.72%。

（二）各地级市合作社的发展状况

河南省各地区的农民专业合作社也在蓬勃发展（详见下表）。截至
2018 年 1 月，驻马店市共有农民专业合作社 19127 户，较去年同期增长
17.14%；出资总额 13.37 亿元，同比增长 13.13%；成员总数 114104 人，

同比增长 14.07%。①

平顶山市截至 2016 年底，全市依法规范登记的农民专业合作社达到 2956 个，比上一年增加 319 个，农民专业合作社成员出资总额 115.76 亿元，入社成员达到 1.59 万人，带动农户数 13.91 万，入社成员年均增收 1550 元。2016 年底，平顶山市共培育国家级示范社 18 个、省级示范社 19 个、市级示范社 97 个、县级示范社 195 个。②

开封市农民专业合作社也得到了较快的发展，该市工商部门开辟农民专业合作社登记注册绿色通道，为农民提供申请、受理、审批一站式服务。2014 年 1 月的数据显示，全市登记注册各类农民专业合作社共 10876 户，注册资金达 45.26 亿元，服务成员 62782 人。③ 到 2017 年已经评选了八批农民专业合作社，以鼓励本市农民合作社的发展、进步。

截至 2014 年末，鹤壁市在工商部门注册登记的农民专业合作社达到 1079 家，比 2013 年增加 68 家。其中有国家级示范社 8 家、省级示范社 19 家、市级示范社 120 家。鹤壁市农民专业合作社涉及行业众多，其中：粮棉油占 41%，蔬菜占 7.1%，水果类占 3.3%，食用菌占 1.5%，牲畜类占 9.5%，禽类占 7.5%，饲料类占 0.1%，农机类占 8.6%，农资服务类占 6.4%，林特产类占 3.2%，其他类占 11.8%。全市 147 家市级以上示范社入社成员 38327 人，注册资金 379777 万元，现有固定资产 158911 万元，带动农户 139364 户。2014 年销售收入达 25.2 亿元，生产经营土地面积 14.99 万亩，其中：流转面积 11.26 万亩，托管服务面积 2.02 万亩④。

截至 2013 年下半年，安阳市共注册农民专业合作社 4822 家，注册资金总额 2.8 亿元，入社成员 2.95 万户，带动农户 118 万户，农民专业合作社已经成为该市农村经济发展的新型经营主体，在全市经济建设中发挥

---

① 驻马店市工商行政管理总局，http：//www.zmdgs.gov.cn/art/2018/2/11/art_ 3459_ 111707.html

② 河南省人民政府，http：//www.henan.gov.cn/zwgk/system/2016/12/21/010693845.shtml

③ 资料来自中国农民合作社研究网，http：//www.ccfc.zju.edu.cn/a/shujucaiji/20140101/ 17374.html

④ 鹤壁市发展与改革委员会，http：//www.hebi.gov.cn/sfgw/638836/639672/639676/ 1240828/index.html

着重要的主导作用。①

截至 2013 年底，南阳市共有 4590 家农民专业合作社，涉及种植业、养殖业、手工业、服务业等，涵盖农产品的销售、加工、技术、信息、培训、运输等领域。

此外，漯河、新乡、商丘等地的农民专业合作社在近年来也获得了长足的发展。截至 2016 年底，漯河市共有 3234 家农民专业合作社，其中有国家级示范社 13 家，省级示范社 13 家，市级示范社 130 家②；省农业厅日前认定的 2017 年合格省级农民合作示范社名单中，新乡市有 19 家合作社获得省级农民专业合作社示范社称号，为新乡市农民合作社健康、规范发展树立了榜样。至此，全市省级示范社累计达 55 家，位居全省前列，新乡市的农民专业合作社已成为农业发展走向现代化的"助推器"；而截至 2015 年 12 月底，商丘市实有农民专业合作社 5145 家，同比增长 26.6%，新登记农民专业合作社 1108 户。

截至 2012 年上半年，信阳市登记注册的农民专业合作社达 5135 家，居全省第一位，入社农户总数达到 53.27 万户，带动农户 68.93 万户，占农户总数的 42%。专业合作社数量不断提升，全市累计发展各类农民专业合作组织 4912 家，其中种植业类 1602 家，养殖业类 1327 家，茶叶类 448 家，林业类 302 家，农机类 567 家，其他 666 家。③

三 河南省农民专业合作社发展的特点

（一）政策完善，扶持力度加大

河南既是农业大省，也是农民专业合作社较为集中的省份。《农民专业合作社法》是政府推动合作社工作的根本依据，在此基础上，结合省内实际，又发展一系列配套性措施和方案，以惠农政策优惠为例，就包括优惠政策、补贴类政策、专项扶持类政策三大类。根据官方公布的数据，各级政府用于扶持农民专业合作社发展的资金呈现逐年增加的趋势。

① 安阳市政府网站，http：//www.anyang.gov.cn/sitegroup/root/html/ff8080812c045ca9012c05d516c1079a/20130803092016757.html

② 河南省人民政府，http：//www.henan.gov.cn/zwgk/system/2016/12/23/010694915.shtml

③ 数据来自泌阳农业信息网，http：//www.bynyj.cn/news/view.asp？id=537

各市农民专业合作社情况表

城市	数量	出资额	成员数	备注
驻马店（2018年1月）	19127个	13.37亿	114104人	—
平顶山（2016年）	2956个	115.76亿元	15900人	国家级、省级、市级、县级示范社分别有18个、19个、97个、295个
开封（2014年1月）	10876个	45.26亿元	62782人	—
鹤壁（2014年）	1079个	—	—	国家级、省级、市级示范社分别有8个、19个、120个
焦作（2012年）	3208个、7600户	—	—	—
安阳（2016年）	4822个、29500户	2.8亿元	—	—
许昌（2014年）	1762个		73500人	—
新乡（2013年）	5722个、140000户	—		国家级、省级、市级示范社分别有33个、51个、315个
信阳（2012年上）	5135个、532700户	—	—	—
商丘（2015年）	5145个			—
南阳（2013年）	4590个	—	—	市级示范社324个
漯河（2016年）	3234个			国家、省级、市级分别为13个、13个、130个

资料来源：http://www.ha.stats.gov.cn/cms/cms/infopub/resultmulfields.jsp，河南省统计网站。

（二）农民专业合作社的管理已趋于规范

河南省的农民专业合作社发展经历了一个从无到有、从小到大、从开始起步到逐步规范的过程，其中 2005—2007 年是发展起步阶段，2007 年至今进入不断规范的阶段。河南省委、省政府陆续出台相关的配套措施，从政策、资金、技术等各个方面给予农民专业合作社支持。政策引导，是重要的调剂手段。目前，从中央到地方，都制定了财政奖补、贷款支持、人才培养等一系列措施，引导合作社进一步规范化。辅之以捆绑式扶持政策，设立合作社专项发展资金，将各种农业基础设施建设项目优先向典型示范社、特色产业社及优势产业社集中。因此，河南省大力发展国家级、省级和市级示范型合作社，以典型示范的方法，引导合作社快速、规范地发展。在监管方面，主要是第三方介入的形式。司法部门也需要在风险发生时提供必要的法律支持，及时止损，保障农民的合法权益。

（三）合作社覆盖的领域日益宽泛，合作产业链条不断延伸

根据目前的数据来看，当前河南省农民专业合作社经营的范围已经覆盖农业种植业、养殖业、水产、林业等多个方面，涉域甚广。同时，从纵深向的发展来看，合作社也从单一的经营模式向销售、运输、加工等环节延伸。2017 年的官方公开数据显示，河南省的农民专业合作社覆盖了种植、养殖、水产、林果等各类农业，主要集中在畜牧、蔬菜、优质粮、林果等支柱产业，涉及猪、鸡、牛、牛奶、小麦、水稻、大蒜、草莓、西瓜、辣椒、甘蓝、金银花、食用菌、红枣、石榴、苹果、葡萄、樱桃等大部分地方特色和优势农产品。不仅如此，农民专业合作社还直接在农机作业、农资经营、农产品销售、加工、运输、贮藏、沼气和小农信贷等方面为农业生产经营提供服务。2017 年与农业生产经营有关的技术、信息等服务类合作社 34599 户，占 21.6%；农产品销售的 24656 户，占 15.39%，较上年同期增长 18.79%。

（四）农民专业合作社呈现出因地制宜的发展趋势

河南省是一个具有悠久的农作物种植历史的农业大省，种植作物多种多样。根据调研发现，河南省农民专业合作社与特色产业结合发展，进行专业化生产，已形成了各具特色的产业模式。比如，汤阴县是全国食用菌生产基地县，内黄县是全国蔬菜生产基地先进县，安阳县是全国沼气建设先进县，博爱县喜耕田农机合作社、封丘县青堆树莓专业合作社及郑州市樱桃沟大樱桃专业合作社等都是结合自身的优势因地制宜发展起来的。

四 合作社发展的瓶颈和制约因素

（一）合作社发展中面临资金、技术和人才等多重困难

我国农民专业合作社起步较晚，发展历史较短，属于晚发外生型新事物，不像西方国家那样完善、市场化，每年政府会给予合作社从 5 万到 10 万不等的扶持资金，然而，这些对合作社的发展来说只是杯水车薪。

访谈发现，合作社要想去银行贷款或者通过招商引资的途径来发展是很困难的，因为银行和商家都是以营利为目的的市场型企业，贷款需要抵押品，贷款优惠政策也只是纸上谈兵，民间融资的方式就更不用谈了。资金是支持合作社发展的主动脉，筹集不到资金，一切都是空谈，严重影响合作社未来的长效发展。

另外，河南省合作社大部分走的是"村干部"或者"有社会资本"的能人牵头成立的道路，发展主要靠农村的血缘或者地缘关系来维持，缺少完善的、可操作的规章制度，生产经营和内部管理靠权威来凝聚，更没有完善的风险评估和保障机制，也无健全的人才选拔和激励机制。而且社员文化水平较低，缺少对科学技术的掌握和应用能力，没有专业的管理人才、策划人才和销售人才。比如，荥阳市王村镇 X 蔬菜专业合作社，存在着较严重的"等、靠、要"思想，没有主动跑市场、推广合作社产品意识，缺乏学市场营销、管理专业和农林专业的人才，没有自己的管理精英。此外，合作社内部缺乏制度化的理事会会议和成员培训会议，一般是一个季度才开一次会议，不利于合作社内部问题的及时有效解决。合作社还缺乏必要的硬件设施，产后合作社调节能力比较差，尤其是没有资金投资冷库，导致新鲜蔬菜没办法冷藏，与市场上的蔬菜在同一个季节成熟时，卖不到好的价钱，农民的增收额度降低。

（二）合作社仍以传统种植业为主，产品科技含量低，缺乏特色

通过对河南省的农民专业合作社与外省的合作社进行比较发现，多数合作社从事的仍然是较为初级的种植和养殖业，直接将初级成品、半成品对外销售或者加盟成为集团的供应基地，加上硬件设施、软件设施、技术人才、管理人才缺乏和信息不畅及宣传意识的缺乏，对产品的农药、化肥等农资的投入量没有控制，产品缺乏深加工且没有特色品牌，更没有特定的销售市场。合作社给农民带来的收益没有预期的高，甚至出现增产不增

收的恶性循环。

（三）合作社的经营主体以中老年人为主，存在后继无人的隐患

随着城市化的推进，越来越多的青壮年劳动力转移到城市就业和发展，造成农村中"386199"部队的出现。这些青壮年逐步脱离了农村、农业和农民身份，根本不愿意留在农村从事农业生产和劳动。根据课题组的调查，当前在农村中从事合作社经营的多是 50 岁以上的老年人群体，即所谓的"老人农业"。

这些中老年人仅仅凭借着对于土地的情感和之前农业种植经验来经营合作社，缺乏管理和营销方面的知识和视野。这在很大程度上制约了合作社的长远发展。此外，由于村庄中的年轻人对于合作社的经营缺乏兴趣，使得由老人经营的合作社存在后继无人的隐患。

（四）合作社发展面临更为激烈的市场竞争

合作社作为市场经营主体之一，在刚开始起步的时候，有一部分得到了来自政府和社会的支持和关爱。但是，伴随着合作社发展趋于规范，大多数合作社最终还是要面向市场，走向自我生存和谋求独立发展之路。在此过程中，激烈的市场竞争必然会淘汰一部分生存能力弱、经营不善的合作社。事实上，目前的很多合作社已经名存实亡，或者奄奄一息。真正存活下来或者在实际运营的合作社，要远远小于在工商部门登记注册的数量。但是，由于缺乏退出或者审核注销机制，使得很多"僵尸"合作社依然存在于官方统计的数字之中。

第二编　条件与机制

第四章　农民行为逻辑与合作社的发展

从古至今，农民一直都在合作中求得生存和发展，而乡土社会的"地方性知识"及宗族组织的存在，也保证村庄的团结和农民的合作。农民不仅有着较强的合作意愿，而且合作能力突出。农业生产稳定、村民关系融洽、村庄秩序井然，村庄成为一个地缘、血缘与精神融合的共同体。而自现代国家建设以来，农民被纳入了宏大的政治框架下，农民合作社作为一项重要的农村政策安排，体现着国家推进农村现代化的战略意图，也表明国家治理机制向农村社会渗透的目标。集体化时期人民公社的"政社合一"体制，把农民纳入到一个高度整合的公共单位内，以革命政治重塑了农民的行动逻辑，推动了合作社的快速发展。无论传统社会还是集体化时期，农民合作都有一个超越村社的公共单位，这个公共单位塑造了农民的行为，并引导农民合作。随着现代国家的进一步发展，乡村社会日益去"政治化"、去"集体化"，日渐转向市民社会，乡土社会本土化的治理结构与合理性被介入的市场、法律、科技等现代社会因素所割裂，原有的促成农民合作的公共性力量不复存在，农村边缘人物"崛起"，钉子户增多，"搭便车"成为常态，农民合作的难题凸显。立足于经典理论体系，更好地分析传统中国农民的行为逻辑演变，理解新时期农民行动逻辑、认同与行动单位及农民合作的条件，探讨化解搭便车行为的村庄策略，并构筑农民行动的公共单位，培育现代农民自觉合作文化和合作意识，成为推动农民专业合作社发展的前提和基础。

第一节　社会结构与农民合作行为

农民专业合作社是提高农业经营的组织化程度、推进农业现代化的重要方式，也是解决我国"三农"问题的一种现实选择。然而，农民专业合作社的发展面临的并不仅是合作组织本身的建设问题，也有探析农民的行动逻辑、合作意识与合作文化方面的需要，从社会基础来理解合作社的发展问题，这样才能够稳固农民为主体的合作社。可以说，对农民群体的认识和了解是研究农民合作社的重要前提。

一 农民行为特征研究的理论与现实

（一）行动与结构：西方社会学理论的启示

在早期经典社会学理论中，行动与结构似乎是对立的，社会行动论者强调行动的真实性和实在性，只有理解了社会行动者的行动才能理解整个社会。与之相对的结构，是虚无和不现实的，不能过多依赖社会结构开展研究。社会行动论代表者马克斯·韦伯把社会学定义为"一门关注对社会行动的解释性理解并因此关注对社会行动的过程和结果的因果性说明的科学"①。"社会的行为是这样一种行为，根据行为者或者行为者们所认为的行为的意向，它关联着别人的举止，并在行为的过程中以此为取向"②，并划分出了目的合理行动、价值合理行动、情感的或情绪行动、传统行动等四种理想行动类型。社会行动论突出的是外部的表达和表现，个体行动论也注重从外部行动来研究内部心理和情感，从而认识个人和社会，因此行动与社会也是有着逻辑关联的，没有个人就没有社会，社会不存在个体也就失去了意义。这明显区别于经济学意义上的"经济人"假设，理性的"经济人"是一种抽象的个体呈现，忽视了个人的内部情感和道德，也忽视了社会因素的存在，即作为个体的社会人，与其他人存在着关联，共同构成了社会整体。不可否认的是社会整体的因素已经隐含在行动论之中了。

而社会结构论更为强调事物内部各要素之间的关联，其对社会行动具有较强的塑造作用，古典社会学家涂尔干认为社会学的研究对象是社会事实，而单一的思想和行为不是社会事实，"只有当它们通过某种方式转变

---

① ［澳］马尔科姆·沃特斯：《现代社会学理论》，华夏出版社 2000 年版，第 19 页。

② ［德］马克斯·韦伯：《经济与社会》，商务印书馆 1997 年版，第 40 页。

成为多数人的共同思想和行为时，才获得了社会事实的性质"①。涂尔干在研究社会分工和自杀时，有效运用了结构主义的研究路径，提出了机械团结和有机团结的概念，研究对社会分工、自杀进行了类型学意义上的划分，他从结构出发建立的关于自杀问题的范式，一直影响着学者对自杀问题的研究。伊恩·罗伯特指出，"社会并非由凑巧占据了同一地域、胡乱地发生相互作用的人组成的杂乱无章的集合体，任何社会都有一定基本的行为规律和模式"②。可以发现，社会事实是多数人的共同行为特征的概括，是一种行为的共性，这种共性塑造成了社会环境和结构，并深刻影响着人们的行为和意识，行动与结构往往是相互关联、互为一体，不能简单地分割开来。无论是行动论还是结构论存在的只是研究进路的差异，他们都力图从问题的特性和类型出发，抓住社会问题的本质，从而为问题的认识、理解和解决提供思路。帕森斯在《社会行动的结构》中分析了行动与结构的内在关联，行动是由一些构成元素组成的，其中每一个元素都是一个"单位行动"，"每一个单位行动都包括：行动者、目标、手段和条件，行动由规范来确定方向"③。帕森斯的社会行动结构理论也力图突破单纯的个体主义方法论，从结构功能主义视角来理解行动和社会，因为单纯的结构与行动都会陷入决定论的思维框架内，往往会忽视问题的某个方面，实质上结构与行动是统一的，是一个整体中的两种品格，相互融合、互为一体，具有不可分割的性质。

为走出"行动—结构"的二元困境，吉登斯提出了"结构化"理论，指出，实证与人文、行动与结构并不是二元分割的，而是在于"结构的二重性"。他的著作《社会的构成》深入分析了结构与行动的二重性问题，指出，社会结构具有客观制约性和主观创造性这两种品格，并且二者相互建构④。

吉登斯的综合为农民行为及合作问题的研究提供了很好的思路。在现实社会中，问题错综复杂、相互交织，很难从单一的理论出发去

---

① 贾春增：《外国社会学史》，中国人民大学出版社 2000 年版，第 129—130 页。
② ［美］伊恩·罗伯特：《社会学》，商务印书馆 1990 年版。
③ ［美］帕森斯：《社会行动的结构》，译林出版社 2003 年版。
④ 刘少杰：《后现代西方社会学理论》，社会科学文献出版社 2002 年版，第 343 页。

看清纷繁复杂的世界。对于农民的合作问题的研究，要注重农村社会中行动者的特征，关注他们是如何行动的，也就是要在农民的行动中定义行动者，并从行动中来理解行动的意义和可能。同时又要关注结构性因素对行动的影响和塑造，主要包含村庄社会的文化、习俗、规则和组织，这是推动村庄发生的内生基础性力量，以及政治环境、治理机制、政府政策等外部制度性力量。

可以认为，中国农民的行动逻辑与合作意愿，发端于农民的独特价值观念和思想意识，而这种思想意识又受到村庄社会规则及国家制度的影响。整个中国社会转型和现代国家建设的推进，使得规则和制度发生了变化，农民要依据规则和制度调整行动，这又会进一步改变社会结构。行动与结构之间持续的互动和变化是常态，也是难以分割的。

研究农民的合作问题必须注重行动与结构的二重性，要认识到农民的行动是结构中的"行动"，具备思想与行动二重性，村庄结构也是农民行动中的"结构"，兼具了内生的地方性规则和外部的制度性力量。

（二）道义与理性：小农行动的两种解读

对于农民行为方式与内涵的解读，是任何有关农民与农村问题的出发点，对于农民合作问题尤是如此，因其涉及农民所固有的行为方式与合作传统。关于农民行为特点的理论范式中，主要存在两种思路，第一种是从理性经济人的假设出发，认为农民是在理性计算基础上进行的行动，农民的合作会从利益最大化的角度出发，权衡行动取向，可以说合作的基础源于利益的权衡。波普金在分析了越南地区农村经济研究的相关经验后提出这样的观点，他认为，市场规律取得了对于农民经济行为的完全支配，在市场规律中小农和资本主义公司采取了殊途同归的措施，不断考量着自身眼前与长远的收益，遵循追求利益最大化的理性行事。这样的理性选择同样体现在他们的政治主张上。波普金强调，"农民是理性的人，强调农民的理性选择行为"[①]。舒尔茨在研究农民的时候，也把农民称为"理性小

---

① Popkin, S: *The Rational Peasant: The Political Economy of Rural Society in Vietnam.* Berkeley: University of California Press, 1979.

农"①。

　　与理性经济人假设不同的另一种思路是从农民生存的社会环境及农民的道义伦理出发，注重农民的伦理观念、行动文化及合作传统，考虑农民的行动并不是单纯的出于利益最大化的考虑，而是受到乡村社会地方规则和文化秩序的约束，是一种基于"生存、安全、稳定"原则的考虑。苏联社会农民学家恰亚诺夫首先提出了农民是"道义小农"的理论②。斯科特在其著作《弱者的武器》中，认为农民的"生存伦理"决定了农民的经济行为呈现出非理性特征，在经济行为中并非以利益的最优化为基本目标，而是以"安全第一"作为行动的基本原则③。这是一种"传统主义"的表达，在传统乡土社会中，农民与国家的直接联系非常少，更多的是在封闭的村庄中进行自我发展，需求远没有超越村庄。他们仅需要一种稳定和安全的生活，安全对他们来说是第一位的，而村社内部的农民合作能够化解不可预测风险带来的危机，保证农民"日出而作、日落而息"的生活状态，这是基于传统社会结构基础上的总体判断。

　　而在农民具体生活世界中，理性与非理性往往交织在一起，农民之间也有着明显的利益算计，只是传统社会结构性的力量较好地规制了个体农民的行为。但是无论是理性还是非理性的视角都过于单一，理性经济人的视角理论预设较强，主观性研究超越了农民行为的客观性，忽视了农民行为是处于社会结构中的行为，农民是处于一个复杂体系中的经济与社会人的综合体，而且关于农民行为的研究掺杂了一些政治化的色彩。基于道义基础上的农民行为分析，忽视了社会发展带来的农民行为变化，农民在特性事件和一定范围内的理性算计日益增多。可以说，实际生活中，农民行为是在一定的社会文化背景下发生的，是为了发展而选择的行为策略，并受制于地方的规则和秩序，因此研究农民合作必须把行动理性和具体结构综合起来考虑。

　　（三）公与私：中国农民合作的单位与秩序

　　理解中国农民的合作逻辑及秩序，必须厘清农民的公私观念及其塑造

---

① ［美］舒尔茨：《改造传统农业》，商务印书馆 2006 年版。
② ［俄］恰亚诺夫：《农民经济组织》，中央编译出版社 1996 年版。
③ 刘涛：《中国农民集体行动研究：回顾与前瞻》，《四川行政学院学报》2009 年第 6 期。

的机制。在中国家庭是最基本的单位,是个人生存发展的基础。作为最基本的私的单位,家庭内部的成员有着共同的利益,并能够为了维护一致的利益而采取集体行动。费孝通在研究农民公私关系时提出了"差序格局"的概念①,"差序格局"内的公与私没有明确的界限,农民在进行社会互动、资源分配时倾向于照顾与自己关系相近的人,忽略与自己关系较远的人,中国人的这种个人行为不是完全的个体主义,而是自我主义②。中国乡土社会生活以差序格局为基础构成范式,生活中个人与团体之间的界限远不如西方市民社会那般清晰,"公私观念"更多被视作为公平正义的文化表象,而未能演绎成为类似西方的契约关系。从历史的角度来看,"公私观念"与中国乡土社会的文化基础和基层治理结构关系紧密。

传统中国乡村的农业生产能力较弱,个体小农难以抵抗天灾人祸,国家也无力为分散的小农提供公共品,必须有超越家庭之上的公共单位来提供个体农民无力供给的公共品,宗族就承担起了这样的责任,成为一个我们的组织和"大私"的行动单位,被农民所高度认同。宗族能够有效组织起农民,在组织农业生产、农村公共品供给、农村秩序维系等方面发挥了积极作用,宗族成为超越个体和家庭的公共单位。

传统中国农民的合作得以实现,源于村社内部形成的超越家庭的宗族组织,宗族作为血缘和地缘共同体,在其内部塑造出了连接农民的基础关系和责任伦理,并把农民紧密地联系在一起。宗族内部的基础关系主要包括社会关系和经济关系,传统的乡村社会相对较为封闭,人口流动性和通婚圈小,经济关系、社会关系都是高度连带在一起的,农民多以农业生产为主,互助非常频繁,血缘、地缘和业缘关系非常紧密,也就是说农民行动的社会基础关系处于一种稳定的状态。在这种稳定的社会关系之上又建立起了稳定的责任伦理观,这种责任是基于道义、礼仪与伦理而产生的,并不是由个人利益所生成,也就是维护公共利益的责任伦理,这使得农民合作的成本极低,而且合作的绩效非常高,这种关系与责任并不是一成不变的,而是随着社会结构的变动而变动。

---

① 费孝通:《乡土中国》,上海人民出版社 2007 年版。

② 刘涛:《传统资源、现代制度与基层治理的未来——〈公私定律:村庄视域中的国家政权建设〉的启示》,《社会科学论坛》2014 年第 4 期。

自中国步入现代民族国家的轨道，国家的运行与治理逻辑发生了巨变，从整个国家层面来看，现代国家建设更加注重科层化治理体系的建设，强调普世价值的推行，普及"民族、国家、权利、民主"等宏大的政治概念，并力图形成强烈的国家责任感，而这种政治诉求也被纳入到农民合作社实践中，农民合作社立足于农民组织化与合作化，以合作来改变农民的弱势地位，提升农民的经济社会竞争力，实现农民的富裕。同时，合作社也是一种改造小农生产方式、推动农业现代化和专业化，把传统农民伦理组织转换为现代经济组织，进而逐步把农民转化为现代公民的方式。农民被纳入了更大的政治架构中，宗族、家族的封闭架构被打破，传统的治理和约束机制不复存在，个体农民被纳入到现代国家的框架内，而乡村的现代规则和制度却并没有建立起来，农民没有转换为现代意义上的公民，他们在从传统社会中"解放"后，也放弃了原有的社会责任和伦理观念，利益算计超越了地缘和血缘关系，农村社会由传统的熟人社会向陌生人社会转变，农民更加"善分不善合"。贺雪峰认为，近代以来经过革命和市场的双重洗礼，中国农民越来越呈现出原子化的"理性人"特征，而以国家行政权力逐步退出乡村社会为主要内容的"国退民进"的改革进程却并没有培育出农民组织合作的社会生态，致使当代农民不可能自生自发地达成合作行为或集体行动。现代国家建设过程中对权利、民主与法制的个人主义理念的追求，使原有的组织农民合作的机制和组织单位瓦解，新的达成合作的机制和组织单位却没有建立起来①，而农民又难以快速融入到现代城市社会中，大量的农民要从事农业生产，农业仍然是农民生存的保障，因此也仍然需要一个超越家庭至上的公共单位维护农民利益，化解个体农民生存的风险。面对当前的农村社会结构及农民行为的逻辑，不能单纯按照西方的现代化导向去发展，也要借鉴传统中国农民的合作机制，重建农村的合作单位、基础关系，构筑适合现代国家需求的新型社会责任与伦理观念，推动农民以新形式来合作发展。

---

① 刘涛：《现代国家建设与小农合作的困境——现代国家建设视角下合作社的实践模式解析》，《华中科技大学学报》（社会科学版）2011 年第 6 期。

第二节　农民的行动单位及合作社发展

自古以来，农村社会都存在超越家庭之上的组织单位，也就是农民的基本行动单位，由这个单位来推动整个村庄的建设与发展。传统乡村的宗族组织、集体化时期的人民公社都是超越家庭之上的农民行动单位，并得到了农民的认同和支持，成为连接个人与国家的公共性组织。随着现代国家的革命与改革的冲击，乡村社会原有的均衡结构被打破，传统社会的宗族组织及合作基础弱化，却并没有完全消失，弱化的农民认同和行动单位仍然存在，只是被分解为不同类型的行动单位，这些行动单位形塑着农民的行为，影响着农民的合作能力。

一　从"差序格局"到行动单位

费孝通认为，中国社会的格局不是一捆一捆扎清楚的柴，而是好像把一块石头丢在水面上所发生的一圈圈推出去的波纹。……"以'己'为中心，像石子一般投入水中，和别人所联系成的社会关系，不像团体中的分子一般大家立在一个平面上的，而是像水的波纹一般，一圈圈推出去，愈推愈远，也愈推愈薄[1]。在差序格局里，公私是相对而言的，站在任何一个圈层里，向内看也可以说是公的"[2]。由此来看，虽然乡村社会结构总体上是均质的，但是差序格局中的不同圈层是非均质的，农民总是有一个相对私的单位，"差序格局"中的宗族成为圈层结构中非均质的部分，在实践中被凸显出来，并成为超于家庭之上的私的单位，成为"我们"的组织，也是村庄事务运作的主体。由于中国社会发展的非均衡性，区域变迁和发展的速度也不同，宗族组织结构破坏之后，中国家庭虽然在趋向核心化，但是宗族并未完全解体，村庄为更好地解决公共品供给问题，在家庭与宗族中间产生了层次不同的认同和行动单位，成为农民组织与合作的基础。

实际上处于不同时期、不同区域的农民，宗族的解体程度不同，其认

---

① 刘涛：《从"差序格局"到"行动单位"》，《中国图书评论》2010 年第 11 期。

② 费孝通：《乡土中国生育制度》，北京大学出版社 1998 年版。

同和行动单位存在较大差异。贺雪峰指出"不同的乡村社会，或同一社会的不同时期，却可能会有不同的层级被作为主导的基本认同和行动单位，这个层次成为当地农民首要的认同单位，并决定该地村治特征的主导因素和决定农民行为逻辑的主导力量"①。

农民行动与认同单位的形成与外部因素的冲击密不可分。首先是市场化因素的冲击，尤其是消费主义和个体主义的冲击，使得农村传统的人伦和血缘关系发生了变化，村庄舆论的约束作用降低，农民行动单位迅速缩小，甚至出现了原子化的村庄；其次是现代国家建设方式的冲击，现代性的启蒙话语与法律精神在解构了传统秩序后，并没有在小农社会基础上构建起新的公共秩序，而在公共品供给中农民仍需要自觉合作。因此，农民在碎片化的文化基础上就形成了不同的认同单位，以推动农民合作，维持村庄的生产秩序②。目前主要存在宗族主导、户族主导、小亲族主导、联合家庭主导等农民认同与行动单位的村庄类型，此外还存在农民原子化水平极高的村庄类型。农民认同与行动单位在村庄发展中的作用突出，它发端于差序格局的不同圈层，因此也受到乡土社会内部小传统的影响，也就是说传统乡村的公私观念、行动文化、道义伦理仍然在发挥作用。一方面，行动单位是"公/私"范围划分的表现，也是地方性文化的本质；另一方面，地方性的文化的本质与功能成为行动单位内部的主导力量，有效规范农民的行为，抵制内部的搭便车者，使搭便车者失去舆论的正当性，并被排斥在认同单位之外。

从农民行动单位来认识乡村社会，可以发现农民合作的能力仍然存在，而且也是理解村庄社会的切入点。中国东南地区一些宗族组织发达的地区，农民的合作能力仍然较强，族田占到了耕地的30%以上，在生产互助、治安维持等方面仍有较强的合作能力。例如在福建、江西、广东等省份，宗族组织较为发达，村庄内部的关联性极强，农民之间团结有序，能够有效组织起来抵抗外部力量的侵入，也能够采取一致行动维护宗族的公共利益。而在原子化的村庄，农民的集体行动能力极差，村民不会为了

① 贺雪峰：《公私观念与中国农民的双层认同：兼论中国传统社会农民的行动逻辑》，《天津社会科学》2006 年第 1 期。

② 刘涛：《从"差序格局"到"行动单位"》，《中国图书评论》2010 年第 11 期。

公共利益与外部力量抗争，而且会因个人私利损害公共利益，例如湖北荆门地区公共水利的破坏，灌溉中的偷水等现象普遍存在。虽然原子化村庄农民的合作能力较差，却并不能说明农民没有合作的意愿，他们仍然希望能够通过合作解决农业生产中的问题，只是缺少合作的载体和机制。

二 行动单位、村庄类型及农民合作能力

农民行动单位的层级及差异直接影响到农民的合作能力，并塑造出不同类型的村庄社会。整体而言，可以划分为原子化类型的农村和宗族碎片化地区的农村，这两种类型的村庄由于内部结构的不同，导致农民行为逻辑及合作能力差异明显。

（一）原子化村庄的社会结构与农民合作

长江流域和东北地区村庄原子化程度较高，湖北、安徽、黑龙江等地最为明显。原子化村庄农民缺乏一个超越家庭之上的公共行动单位，村民的一致行动能力极弱。宗族力量解体后，村庄内部的公共文化及价值体系迅速崩溃，维系村庄秩序的结构性力量不复存在。在这些地区，核心家庭成为一个最高层次的"私"的单位，农民的个体主义凸显。即使"亲兄弟也得明算账"，经常因为家庭资源分配不公发生纠纷，兄弟之间"老死不相往来"的情况非常多。而且父母在家庭中的地位不高，尤其是父母年龄大，无力为子女继续付出时，基本上在家庭事务中没有话语权。父母劳动力丧失，成为家庭中的"负担"，被排挤到边缘化的位置，子女占据了家庭的核心地位，一旦发生冲突，父母只得忍气吞声。久而久之，农村会越发出现子女对父母的不孝行为，更有父母因为绝望而出现各种极端行为的案例屡次发生，乡村社会走向了失范的危险境地。

原子化村庄公共力量和机制的缺失，使村庄中的"钉子户"、"大社员"等边缘人群崛起，甚至成为村庄中的主导力量，他们不断挤占和破坏公共资源，而村庄又缺乏约束这些搭便车者的力量，以至于村庄公共事业不断衰败，农业生产陷入困境。这些村庄内部干群关系也较差，村干部的行为与农民没有任何关系，他们很难在农业生产中组织农民，放弃了关心村庄公共事务的责任。村民对公共事务更是冷漠，与之相对的是一些"钉子户"利用一切机会谋取私利，部分村庄中形成了所谓的上访专业户，通过上访获取低保名额、生活补贴等。村民对上访户也基本不理会，

因为他们的上访没有损害自己的利益。在农业生产中的纠纷频繁发生，例如在湖北荆门的农田灌溉中，常常因为灌溉质量的差别、排水的不便而发生争吵。在水费收取上，偷水、放水及搭便车不交水费的农民普遍存在，这大大激化了农民间的矛盾，出现了家家户户打井灌溉的现象。虽然打井灌溉成本要比集体灌溉高一倍，但是农民宁愿打井，也不愿意合作灌溉。

在这种类型的村庄中，国家政策运行的成本也极高，因为政府要对接每一个农户，而且每个农户的实际需求又存在极大差异，例如在"一事一议"的推行中，"钉子户"为谋取个人利益，无论如何都会想法破坏公共规则，有时甚至损害他人利益。村干部为完成工作，而迁就个别"钉子户"，久而久之，大多数村民都效仿"钉子户"的行为，导致政策实践成本增加，最终不得不完全放弃。农民合作的失败已经成为原子村庄的普遍现象，这些村庄的公共性完全丧失，家庭甚至个人成为基本的"私"的单位，农民基本上是按照私人的逻辑来行动，他们不再有任何顾忌，任何的行为都是个人的行为，与他人没有任何关联。这类村庄的"钉子户"非常多，而且难以用地方性规则约束。它们属于分裂型村庄，农民成为自由的个体，与外部没有任何关联，但是这类村庄中的农民又没有转换为现代公民，他们仅要求权利，却不愿意承担任何的义务。在农民失去责任和义务感的情况下，抽象地谈论"农民的理性"、"相信农民"等问题，很难解决农业发展中的公共品供给的困境，而且会恶化当前农村的生产生活秩序。在这种原则化类型的村庄中推动农民合作，要重构农民的生活文化和行为逻辑，建立起一种与市场理想不一样的合作文化，或者承认外部秩序和规则的合法性，改造农民的行为逻辑，形成与市场机制相适应的"权利—义务"观。而目前的解决方案似乎在承认外部秩序和规则合理性的同时，却又强调农民的个体主义，相信农民的自我选择，在农村缺乏与市场相适应的社会基础的状况下，农民的行为会日益偏离秩序的轨道，合作发展的能力将会完全消失。

（二）宗族碎片化地区的农民合作

在现代性的冲击下，有些地区受到的影响较小，宗族组织依然存在，例如在江西、福建、湘南等地区，宗族在村庄建设中一直发挥重要作用，也是村庄中的"大私"的单位。北方一些地区受到冲击较重，宗族分解成层次不同的单位，例如山东、安徽、河南等地的小亲族及联合家庭主导的村庄，山西、陕西等地的户族主导型村庄，这些地区的村庄没有完全解体为原子化村庄，超越家庭之上的"大私"的单位仍然存在，农民具备一定的联合行动能力，农民的行动逻辑和合作能力存在一定的差异。

不同类型村庄的农民"公私"认同范围存在差异，也就是"自己人"的层次不同，宗族型村庄内部的"自己人"范围最大，在宗族型村庄，农民有着较强的血缘、地缘的联系，而且两者高度重合，内部的组织结构非常明显，是一个高度团结性的组织体系。人情、面子、关系在村庄内部有着较强的意义，族民有着共同的价值认同和道德规范，他们注重感情的积累和人情的亏欠，通过日常性的交往、互助以及祖先崇拜等等，牢固地连接在一起，村庄就是一个宗族组织，宗族也是村社共同体，宗族内部都是"自己人"，其余都是"外人"，自己人之间的一致行动能力极强，因此宗族型村庄内部的公共品充足、供给成本较低，农业生产较为便利，而且与村民诉求相符合的政策能够较好地实施。

联合家庭主导型村庄主要是父母和子女的大家庭，人数达到十几人到几十人，家庭内部的兄弟分家后，兄弟之间的交往仍然频繁，关系密切，一致行动能力较强。但是联合家庭主导型村庄的农民行动能力弱于宗族主导型村庄，却比原子化村庄强，农民的行动局限于兄弟范围之内，老年人在村庄中的地位相对较高，在家庭内部仍然具有较强的话语权，不孝行为会被抑制。村庄内农业生产和日常生活中的互助行为频繁，家庭内部的关系较为和谐，纠纷、矛盾能够有效解决。联合家庭散布在村庄之中，各联合家庭之间的力量相对平衡，很难形成压倒性优势，村庄内的矛盾相对较少。村民较为关注大家庭内部的事情，却并不热衷大家庭之外的事情，联合家庭相互之间的关联度较低，超出联合家庭的合作也难以达成，村庄社会的秩序较为稳定，公共事业发展却相对不足。

分布于山东、河南等地区的小亲族的一致行动能力则较强，"私"的范围和领域远超过联合家庭，小亲族的认同与行动单位是以血缘关系为基础的五服以内的兄弟、堂兄弟为基础，规模由十几户到几十户不等，人数能够达到百人以上。小亲族的对外行动能力极强，一旦小亲族利益受到损害，很快就可以达成一致而采取集体行动。小亲族内非常讲究人情和面子，有较强的关系和利益的联系。而不同小亲族之间却呈现出对立的势态，在村庄选举中体现得最为明显，上访、贿选、土地纠纷等行为经常发生在小亲族村庄内，而资源优势明显的小亲族内成员一般能竞选成功。虽然小亲族的集体行动能力较强，却难以形成超越群体之上的更大范围的合作。小亲族是地域范围内生活的群体，多是外地迁移而来的，族群间基本没有任何血缘关系，群体内部的高度共识与群体之间的分裂，使得村庄中的冲突较为明显，成为破坏村庄秩序的潜在力量。

关中地区的户族则与小亲族的构成基本相似，以五服以内的兄弟、堂兄弟为基础，户族主导型村庄的农民对内合作能力突出，但是对外行动能力较弱。对内合作能力的形成，主要是由于农民的宗族意识仍然存在，村庄公共价值仍然发挥着一定作用，而且这些地区土地、水资源相对贫乏，农民依靠合作才能维持生存。这些地区的农业生产设施较为完善，尤其是灌溉水渠纵横交错、界限分明，水利系统完整有序，长期的农业合作及互助行为使得农民之间的关联仍然相对密切，而互助仅仅是外部力量塑造的，存在于农业生产之中，户族内部的规范与秩序低于小亲族，对外行动能力不足，难以抵抗外部力量的侵入，户族之间的合作能力也较弱，但是族群之间合作的意愿强于小亲族。

从上述农民认同和行动单位的划分，可以理清不同类型村庄农民的行动逻辑和合作能力，联合家庭、户族的内部合作能力较强，联系较为密切，各个联合家庭之间、户族之间合作的可能性强于小亲族。同一小亲族内部的认同与合作能力极强，但是小亲族之间的分裂非常严重，不利于村社单位内部的合作，国家政策的实施难度较大。这三类村庄的内部仍然存在公共价值生产系统，公共舆论仍然在一定程度上发挥作用，但是地方性规范的作用仅限于村庄层面，而且其惩罚能力极低，很难抑制村庄中的"钉子户"、"大社员"等原有的边缘人物，尤其对家庭、个人的问题极少能发挥作用。随着现代性的持续冲击，农民要求更多的权利和利益，国家在满足农民诉求的同时，却没有建立起与这种权利观相适应的社会基础，农民把责任和义务远远抛在脑后，农民的认同和行动单位也日益解体，不同类型的村庄都正在走向原子化，村庄中原有的惩罚机制失去效用，农民组织与合作的难度增大。传统文化的缺失以及惩罚机制的失效，使得村庄违规者、搭便车者都难以被边缘化，而且挤占公共资源、损害他人利益等不讲理的行为变得"有理"。在公共产品供给中，这些不讲理的农户不出钱也能够享受到服务，导致村庄中原有的秩序失衡，农民都不再愿意出钱发展村庄公共事业，以至于合作无法达成，水利设施难以修建，灌溉、排涝都难以进行，农村、农民与农业发展面临更大问题。

三　行动单位视域下的农民合作社

在不同类型的农民认同和行动单位中，农民合作的可能性都是存在的，只是合作达成的基础及条件不一样。目前，农民专业合作社发展的相关支持政策缺乏对区域差异、村庄社会结构及农民行动能力的考察，对村庄内部合作基础和机制的塑造问题重视不足，使得合作社的发展与村庄农民的需求不相符，相反却降低了农民的合作能力及合作水平。因此，在农民合作社的发展过程中，要结合不同区域的农民认同和行动单位，考察农民在合作社实践过程中的行动逻辑及差异，从而深入理解合作社的运行机制、发展模式及区域特色。

从不同区域村庄的内部结构出发，分析农民行动单位与合作社的关系，具有重要的现实意义。长江流域的湖北、安徽部分地区及东北地区，农民原子化的程度极高，没有超出家庭的以血缘为基础的行动单位，这些地区的早期合作社在政府的引导和扶持下发展较快，但是多数合作社很快就因为村民合作的成本增加，以及利益的纷争频发而解体。农民之间的合作不同于农民的组织化，这些地区的合作社仍然是农户分散经营为主，合作社仅负责部分项目和内容的管理和统筹。原子化村庄的农民合作社成本分摊和利益分配要高度明晰，每个村民都必须看到自己的投入和收益，否则合作将无法达成。即使如此，农民也会想方设法挤占、多占合作社的利益，合作社内部不讲理、耍无赖等现象非常普遍，以农民集体或者农户联合主导的合作社在这些地区已经不存在。在原子化突出的荆门地区，农民合作社主要由种田大户和企业组建，这类合作社占到了总量的80%以上，少数合作社由村委组建。由于原子化农民的合作能力较低，农民自发组建的合作社运行成本高，合作很快就会瓦解。种田大户和企业组建的合作社，是资本主导型的合作社，农户把土地租给企业和资本，按照市场契约来获得收益，这类合作社并不是真正意义上的农民合作社，因此也难以达到合作社发展的预期目标。

在河南、山东等地的小亲族主导的村庄，合作社的发展速度最快，2016年河南省的新型农业经营主体达到21.8万家，农民专业合作社有

13.8 万家，合作社数量位列全国第二，其中有国家示范合作社 500 家，合作社的发展速度和质量都在提升。山东省农民专业合作社也达到 14.1 万家，注册社员 240 多万人，农民专业合作社规模与出资额都处于全国首位。山东、河南等地的农民合作社的快速发展，与独特的自然条件及农业经营模式密切相关，这些省份地处平原地带，耕地资源相对丰富，农业人口众多，农民仍然以农业生产为基本的生存保障，而且村庄中的年轻劳动力外出务工，主要是部分中年和老年人从事农业生产，合作社作为一种政策设计，具有积极的功能，不仅能够解决老人种田的难题，而且在推动农业的发展、服务于农民增收方面有积极的价值，因此为乡村中的农民普遍接受。此外，从农民的认同与行动单位来看，小亲族对内、对外的一致行动能力极高，组建合作社的能力较强，合作社因此能够迅速发展起来。只是合作多存在于小亲族内部，亲戚、熟人之间的合作较多，属于"自己人"之间的合作，范围小，合作社的规模不大。调查发现，山东省合作社成员 40 人以下的占 63%，平均社员数量也只有 53 户。这主要是小亲族之间的对立明显，小亲族之外的合作是很难实现的。同时，不同小亲族主导的合作社恶性竞争问题突出，合作社的整体发展环境不好，不利于合作社之间的纵向联合。

与上述村庄差异最为明显的是宗族型村庄，当前的宗族型村庄已经不同于传统时期的宗族，其已经融入了现代社会中的诸多因素，包含革命时期的"集体文化"、改革开放新时期的现代元素，多种元素交织的宗族组织仍然能够规范农民行为，引导村庄的建设，因此也形成了与一般村庄不同的农民合作方式。例如在广东中山的崖口村，自分田到户以来，仍然保留着部分集体化生产模式，村庄的 3000 亩基本农田分给农民耕种，这些基本农田必须从事农业生产，而村庄围垦的 4 万亩海滩养殖场则对外承包，成为村集体的收入，收入主要用于村干部工资、村庄发展投入、基础设施建设和农业劳动者的报酬。村集体尤其注重对农业生产的补贴，每年农业补贴都达到 300 万元以上，确保务农群众有地可种，并能获得可观的收益，保证了村庄弱者和进城返乡者的基本生存安全。崖口村的独特之处就在于地方性力量的作用，崖口村由谭、陆、杨等几个大姓所构成，其中谭姓、陆姓的宗族力量最大，崖口村的村支书一直由陆姓和谭姓宗族担任，强势的宗族组织控制着沿海重要的资源，尤其是沿海滩涂成为宗族的重要资源，并因为丰厚的资源而推动宗族组织的不断壮大，族民也因此享受到了宗族带来的利益，并在宗族利益的保护中形成了极强的权力与文化网络。在这种情况下，分田到户的神话没有完全消除宗族组织和合作传统，农民有效地把革命、改革与传统融合在一起，形成了一个维系村社共同体的新模式。

宗族力量推动建立的合作社也具有极强的持久性，合作社的负责人一般都是宗族内威望较高的人，他们有极强的热情和责任感，能够以合作社内族民的公共利益为中心，为合作社的发展贡献力量，个人威望在合作社的发展中作用突出。这类合作社内的惩罚能力也非常强，除了合作社正式的文本章程之外，宗族文化和惩罚机制能够对族民的行为进行有效约束，防止少数搭便车者对合作的破坏。因此，在宗族组织发达的地区，地方政府在推动合作社发展过程中，非常注重对宗族力量的合理利用，广东、福建地区的农民合作社多以家族或亲朋好友为主体，自发组织成立农民经济合作组织。土地资源不足，人均耕地不足 0.5 亩，林地较多，农民合作社不仅在种植领域，更多扩展到农产品的销售、服务领域。这些地区的农民自发组建型合作社较多，合作社多是基于地缘、血缘认同基础上组建，并且首先吸纳宗族内的成员，社员之间的信任度和义务感会较高，不用过多纠结社员之间的利益分配，合作社的内部治理成本也相对较低。

农民合作社多以获取更多的利润为导向，并由此推动农民合作，但是合作实现的基础和机制是多元的，地缘血缘关系、村民行动单位、传统规则等因素也在促进农民合作社的发展中具有积极作用，只是这些因素发挥的层次和程度不一致。宗族型村庄的合作社与其他地区合作社发展的不同之处，主要在于三个方面：一是"宗族—村社"是合二为一的单元，农民的生活世界是向内的，村庄就是一个"大私"的单位，农民的认同感和集体行动能力较强；二是内部有较强的约束机制，村规民约、村庄舆论、族规家法等对农民行为有较强的约束能力；三是国家政策运行成本较低。国家不用与分散的小农对接，可以通过与组织化的宗族力量或者村集体对接，降低了政策实践成本，而且村民也可以监督政策的实施情况，因此与村民利益相符合的政策基本可以有效运行。从多数地区的合作社发展情况来看，一般不具备这种条件，其他类型的村庄合作普遍缺乏约束能力，合作社内部的基础关系与责任伦理不存在，难以形成组织化的载体和机制，农民合作仅是暂时的。这类缺乏组织和文化的合作社中，农民更加注重利益的算计，从利益出发又回归到利益的终点，把利益既当作目标，又作为手段，合作社内部很容易出现利益分配不均、搭便车谋利等问题，以至于合作社运行难以长久。

基于农民认同与行动单位这一基础上成立的合作社，要充分发挥行动单位内部的优势，要利用其原有的动员、组织和惩罚机制，使得合作与组织融合为一体，真正使合作社成为超越家庭之上的公共性经济组织，增强农民集体的协商、谈判和治理功能，形成符合集体行动和合作的合法性规则，并成为一种社员集体的行动意识和道德规范。其次要将现代性的原则和规范融入到农民认同与行动单位，提升行动单位的层级和功能，让其不仅是完成现代化任务的工具，而转变为一种兼具经济发展、自我治理和文化塑造的组织单元，实现农民自我管理、自我发展和自我服务的目标。可以说，农民专业合作社发展的影响因素较为复杂，农民认同和行动单位仅是影响合作社发展的一个面向，而以此为切入点更能抓住农民的心理与行为，进而降低合作社的组织与合作成本，提高合作社实践的成功率。

第三节　"搭便车"行为及其治理机制

当前集体行动与合作行为都会面临"搭便车"的问题，在人民公社时期、分田到户之后的合作生产及当前的农民专业合作社发展过程中都面临这一难题。农民本身具有"善分不善合"一些特性，加上当前农民合作组织本身的约束能力不强，合作成本难以平均分摊，一旦合作就容易出现"搭便车"行为，导致内部失衡，合作就会迅速瓦解。因此，要正确认识农民合作中的"搭便车"行为，结合农民的行动逻辑和行动单位，分析合作社发展过程中"搭便车"行为发生的逻辑，以建立起有效的惩罚和约束机制。

一　"搭便车"行为与集体合作的瓦解

"搭便车"一直是学界研究的重要议题，奥尔森在《集体行动的逻辑》中集中关注了"搭便车"行为。当个人利益与集体利益存在差异，并存在类似市场化的竞争，尤其是在大型的合作组织中，即使个人不作出努力,也能够享受到他们付出所收获的成果,也就形成了集体合作中的"搭便车"行为,最终合作组织会因为"搭便车"行为而瓦解。实现集体的合作,有效约束"搭便车"行为,可能在两类情况下实现:一是小集团达成集体行动的可能性较高,规模越大合作越难以实现。在小集团中信息透明度较高,人们之间相互熟悉,很难形成"搭便车"行为;二是强制向成员提供"选择性激励"以实现集体行动。例如工会组织中的成员没有退出权,而且进入权也有严格限制,这类组织可以向成员提供不同于共同或集团利益的独立的激励,工会对政府的游说疏通活动可以提高工人的整体工资和福利水平,工会也能够为成员提供保险、福利等方面的权利,这都是一种选择性激励。但是这种合作也会因为人数的增多而面临合作成本高的问题,加入的人员越多,信息成本、奖励制度实施成本、度量成本等都会提高,尤其是"搭便车"行为发生的几率增高,合作的失败可能性就越大。

从一般意义上而言,农民专业合作社是以农民为主体组织建立起来的,具有规模大、成员数量多的一般特点,社员达到几十人甚至上百人,多数农民专业合作社从注册来看,都属于较大的合作集团,不可避免的会面临集体行动的困境。农民专业合作社虽然以规模化的方式来参与市场竞争,维护集体利益、实现集体发展的目标,但是合作社内部也面临着成员组合的问题,也就是成员之间的分化问题。个体农民在努力付出的同时,往往担心其他人会不会像自己一样付出,因为他们并不确定其他人的公心,其他人有可能会在付出较少甚至不付出的情况下,获得与自己同样的劳动报酬。因此他们往往怀有侥幸心理,尝试用偷懒、磨洋工等方式搭便车,希望以较少的付出获得更多的回报,一旦每个人都这样想,合作社的运行成本就会提高,合作社就会亏损,之后很快宣告失败。而由于合作社的成立主体、合作规模、农民参与程度和治理机制的不同,"搭便车"行为表现形式、程度也存在差异。

在农民集体主导型合作社中,农民的分化严重,异质性问题突出,组织水平及信任度较低,合作社运行难度极大。例如河南新村于2010年成立的土地合作社中,成员30多户,主要通过土地入社,其中年龄在30—40岁之间5户,40—50岁之间18多户,还有7户以上超过60岁,不同农户的入社土地规模不一样,有种植20亩以上的大户,也有3亩以下的,经济收入、社会地位差别较大，合作社成员的异质性问题突出。合作社成立初期虽然制定了完善的规章制度，并邀请合作社专家指导，从而勉强维持。在中期阶段的运行就困难重重，村庄入社的达到 60 多户，成员不断增加，对于相关问题的协商成本增加，合作难度增大。在具体的运营构成中，社员对种子、农业的采购人员心存顾虑，担心销售环节的社员私收回扣等等。在重大问题的决策方面，合作社内部的意见难于统一，而且每个人都存有私心，谁都不愿意多投入，都希望以更少的付出获得更多的回报。雇用的农业工人并不能像照顾自己的土地那样，不计成本地投入劳动力，在打药、灌溉、收割等环节存在偷懒现象，规模化的土地经营难以对土地进行大量精细化的劳动投入，而且大规模经营需要支付土地租金和工人工资，面临天灾人祸时难以及时应对，由于 2012 年农作物价格下跌，合作社效益下降，这导致社员之间的抱怨增多，有效的管理和监督又难以实现，一些社员逐渐退社。这类合作社中农户退社自由，不存在多次博弈的问题，内部惩罚机制不足，对于"搭便车"者很难依据正式规则进行抑制，只能通过不合作的方式进行惩罚，也即是通过牺牲自己、牺牲合作效益来抵抗"搭便车"，最终就会导致合作的失败。

在农民集体组建的合作社内，农民行为的约束机制主要依靠关系、面子、地方性规范及合作社制度，而从村庄的发展实际来看这些机制都难以发挥作用，一是地方性规则日益式微。合作社本身就是一个以利益为目标的组织，农民进入合作社后，在实现利益目标的过程中，缺少合作文化的建设，个体利益逐渐取代了合作伦理，农民行为更加缺少制约，破坏公共利益的行为无处不在；二是现代治理机制的缺失。合作社内部农民缺少对制度的理解和解读，对合作社的章程执行不足，多依靠关系来推动合作社发展，而关系往往是与制度相背离的，更加抽象、模糊，而且难以量化和制度化，与市场化机制不相适应，与市场发展的需求相脱节，因此合作社的发展受挫成为必然。

二　惩罚方式与"搭便车"行为的抑制

在村庄社会关联度日益降低的情况下，农民之间的合作水平降低，农民集体组建的合作社难以抑制"搭便车"行为的发生，因此合作社逐渐向更加多元化的方向发展。

在北方一些地区，由农民合作成立的合作社逐渐变为大户或者大户联合型合作社，这类合作社在联合家庭主导型、小亲族主导型的乡村较多，河南孟津县慧林源蔬菜专业合作社由村庄几个大户联合成立，合作社管理与治理机制较为规范，设立了社员代表大会、理事会、监事会，财务部、技术指导部和市场营销部等机构，制订了《章程》及《培训》《理事会》《监事会》《财务管理》《盈余分配》等规章制度，主要以大户为主，负责合作社的运营。大户又引导 197 名农民入社，入社农民的参与水平不高，处于合作社的外围层。合作社建立了果蔬保鲜库、现代化育苗日光温室、农产品质量安全检测中心、信息网络平台、蔬菜批发市场等。并提供育苗、技术指导培训、生产管理等服务，进行统一收购、包装、销售，把农业生产从产前延伸至产中，实现了农业生产效益的最大化。这类合作社中的农民搭便车行为较少，因为农民多数处于合作社的外围，很少能够参与到合作社的核心决策中。合作社多按照企业化的模式管理和运行，农民各司其职，分工非常明确，按照工作量和股份分红。

从某种意义上讲，这类合作社应该是个体农业企业，大户是真正的主导者，农民属于员工，仅能获得较少的利润。合作社内部的惩罚机制较为完善，惩罚能力突出。农民专业合作社虽然提倡农民自愿，尊重农民加入合作社的权利，但是大户、资本主导型合作社对入社的条件有着严格的限制，一是规模要达到一定标准。例如河南荥阳养猪合作社要求，入社的农户养猪数量必须达到 10 头以上，只有养殖数量达到一定标准才具备加入的条件；二是农户要有较高的素养。入社的农户要在人品、责任感和工作能力等方面合格。如果入社农户达不到要求，很容易产生"搭便车"行为，一旦发生问题，往往推卸责任，这对于合作社产品质量的保障、生产秩序的维护等都可能产生不良影响。合作社一般都会要求农户提交入社申请和保证金，也会主动向邻居、亲属了解申请入社农户的个人情况；三是注重对农产品质量的监督。为保证产品的质量，合作社对生产和交易过程进行严格监督，在生产环节中，合作社一般都会提供统一供给的生产资料，提供服务、技术、销售等一条龙的服务，并定期对农药使用、田间管理等进行检查。在销售环节，有专业检测设备和检测人员，对产品的相关指标进行检测，对质量等级进行评价，防止社员以次充好、掺假等行为的发生；四是对退出权的控制。合作社对退出权有严格限制，退出合作社不仅没收保证金，而且以后不允许入社，防止自由退出带来的"搭便车"问题。这类合作社注重进入威胁与退出威胁这两类机制的建设，提高入社成本，保留退出权，以此来促进合作，大户基本主导了乡村的主要资源，农民行为受制于大户的控制，一旦发生"搭便车"行为，不仅会排斥出合作社，而且在个体经营中也会处处受到限制。这类合作社虽然发展能力较强，能够有力抑制机会主义和"搭便车"行为的存在，但是却让资源流入到少数的资本大户手中，多数农户获得的利益是有限的。

通过大量的农民专业合作社研究发现，仍然存在一些较为特殊的合作社，这些合作社不仅较好地维护了农民的利益，而且能够有效抑制搭便车行为的发生，确保了合作目标的达成和合作社的良性运行。山东耿店村在村干部的发动和领导下，成立了绿冠蔬菜农民专业合作社，组织农民进行大棚蔬菜种植，自己育苗种植，而且在购进生产资料、销售、技术等方面进行例行化和规范化，极大降低了农业生产的成本，提高了农业效益，整个村庄，也没有走向瓦解和松散，而是更有凝聚力①。在耿店村的村干部中，耿遵珠是村支书、村主任一肩挑，且为合作社理事长。常年担任村干部，他在完成行政任务外，几乎把所有精力都放在农民的生产上，带领农户学习大棚种植经验、推广种植技术、帮助农户互换土地、建设蔬菜市场等，为村庄发展作出了极大贡献，尤其是在合作社运作中克己奉公，在村庄内有极高的威望，获得了村民的信任。此外，村庄积极分子较多，与村庄干部有着极强的认同感，形成一个团结一致的核心队伍，因此能够将村民组织起来。这些积极分子多为退休后的老人，他们有一定的经济基础，关心公共事业，获得大家的认可，在村庄中有着较高权威，对村庄中的"搭便车"行为有着极强的抑制作用。而且由于村庄中的集体合作能力较强，在合作发展中形成了一种集体情感和意识，会对"搭便车"者进行群体式的惩罚。贴标签、舆论打击、不关注等惩罚方式使得"搭便车"者很容易被边缘化和污名化。一旦村民受到多数人的排斥和孤立，就很难从合作社发展中获得利益，逐渐失去在村庄立足的可能。这类合作社对"搭便车"行为的约束，与大户、企业主导型合作社不同，并不是以利益和

---

① 高原：《市场经济中的小农农业和村庄：微观实践与理论意义》，《开放时代》2011 年第12 期。

"暴力"来抵抗，而是用过"情感化"手段来惩罚，成本低，且非常有效。

在河南兰考、河北定县等地区也存在一些类似的合作社，是由知识分子发动成立。这类合作社也是一种特殊的组织，知识分子怀抱改造农村、发展农村的理想，身体力行推动农民合作社的发展，农民加入合作社是基于信任和真诚。例如在河南兰考合作社发展中，中国人民大学的何慧丽博士参与到合作社发动、建立及运行的全过程，参与到农业生产的各个环节中，在兰考组建了农民文艺队、老年协会和农民合作社。在吉林省梨树县，四平市银监局的姜柏林则积极参与到合作社发展中，自 1999 年开始就对农民进行合作知识的培训，将农民合作的种子深深地埋入到农民的心中，到现在梨树县比较成型的农民合作经济组织已经有一百多个，为当地的农村发展作出了相当大的贡献①。这些人全身心投入到乡村发展事业中，合作社成为推动农业发展、改变农民精神面貌的载体，他们懂得经营、无私奉献，给社员带来了实在的效益，并获得了村民的认可，社员之间关系融洽、相互帮扶，合作成本也随之降低。知识分子推动建立的合作社具有特殊性，一是知识分子地位的特殊性。这些推动合作社发展的知识分子或者是学界知识精英，或者是政府部门工作人员，有着较强的社会影响力，不仅精神崇高，而且具有丰富的社会资源，能够帮助合作社争取到各种项目，不断为合作社输入资源。合作社获得了足够的支持，也能够集聚乡村内部的资源，在土地利用、资金筹集等方面的能力突出，使一家一户小农的分散资源得以有效整合起来；二是政府支持力度较大。这类合作社一般会作为政府重点扶持的示范社，国家部委、地方政府都会提供大量的资金，而且在土地、税收等政策上进行优惠，为合作社发展提供了良好的外部环境；三是注重合作文化建设，知识分子尤为注重农民合作精神的培育，通过老年协会、文化活动等培育农民的公共精神，改善村民之间的关系，塑造村庄积极分子，使得村庄中的积极分子发挥带动、引导作用，主动参与到公共事业发展中，成为村庄发展的主要力量，有效凝聚分散的小农群体，提升农民的合作能力，为合作社的运行提供保障。知识分子的作用非常明显，他们能够以身作则、身先士卒，具有较强的感召、动员与

---

① 赵晓峰：《结构性力量视角下的集体行动何以可能？——基于南马庄生产者合作社的实践分析》，《调研世界》2008 年第 8 期。

组织能力，以至于任何个人都不敢"搭便车"，而且任何组织外的个人也难以与之抗争。

这两种类型的农民合作社都致力于维护农民利益，但是结果却截然相反，大户、资本主导的合作社虽然能够以"利"和"力"来惩罚搭便车者，规范个体农民的行为，却并没有提升农民的合作能力，相反却让利益、算计充斥在合作社中，农民的个体化、原子化加速，利益至上成为公共性原则，并深入到村庄社会内部，农民的行为更加失序。一旦利益不存在，以追逐利益为目标的资本合作社就会远离乡村，可他们却对乡村社会带来了难以恢复的伤口，乡村社会的合作基础和合作文化完全丧失，"钉子户"、搭便车者在这种个体主义的生产逻辑中大量产生，而失序的乡村却没有约束其行为的手段，效仿者日益增多，村庄的公共利益不断受到损害，乡村社会发展将面临更大困难。以组织与文化来实现农民的合作，农民不仅对合作社有着较强的认同，而且在合作社基础上形成了公共价值观，并规范和指导着自己的行为。合作社也逐渐成为超越家庭之上的"大私"单位，农民的行为逻辑随之改变，自觉抵制市场经济的个体主义影响，搭便车行为减少，社员之间的互助精神使得村庄的风气也随之变化，这反过来又会促进人与人之间的互助合作，村庄成为一个紧密、团结、互助的社会共同体。

第四节　农民合作基础重建与合作社的发展

改革开放以来，国家一直力图通过各种方式来实现社会的理性化，完成现代民族国家构建的目标，但是法律、科技和文化等现代化因素虽然让乡村社会快速地被纳入现代化的结构中，却没有让农民转变为现代公民，合作能力也没有提高，反而有了某种程度的降低。反观集体化时代初期，依托行政力量与政治动员却培育了农民的合作能力。虽然新时期国家不可能沿用集体化时期的发展模式，但是其对村庄社会文化基础的培育、农民责任伦理的建设与基层组织的重视却值得借鉴[①]。因为，农村是一个社会

---

① 刘涛：《现代国家建设与小农合作的困境——现代国家建设视角下合作社的实践模式解析》，《华中科技大学学报》（社会科学版）2011 年第 6 期。

共同体，农民合作不仅要立足于经济维度，更要注重文化建设。同时，达成农民合作发展的目标，必须建立一个连接国家与乡村的中间力量，通过中间力量对接分散的小农群体，扭转整个农村的原子化趋势，真正让农民组织起来①。中国农民专业合作社不仅是经济性合作组织，同时也兼具社会建设、文化塑造和基层治理的综合性功能，可以成为超越家庭之上的公的认同和行动单位。经济社会学家格兰诺维特曾指出，"经济行为的根基在社会关系中，而社会关系则是受制于人们的观念意识"②。要进一步发展合作社，不仅要有"理性经济人"和制度主义的建设思路，更要考虑农民和农民生活的社会，从责任、文化、意识和行为等基础性问题切入合作社发展。

基层组织是农村社会普遍存在的公共力量，也是最为基础的治理资源，在农民认同和行动单位的层次日益降低、乡村社会逐渐走向现代化和个体化的过程中，迫切需要一个正式的、超越家庭的公共单位来改造农村、维系农村社会的基本秩序，而当下合作社的推行又迫切需要与农户最为贴近的基层组织充当组织方，因此基层组织治理责任重塑与治理能力的提升是最为有效的途径。

农民专业合作社以农民为主体，也就意味着农村社区是合作社发展的基础，因而合作社势必要与村社单元高度融合，"村庄—合作社"的一体化将是未来的方向，也是农民生活的基本单元。在这种情况下，要充分重视村级组织的建设与发展，提升完善村级组织的治理功能。

完善民主化治理机制，激发农民的自治精神，形成农民合作社发展的社会基础。但是现代化的民主、权利等理念却史无前例的向农村渗透，并成为社会的总体化发展趋势。在社会、国家充分倡导现代化民主精神的趋势下，要结合农民的认同与行动单位及其塑造的价值规范，形成一个更为适合农村社会发展的自治模式。虽然中国的革命与建设的实践破坏了宗族组织，但是分解后的农民认同与行动单位仍然存在，也就是"大私"的单位仍然在一定程度上发挥作用，而且具有较强的自治功能。国家要注重

---

① 刘涛：《现代国家建设与小农合作的困境——现代国家建设视角下合作社的实践模式解析》，《华中科技大学学报》（社会科学版）2011年第6期。

② ［美］格兰诺维特：《镶嵌：社会网与经济行动》，罗家德译，社会科学文献出版社2007年版，第1—20页。

农民认同与行动单位的功能，调试其内部存在的基础关系和孕育的自治精神，提升农民认同和行动单位的层级。

强化村庄的公共文化建设，增强农民集体行动的理性，培育农民合作社发展的文化基础。文化是农民合作的内在基础，有了这个基础条件，就可以降低组织成本，保证组织变革的成功。奥尔森认为集团的行动之所以成功，是因为他们存在"游说疏通组织"，这一组织可以通过宣传在组织集团树立核心的价值观，形成坚实的合作基础与合作理性[①]。在这一点上，河南兰考合作社的经验值得借鉴。文化活动具有的辐射和影响力逐渐增强，村民之间的交往增多，情感也随之深化，信任度也得以提高，并最终形成了一种文化的网络关系，合作的可能与意愿在这种文化网络的构建中得以实现。村庄的这种文化活动培育的是公共性的情感，是对合作发展的一种认同。因此，新时期合作社的持续发展要注重合作文化的培育和建设，尤其是要借助区域、历史、价值、产业及生活方式等方面的要素，让传统的乡土要素在地域范围内持续地传递和延伸，塑造符合地方实际的合作文化，建立完善的互助机制，增强社员间的互助精神，形成较强的信任关系，主动尊重社员、认同社员的劳动和价值，扩大农民"私"的认同和行动单位，自觉消解"搭便车"行为的出现，建立起超越传统认同和行动单位的新型农民合作单位。

---

① ［美］曼瑟尔·奥尔森：《集体行动的逻辑》，上海人民出版社 2007 年版。

第五章　老人种田、阶层分化与
合作社经营主体发展

中国的"三农问题"的解决是一个系统性、战略性工程，农业经营、管理和生产技术改进仅仅是农村社会的一个面向，要推动处于工业化、城镇化中期阶段的中国农业稳步发展，就需要深刻理解农村、农业发展的阶段性特征，从而为农业合作社的发展及农业现代化建设提供科学的指导。

随着中国城乡一体化进程加快，农村青壮年劳动力进城务工规模的增加，农村空心化现象严重，中国农村80%以上的青壮年劳动力都进城务工，老人种田成为现实，也成为农业生产的主体。这是当前我国农民专业合作社发展面临的现实问题。

2014年中央"一号文件"提出"扶持发展新型农业经营主体，鼓励发展专业合作、股份合作等多种形式的农民合作社，引导规范运行，着力加强能力建设"。2018年中央"一号文件"明确"实施新型农业经营主体培育工程，培育发展家庭农场、合作社、龙头企业、社会化服务组织和农业产业化联合体，发展多种形式适度规模经营"，推动合作社及相关农业经营主体的联合发展，在经营主体、经营方式创新的宏观战略部署和农业现代化的总体趋势下，要充分利用老人种田特点，更好地处理阶段性问题与长期性发展、农业效益提升与农村社会的稳定等方面的关系，积极发展以老年人为主体的新型农业合作组织，发展综合性的农村合作社，建立与之配套的服务机制，发挥老人种田的积极性和稳定性，同时在理解农村社会阶层分化的基础上，注重"中间群体"在农村建设、合作社发展中的中坚作用，全面提高务农群体的生产热情，切实保障粮食生产的安全，维护好农民的根本利益，从根本上解决好中国的"三农问题"。

第一节　传统农业改造与老人种田的现实

一　关于传统农业改造的两种思路

人口老龄化一直是困扰着所有发达国家的问题。目前，中国也正在沿着发达国家的老路，逐步迈进老龄化社会。有学者称，21 世纪是中国的世纪，也是人口老龄化的时代。到 2020 年，每三个中国人中就会有一个老年人。2000 年第五次人口普查显示，农村 60 岁以上老年人已经超过1700 万，占总人口 10.3%，留守老年人比重更是达到 20.8%。2010 年第六次人口普查，农村留守老年人达到 4 千万，随着青年人的外出，老年人成为农业生产、农村经济发展的主要力量，许多农村地区的农业生产主要依靠 40—50 岁的中年劳动力和 60—70 岁的老年人。[①] 据农业部的数据统计，目前从事农业生产的劳动力平均 50 岁以上，上海、广州等发达地区务农的农民年龄接近 60 岁，约有 20% 的 80 岁以上老人仍然在务农。

随着农村老龄化加速，老人种田的现象开始凸显，这引起了社会的广泛关注。政策部门和学术界从不同视角出发，对"老人种田"进行了回应，并提出了相应的解决思路与对策。这些思路主要围绕土地权利变革、老人种田的担忧及农业现代化路径等核心问题展开，虽然都是从中国现代化的大局出发，但是基于不同的视角考虑和判断，因此提出了差异明显的政策建议。

从目前的研究思路来看，主要以土地权属关系，或者是否给予农民土地所有权开始讨论，并引发出改造老人种田的途径和方式，最终实现现代农业的发展格局。但是现代农业达成的立场和过程却存在差异，一些研究者从快速改造小农的角度出发，认为"随着农村社会的发展以及整个中国现代化进程的加快，以内部成员为主体的家庭农业经营，将会被高度面向市场、以谋求持续不断利润为目的、雇佣自由劳动力的农业企业所取代。"[②] 对于已经安居于城市，适应了城市生活的农民，出售原来在农村

---

① 周祝平：《中国农村人口空心化及其挑战》，《人口研究》2008 年第 3 期。

② ［英］科斯：《社会成本问题》，《财产权利与制度变迁——产权学派与制度学派译文集》，上海人民出版社 1994 年版。

的土地，以便获得能够立身于城市的启动资金，这显然是符合理性的选择。进城农民转让土地的结果就使得农村的土地能够顺利集中在一部分人手里，使得大规模土地经营成为可能。① 尤其是对于目前的中国社会而言，由于年轻人逐渐远离辛苦的农业生产，劳动能力不足的老人成为农业经营的主要力量，会对老人的生活以及农业现代化的速度带来问题。因此，从农业的现代化和市场化发展方向出发，必须彻底改造目前的小农经营模式，发展规模化、专业化、商品化的现代农业，以改变老人种田带来的农业生产的低效问题。现今学术界所熟知的关于农业社会改造，实现社会过渡的传统理论，均是西方特定的社会历史环境积习而成，自说自话地认为产业化密集农业取代老人农业、小农经济是不可违逆的客观规律。按照西方理论的逻辑脉络，随着资本主义与市场竞争介入农业生产，成规模的集约农业生产终将取代小农经济，老人种田就会让位于规模化的农场，这样会提高农业的效益，增加农民的货币化收入，而且能够为农民提供更多的就业机会。但是我国农村发展不均衡，呈现出复杂、多元的格局，且工业化、城镇化的水平并不高，农民还会长期在城乡之间流动，以老人为主体的小农经济仍然会长期存在，这决定了农业现代化很难快速实现，农业的市场化、规模化与地权的私有都不能解决农业的现实问题，所以很多激进的举措也很难快速取得效益。

与之相反的是"持续发展论"。持有此种观点的学者认为，中国老人农业具有一定的合理性，在目前城镇难以容纳大量农民的情况下，以老人种田为基础的小农经济是现代化建设的保障。小农经营尤其是老年人种田，不仅使得农村劳动力的再生产成本降低，而且务农对于老人来说不仅是一种劳动，更是一种休闲方式，是生命意义与价值生产的过程。② 一旦给予农民更大的土地权利，允许土地进入市场自由买卖，那么，一方面经营农业本来就无利可图的小农会在地方权利与资本结盟的强势介入下大批失去土地，尽管表面是自愿交易，其实质是被强势集团所迫。另一方面，丧失了在农村生存的根基后，农民又无法在城市完全立足，最终结果可能

---

① 文贯中：《解决三农问题不能回避农地私有化》，《选择周刊》总第104期，2006年9月20日。

② 贺雪峰：《简论中国式小农经济》，《人民论坛》2011年第11期。

是城市贫民窟化与农村社会冲突的同步加剧，大规模动荡将不可避免。[①]
而且农地私有化很难推动土地的规模化流转，给农民更大的土地权利往往
不是推动了土地流转，而是固化了土地利益，土地上的公共品供给更为
困难。

上述观点认为，在大量农村劳动人口难以顺利转移到城市的情况下，
老人农业仍然具有积极的价值，而且效益也比规模化种植要高。稳定发展
论从农民的安全与社会稳定的前提出发，不提倡以快速的、规模化的土地
流转来解决老人农业问题，因为其不仅难以提高土地效益实现农民增收目
标，而且会降低公共品供给效率，导致农业生产陷入被动状态。[②] 这种以
微观上农民生存保障和宏观的社会稳定为核心追求的发展观念，遵循的并
非是传统经典理论的圭臬，而是将本土的伦理观念与社会秩序作为本身思
考的出发点。

上述关于农业生产改造和农业社会变革的两种理论视角，依据不同的
理论根源阐发，并由此形成了两种相对独立的顶层设计体系，自成一格，
又能自圆其说。

然而面对纷繁多变的中国农村社会，单纯依靠纸上谈兵去妄断两种理
论孰优孰劣显然是不现实的。对于后发现代化的转型中国而言，市场经济
与工业文明正在持续向农村渗透，整个社会都在不断地面向市场、面向现
代化的背景下，中国农村不仅复杂而且多元，不能简单地对老人种田的前
途进行判断。因为老人种田不仅是个人或者家庭的现象，更是中国当前现
代化建设阶段的一种结构性的、整体性的存在。[③]

此外，在老人种田的普遍现象之外，仍然存在独特的务农群体，这部
分农民年龄约在 35—50 岁之间，以务农为主，关心农业生产和村庄公共
事业，属于村庄的中间阶层，这部分农户对农业发展及村庄建设具有重要
作用，但是却是农业政策设计中忽视的群体。

从当前中国农村家庭的分工来看，"年轻人外出务工、老年人在家务
农"是一种普遍现象，形成了一种以代际分工为基础的"半工半耕"的

---

① 温铁军：《我们为什么不能实行农村土地私有化》，《红旗文稿》2009 年第 2 期。

② 刘涛：《小农改造、土地流转与农业的现代化之路——基于乡村土地流转类型的考察》，
《内蒙古社会科学》2012 年第 4 期。

③ 同上。

家计模式，这不仅可以保证粮食安全，保持较高的家庭收入，而且实现了家庭生活的完整。这也表明了老人种田具有重要阶段性价值和意义，而且老人种田会在一定时期内持续存在，但是老人农业存在持续能力不强、效率提高难度大、生产环境差等方面的问题。随着城镇化的推进，必须对老年人农业进行合理化的改造，提升老人种田的效率，以老人群体、中农阶层组建农民专业合作社是一个方向，可以在依托村庄中的中间阶层的基础上，进行创造性的改进和完善，更好地维护好农民的利益。

二　老人种田的现状分析

为深入了解当前农业生产的现状，课题组对河南、山东的 3 个村庄 65 位 50 岁以上老年人、4 个农业合作社以及部分 50 岁以下在村务农中年人进行了访谈，对老人种田进行了比较分析，从近期和中长期两个方面分析老人农业的发展现状、价值意义、存在问题与发展方向。

（一）从事农业生产的老年人基本情况

被访谈老年人共 65 人，其中男性 42 人，女性 23 人，每位老年人分属于不同的农户。从年龄阶段来看，50—60 岁之间的老年人为 26%；61—70 岁之间的为 61%；70 岁以上的为 13%。健康状况方面，只有 21%的身体健康状况良好；56% 身体状况一般；23% 的身体存在不同程度的问题，身体差的老人一般从事农业生产较为吃力。文化水平方面，65% 处于小学以下文化水平；21% 具有初中文化水平，只有 14% 是高中以上文化水平，高中及以上文化水平者多为退休干部或村干部。村中从事农业生产的 80% 以上都是 50 岁以上的老人，其中以 50—70 岁之间的老人为主。调研发现，有部分在 40—50 岁之间的中年农户长期在农村从事农业生产，土地种植面积在 20—50 亩之间，收入居于中间水平，是村庄老人农业中的例外，本文将在下文重点分析这部分特殊农户。总之，老年人已经成为农村中农业生产的主力，他们身体状况一般，难以在城市从事重体力劳动，文化程度偏低，又不适应技术工作的需要，返乡种田成为唯一选择。

（二）土地种植的规模与效益比较

在调查的 65 位老人中，10% 的老人土地耕种面积在 1—3 亩，这部分老人年龄偏大，一般在 65 岁以上，已经没有能力耕种更多的地，仅能帮助儿子带孙辈。56% 老人种植 3—6 亩的地，由于子女外出务工，他们不仅需要耕种自己的地，还要帮助子女种地。23%的老人耕种了6—10亩地，这部分老人年龄一般在60岁以下，除耕种子女的土地外，还流转了部分其他外出农户的地。还有一户老人租种了50亩地，他们在播种、收获时一般会雇工，除草、打药、灌溉等环节也需要雇人，这户老人的收入相对高，但是风险也大，大部分耕地都种植了经济作物。土地种植的面积决定了不同老人的生活情况，耕种土地少的老年人一般家境较差，部分是由于身体状况不好，土地少且无法外出务工，生活质量较差。部分是土地承包的稳定性，土地几十年不调整，以至于人口增加而土地未增加，土地仍然是十多年前的数量，地少人多，土地收入只能维持一家人基本生活。耕种数量在3亩以下的农户，基本无法维持家庭生活的质量。土地耕种在3—6亩之间的农户，老人身体情况一般偏上，年轻人外出务工，收入属于中下游，却可以维持基本生活。土地耕种超过6亩的农户，无论是身体还是年龄都处在最佳状态，收入稳定，且年轻夫妻中会有一个留在家里帮助老人照顾土地和家庭，收入一般都在2万元左右。此外，村庄中都有部分40岁左右的中年人在村务农，土地耕种面积在10—40亩不等，夫妻两个都在家务农，两个劳动力加一台拖拉机，就能将这些田地精耕细作地种好，这部分农户还从事一些副业，年收入在3万—4万元，在村子里便属于小康水平了，家庭生活条件就相对优越一些，能够担负得起孩子教育，婚丧嫁娶，老人赡养等一系列家庭支出，对于突发的风险也就有了一定的抵抗能力。

（三）老人农业的经营与收入结构

老人农业的经营种类较为丰富，包括粮食、蔬菜以及家禽。生产结构上，70%的老人都主要以粮食种植为主，仅有20%的老人以种植蔬菜为主，其中有4人专职从事蔬菜种植，10%的老人从事养殖业、畜牧业。在调查的所有对象中，粮食种植满足自家消费兼有盈余送人和出售的共为69%，单纯从事商品粮生产的仅为21%。收入结构上，60%的收入来源于粮食种植，30%来源于蔬菜或者养殖业收入，10%来源于零星帮工或者其他务工收入。在湖北唐村一户农民家庭，两个老人种植2.2亩水田、2亩旱地。水田主要种植水稻，产量约在1100斤×2.2亩，其中1000斤出售，剩余用于食用。旱地种植油菜100斤、玉米2000斤、大豆50斤。水稻每斤按1.4元计算，约收入1400元。每年还会喂养3头猪，每年出售2

头，大约收入为 3000 元左右。还养有 20 多只鸡鸭等家禽，出售鸡蛋或者家禽一年收入约有 1000 元。这样两个老年人一年的种养殖收入就会达到 5000 元，而且粮食与肉类基本不用购买，这足以维持一个家庭的基本生活。

（四）老人农业的经营方式与技术运用

目前，老人农业的生产主要分为自主经营、亲友协助以及雇工经营三种。被访农户中 48165 人是自主经营，占总数的 73.85%，依靠亲戚、朋友、邻居协助农业生产的 16 人，雇工进行经营的 1 人。由于农业生产的季节性，一年 3 个月种田，3 个月过年，还有半年农闲，老年人如果身体健康，一般不愿意雇工，因为现在人工很贵，不仅要管饭，还需要支付费用。老年人一般也不愿请人帮忙，他们认为"请人就会欠下人情，将来迟早要还，即使请人帮忙也是由于遇到灾害或者身体不好时"。从技术的运用情况来看，48% 的老年人家里有简易农用机械，例如农用三轮、抽水泵等，但使用的较少。42% 的老人仍然依靠人力、简易农具进行农业生产，这部分老人一般家庭情况相对较差，土地面积较小。10% 的老人家里不仅有大型机械，在农忙时需要雇佣大型机械进行收割。在对化肥、农药的使用上，考虑土地肥力和农业生产的持续性，几乎所有老人都相对谨慎，用量较少。

第二节　老人种田的特点及其价值分析

一　中国农村的结构性特征

中国的现代化大局主要是稳定发展的大局，一方面要稳步地推进城镇化与城市化，让农民向市民转变，共享现代化发展的成果；另一方面要"维护农民的权利，让农民能够随时回到农村、回到土地，发挥农村稳定器和蓄水池的作用，为国家现代化建设提供基础。"① 如此，就需要在稳定与效率之间寻找一个平衡，这个平衡点的建立就需要准确把握城乡之间、工农业之间、村庄社会结构之间的内在特征。

首先，从城乡之间的人口分布结构来看，目前，全国共有农业生产经

---

① 刘涛：《发展家庭农场需要考虑的重点问题》，《中国老区建设》2013 年第 7 期。

营户 1.98 亿户，其中纯农户 1.67 亿户，仍然会有近 7 亿的农民从事农业生产，[①] 因此必须保证农民的基本地权和生存权利，农民的发展与农村稳定仍然至关重要。

其次，从工农业的发展情况来看，虽然工业已经成为国民收入的主要来源，但是中国人口众多，加上世界粮食安全问题的日益凸显，农业生产基础性地位更加重要。粮食具有战略性、基础性等功能，不仅能产生经济效益，更是一种劳动力再生产的战略物资。土地非粮化问题的出现，表明了农业生产格局的变化，也展示了目前农业生产以及粮食安全的重要价值，不能过多强调城市与工业，而忽视或淡化农业。

再次，从城镇化的发展速度来看，2009 年中国的城镇化水平刚达到 43.9%，2012 年已经超过 50%。城镇化速度虽然加快，但是从城镇的承载力和保障能力来看仍然相对不足。从河南、山东等地的调研来看，城镇化水平都提高较快，但是城镇和城市的容纳能力不足，尤其是城镇工业发展能力欠缺，在社会保障、就业机会、公共设施建设等方面也滞后于转移人口需要，因此城镇化建设要科学推进，新农村建设也不能忽视。

最后，从农村社会分层来看，如果家庭结构较为完整，老人在家种 5 亩左右的田，年轻人外出务工，这样的家庭一般处于中等偏上的生活水平，这也是农村社会的主要家庭的状态，如果老年人身体状况不好，种植土地较少，难以维持基本的生活需要，家庭负担就会较重，这样家庭一般在中等偏下的水平，老人种田的质量经营直接决定了整个家庭的生活水平以及家庭在村庄中的地位。在城市难以容纳大量农村人口，农民周期性的进城与返乡的情况下，老人农业的基础性、战略性作用就凸现出来。从某种意义上而言，老人种田不是一个经济概念，而是蕴含了更多的社会文化内涵，在维持家庭生存安全、确保乡村稳定、保障城市化建设等方面具有重要的价值。

二　老人种田的成因及其特征

（一）子女外出务工是老人种田产生的直接原因

由于农业生产相对枯燥和单一，务农收入远低于务工收入，加上乡村

---

① 刘涛：《发展家庭农场需要考虑的重点问题》，《中国老区建设》2013 年第 7 期。

社会在经济、文化等方面的落后，大量受到现代消费、娱乐文化影响的年轻人奔向城市，直接导致大量的老人留守农村，继续从事农业生产。在河南来集村的25位老人中，21人是由于子女外出务工而在家留守，从事农业生产。3人由于不适应城市环境，不愿随子女进城居住而在村务农；还有1人单位退休之后，回村务农。所有在村务农老人中，67%的老人帮助外出务工子女照顾所有土地，23%的老人会进行阶段性的帮工，仅有10%的老人没有帮助子女耕种土地。在湖北徐家村的一位61岁老人和自己的丈夫，身体状况良好，不仅种植自家的2亩地，而且帮助自己的两个儿子耕种了3.5亩地，虽然有些辛苦，但是子女平时会回来帮忙，因此这些地也能应付得来。村中有位55岁的老人，两个儿子常年外出务工，老人完全耕种了儿子的5亩多地，农忙时还需要亲戚邻居帮忙。大量年轻人的外出务工，不仅让老人独自留守农村，更重要的是他们的土地也基本由老人耕种，使老人种田成为农村社会的普遍现象。

（二）老年人兼有务农与隔代抚育的双重责任

一般子女在结婚前进城务工，土地几乎完全由老人代种。这个时期的年轻人进城一般不是为了就业和积攒，而是为了体验城市的绚丽生活。这主要是因为父母都在村务农，有着后方的保障，子女基本上都不会有积蓄，打工就是为了体验消费的愉悦。这却给父母带来了极大的责任，他们必须照顾好家里的土地，要承担家务农活，存钱为孩子结婚所用。如果老人身体状况良好，会在附近城镇打零工。此外，在年轻人结婚之后，父母还需要承担照顾孙辈的重任，在山东上野村的23位老人中，18位老人在家帮助照看孙辈，其中有13个人帮忙照顾2个以上的孙辈。村里一位59岁老人，需要照顾儿子的4个孩子，还要操持家务和田地，每天都要很早起来做饭、喂猪，还要步行几公里，送孩子到镇里上学，然后再返回田里除草、打药，责任非常重。

（三）老人生活生产主要依靠自身完成

目前，农村养老体系仍然不健全，养儿防老仍然是普遍观念，而由于年轻人的外出，老年人的衣食住行基本都要自己负责。在所调查的65个老人中，除3位因病不能完全自理的以及70岁以上的老人，需要一个子女在家照料，70岁以下的老人基本都是自己负责生活起居和农业生产。在湖北一位68岁老人常年自己在家，子女在江浙一带打工，一般一年回家一次，所有生活生产上的琐事都是自己操持。从调查的老人家庭来看，65%的年轻人都远离家乡，在大城市打工，一年回家1—2次；25%的家庭年轻人在就近的县城或者城市打工，有时候一个月会回家几次，仅有少部分家庭的年轻人在家务农或者镇上做点小生意，能够时常回家看望老人。远离家乡的年轻人农忙时，一般不会回家帮忙，一年仅在春节时回家过年，因此大部分时候都是老人自己在家，无论是生活、生产都是自己照料。而处于近郊城镇务工的年轻人则能够经常性的回家帮工，尤其是在农忙时，夫妻双方一般回家帮工，妻子会经常性回家帮助照顾孩子，而且能够帮助照料老人，这样老人的负担就会减轻，子女因为离家较近，生活开支也会减少，并有一部分积蓄用于家庭大宗开支，老人的经济压力也会降低，这种家庭里的老人生活幸福感较高。

（四）代际分工为基础的"半工半耕"模式形成

从农村家庭的分工来看，年轻人结婚成家之后，打工就不仅是为了消费，开始存储积蓄用于养家糊口，并用于家庭的大宗开支。老人在家务农，消费水平较低，也会积攒一笔可观的收入，并且可以帮助带孙子、照顾田地，这样在一个大家庭内形成了一种以代际分工为基础的"半工半耕"的家计模式。在城市难以容纳大量农民的前提下，这种模式具有较强的合理性。一是解决家庭遇到的重大问题。年轻人劳动力充足时，可以进城务工，获得一笔可观的收入，用于家庭的医疗、教育、红白喜事等大宗开支，而不至于出现问题陷入困境；二是保证家庭的基本生活。老人由于身体原因，不能进城，可以在家务农、照顾孙辈，过上相对悠闲安逸的生活，而且为子女提供基本的生存保障，保证家庭的基本生活，让年轻人无后顾之忧，年轻人年老无力在外务工时又可以返乡务农。"老人种田、年轻人务工"符合中国农村的现实，老人种田让进城子女无后顾之忧，年轻人务工又使得家庭生活更为稳定，可以说代际分工为基础的"半工半耕"模式是目前中国农村的积极现象。

三　老人种田的价值与合理性

老人种田不仅具有相当的竞争力，而且维持了农村和整个国家劳动力的低成本再生产，为现代化建设提供了基础保障。

（一）老人农业具有一定的竞争力

老人非常重视农业和土地，他们把农业生产作为自己的责任和义务。因为农业生产不仅可以解决自己的吃饭问题，而且还会有盈余，用于购置基本的日用品，因此农业生产对于难以外出务工的老人来说至关重要。就是因为农业生产的重要性，使得老人一般不计算劳动力成本地对农业生产进行投入，无论是种植和收获还是除草、打药、灌溉环节，都不计时间和精力，让粮食的量和质都相对较高。在农民合作社的发展中，低劳动成本投入的老人农业优势明显，他们对土地有着特殊的感情，尤其农业生产技术较为精湛，在农业生产中会精耕细作，而且老年人之间较为熟悉，合作能力极强，老年人合作社的运行成本比其他合作社低。与美国大农场以及日韩的组织化农业相比，老人种田也具有一定竞争力，老人种田及其经营的合作社规模不大，对各类问题的反应迅速，能够抵抗一定的市场和自然风险。农村老年合作社的劳动力成本低，农产品的价格也相对较低，使得城市居民可以较为方便地获得丰富、廉价、高质的农产品，也使得中国的初级合作社能够与美国大农场相抗衡。

在此，插入一个河南荥阳由 70 岁老农成立的黄金梨合作社的例子。老汉从 2008 年就开始着手合作社的注册成立，到 2009 年才获得批准。整个合作社主要是由老汉一个人在维持，课题组去调研的时候，正值合作社黄金梨丰收的季节。当时的种植面积大概 5 亩左右。据老人讲，他的产品的销售不成问题，但是，他的合作社缺乏来自村委以及乡镇一级基层政府的支持，周边的村民虽然也有对他的合作社感兴趣的，但多数还处于观望阶段。一方面，课题组成员在调研时被老人独特的精神所感动，另一方面，也深感于中国农村老人农业的现实和残酷。当然，老人农业的竞争力也是相对而言的。

（二）能够实现农村劳动力低成本再生产

以代际分工为基础的"半工半耕"家计模式，使得农户有着打工与务农两笔收入。老人在家务农，获得的粮食、蔬菜、家禽可以作为生活资料，解决家庭的吃饭问题，而且会有部分现金收入，这样家庭的小开支也可以有保障。由于农民基本不用购买米面、蔬菜等生活资料，农村的开支少、生活成本低，劳动力的再生产成本也相对较低。年轻人进城获得稳定且工资较高的工作，有可能在城市安定下来。如果工作较差且不稳定，由于有父母的支持，也能够接受城市相对较低的工资收入，即使失业也能够随时回到土地和家乡。可以说，老年人的务农收入是劳动力低成本再生产的基础，老人种田让优质的劳动力源源不断地向城市输送，与较低水平的工资性收入，共同支撑起了"中国制造"的世界竞争优势，[①] 中国成为全球化的主要受益者之一，推动了整个国家经济社会的快速发展。农业的低成本使得农产品价格较低，而且品种极为丰富，使得城市居民能够获得低价的农产品，也使整个国家的劳动力再生产成本较低。从某种意义上说，老人种田不仅为城市工业发展提供了条件，而且成为经济稳定持续发展的有力保障。

（三）确保了粮食生产的基本安全

农村务农老年人最主要的资源就是土地，在社会保障不健全的条件下，务农老人基本都把土地用来种粮，"手中有粮，心中不慌"，有粮食才会解决吃饭问题，活的才有底气。自 2013 年以来，中国粮食产量连续五年保持在 1.2 万亿斤以上，粮食产量稳步递增，但是期间全球粮食产量只增加 2.3%，而人口增长了 10%，人口增长速度大大快于粮食增产速度。与历史最高储备相比，世界粮食储备处于较低水平，国外很多地区和国家的粮食产量都在下降。在世界粮食安全问题日益紧迫的情况下，中国用占世界 7% 的耕地，养活了占世界 30% 的人口，而且粮食一直增产。从某种意义上而言，老人种田是粮食安全的重要保障。课题组通过对河南合作社的调研发现，85% 以上都是资本主导的以经济作物种植为主的合作社，其中，来集村合作社是典型的粮食合作社，而且基本都是由村庄老年人组成，他们基本是自给自足，自己进行合作社的耕种、收割和销售，虽然一般种植大宗农作物合作社不盈利，但是老年人粮食合作社却能够盈利，而且老人之所以愿意种粮，是因为必须保证家庭的粮食所需，以解决家庭的吃饭问题，这种简单的目的确保了国家的粮食安全，也为养活国人提供了保证。

（四）提高了农户家庭生活质量

在当前城市承载力不足，农民群众庞大的情况下，如果以推动规模化甚至私有化，来发展大规模的农业合作社，并迫使农民进城，尤其是老年

---

① 桂华：《中国农业生产现状与发展选择》，《中国市场》2012 年第 33 期。

人进城居住，不只是生活上不习惯，而且农户的生活成本会迅速增加。更为严重的是，在城市难以提供充足就业和社会保障的情况下，老年人难以在城市维持生活，又失去土地和务农收入，年轻人进城失败也无法返乡，使整个家庭生活陷入困境，进而会出现大量的城市贫民窟。而老人在家种田则可以确保家庭生活的稳定，并有助于提高家庭生活质量。老人在家务农的农产品产出，解决了吃饭问题，而且卖出部分产品，或者就近打零工，还有一部分现金收入，可以应付小灾小病或者自己以后的养老，种植的粮食、蔬菜，养殖的鸡、鸭、猪等都属于绿色食品，也提高了农民的生活质量，老人种田形成了低成本、高质量的家庭生活。正是由于老年人的务农收入降低年轻人的生存压力，使年轻人能够毫无顾虑地进城务工，失业也能够随时回到家乡，而不至于产生过重的精神压力。农业生产也充实了老年人的生活，年龄偏大不能外出务工，就可以回家种田，春种秋收，照顾子孙，一年忙忙碌碌，有更多的希望、期待和收获，生活得更有意义和价值。

（五）为现代化建设提供了坚实保障

农村一直以来都是中国现代化的稳定器和蓄水池，在中国现代化进程中，有力地化解或者抵抗住了各种现代风险，实现了经济的持续发展和社会的长期稳定，而这种功能的实现很大程度上是建立在老人农业的基础上。一是老人种田确保了低成本的劳动力再生产，为城市发展不断输入低廉劳动力。老人可以从事收入并不高的农业，可以承受年轻人难以忍受的安静和孤寂，却为城市发展不断生产优质的劳动力。这些农村年轻劳动力，不仅体力充沛，而且多从事重体力劳动，他们可以忍受脏累差的工作环境，他们用年轻的肩膀支撑着城市的脊梁；二是维持了务工农民的较低工资水平。较低的粮食价格和低廉的日用品，使务工农民消费开支也不高，虽然工资不高，但是一年打工也可以积攒一定的收入。农民接受"城市过客"的身份，即使工资水平不高，只要还有积蓄，就不会太计较；三是保持了较低的养老成本。老人种田能够有稳定的生活资料来源，在75岁之前基本都能实现自养，降低了国家的财政投入。当年轻人年老之后也会返乡务农，这样就可以照顾年迈的父母，实现代际之间养老的接力与"反馈"，直接降低了国家养老的负担；四是确保了社会的基本稳定。以代际分工为基础的"半耕半工"的农户家庭提供了超出温饱的生活条件，农民能够依靠务工、务农两份收入过上相对舒适的生活，即使经济不景气引起大规模农民工失业，也可以随时返乡，不会出现大规模的社会动乱。

第三节 老人种田、阶层分化与农业的发展格局

一 老人种田与农村阶层的构成

在农村土地二轮承包之前，由于农业生产压力大，农村外出务工人员增多，许多农户土地抛荒，或者流转给其他农户。然而，我国的土地承包流转制度在十几年的具体实施过程中，由于中国农村具体情况条理不清，相互交织，农村所属的土地在十余年的转包和流动中又逐渐集中在一部分个人手中。在村庄内部，大户耕种着几十亩至上百亩的土地，而小农仅仅拥有三、五亩土地，甚至无地，由此带来的经济收入上的差异致使新的阶层分化在农村社会中出现。在村庄内部，出现了"精英阶层、中上阶层、中农阶层、中下阶层、贫弱阶层等五大阶层"。①

从调查来看，精英阶层和中上阶层占农户的 10%左右，基本脱离了农业生产，他们的土地基本也都流转出去，不再依靠种地为生。精英阶层不仅有着稳定的工作、较高的经济收入，而且资源丰富、能力极强，年均收入都在 5 万元以上。部分中上阶层基本也不再依靠土地，土地或留给亲戚朋友耕种，或低价流转出去，全家进城务工、经商，并获得了一定的成功，年均收入都超过 3 万元，基本上能够在城市立足，他们利益关系和社会关系完全脱离村庄。可以说这两个阶层基本都脱离了农业，却仍是村庄中的重要成员，村庄中项目资源的争取、公共设施建设都需要找这些人，他们在村庄发展中扮演着重要角色。

中农阶层约占村庄农户的 15%—20%，他们是村庄中的中坚力量，在村庄经济社会发展中发挥重要作用。中农一般年龄在 40—50 岁，他们主要以农业经营为主，夫妻两人都在家务农，由于从外出农户那里流入部分土地，经营面积一般在 20—50 亩之间。中农主要通过土地规模来提高收入，由于精于农活，关注农业技术进步，他们土地产出较高，

---

① 杨华：《中农阶层：当前社会的中间阶层》，《开放时代》2012 年第 3 期。

一年务农收入都在 2 万元左右，而且男子农闲时可以就近打零工，也有 3000—6000 元的收入，加上老年人的务农收入，家庭一般有 3 万多元的收入，这算是村庄中的中等水平。这个水平足可以解决农业生产、日常生活、老年人养老、孩子上学等问题，这样的家庭老年人负担较轻，而且不用操心孩子与孙辈的发展问题。中农阶层由于社会关系和利益关系都在村庄，因此他们热衷于参加村庄公共事务、关心农业政策和先进农业技术，也会偶尔给其他家庭的老年人帮忙，并参与农业技术的推广，在村里的威望较高。农忙时，中农家庭的老人参与帮忙耕种、除草、灌溉，并且可以照顾孙辈，一家人齐心协力忙于生产，农闲时喝茶、聊天，其乐融融。

中下阶层约占 55%—60%，他们的土地较少，一般都在 10 亩以下，年收入 1 万—2 万元之间，老年人是中下阶层家庭的重要组成部分，土地耕种多少也直接决定了家庭的生活质量。一般家庭土地耕种在 2—4 亩之间，由于土地收入低，子女需要全家外出务工，老人不仅需要耕种土地，还需要照顾孙辈，有时候由于耕地太少，老人甚至带着孙辈进城打零工，基本也很难存下多少钱。由于土地少，年轻人也难以获得基本的生活资料，家庭主要依靠务工收入，因此经济条件较差，年收入也就在 1 万元左右；家庭耕种土地在 4—6 亩，老年人如果年龄不超过 65 岁，可以在平时照顾土地，并喂养一些鸡、鸭、猪，而且夫妻一方也会留在家里帮忙，一般妇女在家，男人外出务工。家庭老人务农收入一年一般会有 6000 元，男人在外务工，收入一般也会有 8000 元，这样一年下来会有 1.4 万元的积蓄。一旦老人年龄超过 65 岁，加上身体不好，难以帮忙照顾土地和家庭，夫妻压力就会很大，男子也仅会在农闲时打零工，这样家庭收入就在 1 万元左右；如果老年人年龄在 60 岁以下，且身体健康，耕种土地会在 10—15 亩左右，他们不仅帮忙耕种子女的土地，有些老人甚至会转入 2—3 亩地，这样老人务农收入就会在 1 万元之间，儿子夫妻双方都外出务工，一般收入也有 1 万元，这样大家庭收入就会在 2 万元左右，这样的家庭也可以过上比较舒适的生活。

贫弱阶层在村庄中约占 10%，他们无论是经济收入、社会地位都较低，这样的家庭土地一般低于 5 亩，很多贫弱农户土地不足 3 亩。老年人也一般患有慢性病，难以从事农业劳动，家庭子女因身体不好、缺少技能、好吃懒做、孩子多等问题，不会外出务工，多留在家务农，土地较少，一年收入不足 8000 千元，加上老年人治病花费，家庭基本没有盈余，还需要靠政府救济。老年人不仅难以帮助儿子盖房结婚，而且即使结婚，也没有精力耕种土地、照顾孙辈，不能为儿子提供任何帮助。土地虽然对他们非常重要，但是却又难以依靠土地改变生存现状，老年人的身体和精神压力极大，是村庄中最需要救助的对象。

二　村庄"中间阶层"及其功能分析

从村庄分层结构来看，精英阶层和中上阶层基本都不再务农，或者不以务农为主，把土地都流转给村庄中的中农和中下阶层中的兼业户。中农阶层和中下阶层占据了村庄总户数的 70%—75%，他们是农村农民的主体组成部分，也是农业生产的主力。这些农户的老人在家庭中发挥了重要作用，老人的身体状况直接决定了家庭的生活生产质量。其中，土地经营在 10—30 亩之间，身体状况良好的中农阶层和中下阶层中的部分兼业户，他们在村庄发展中扮演着重要的角色，主动参与到乡村治理和农业发展中来，他们的行为活动影响着整个村庄的面貌和生态环境，这部分农户约占村庄农户的 30% 左右，统称为村庄中的"中间阶层"。

再来仔细理解组成"中间阶层"的两个部分，中农阶层的农民年龄一般 40—50 岁，农户一般都耕种土地 20—30 亩，家庭收入一般 2 万—5 万元。中农身体健康，留在村庄主要以务农为主，土地种植都在 20 亩以上，有些农户甚至超过 30 亩，这部分农民土地多是由于村庄人口外出，自发性流转过来的，老人农忙时可以帮工，并照顾孩子，这样的家庭一般都配有各种农业机械，并加入一些土地合作社或农机合作社，并与农资销售部门有着联系，他们对农业技术改造、惠农政策也较为关注，是农业生产的主体力量。中下阶层中的部分兼业农户，年龄在 50—65 岁之间，他们身体健康良好，一般种植面积也在 10—15 亩，一年收入 1.5 万元，而且子女受到初中以上教育，有着基本的技能，一般都在外务工，一年收入有 1.5 万—2 万元，随着年龄的增加，结婚并在镇上买房，并开始做着各种小生意，随着家里老人年龄增加，会流转出去部分土地，仅耕种口粮田，或者搬过来和子女一块居住。这样外出务工的年轻人，随着年龄增大，又可以回到村庄中流入部分土地，仍然过着较为舒适的生活。

处于"中间阶层"的农户长期生活在农村,利益关系都在村庄,他们需要与各阶层搞好关系,以有利于生活与生产的便利。一方面他们积极介入到村庄事务中,多担任一些公职,这样可以更好地了解到农业政策,更为从容地进行农业生产,也可以更好地帮助村民改造农业生产技术。另一方面,他们主动参与各种公共活动、走门串户,与其他老年人建立良好关系,协助农户解决各种纠纷,帮助村庄中的贫弱阶层,这使得他们在村庄中建立了良好的威望,而且一些农户主动把土地流转给他们耕种,他们在参与村庄事务的同时,也获得了相应的实惠。他们也是目前土地制度安排的受益者,由于1990年代以后,农民流动性大,职业变化快,外出务工的农民的土地会以较低的价格流转到在村农民手中,随着土地二轮承包后的土地经营权的稳定,"中间阶层"土地耕种规模基本稳定,不仅能够获得稳定务农收入,而且良种补贴、农机补贴等惠农资源,降低了他们的生产成本。因此他们是国家农业政策的真正拥护者、关心者,希望更多的农业政策能够向种田农户倾斜。

从某种意义上可以说,以中农阶层和中下阶层的兼业农户为主体的"中间阶层"构筑的农业经营主体,是推动农业生产和农村发展的主要力量,为农村稳定作出了极大贡献,国家政策设计应更多地考虑到"中间阶层"的利益。"中间阶层"不仅关注眼前的利益,而且更加关注长远,考虑子女、孙辈和家庭未来,他们注重对土地的维护和管理,看重土地的单产,而不是关注经济效益,不计劳动力成本的投入,而且他们基本依靠自己种植、收割,不需要雇人,这使得家庭经营单产和效益远高于经营性农业,而且老人生活得更为舒适、悠闲。在这种情况下,如果鼓励资本下乡、企业带动,就会使得大量的在村种田的中农阶层的土地被剥夺,他们不再可能低价流入外出务工农民的土地。在2013年河南某村,企业下乡成立合作社,以带动农民致富,但是合作社全部种植蔬菜、花卉,基本不再种粮食,每年仅给农民口粮田,由于对土地的过分开发使用,土地肥力急速下降,加上蔬菜价格波动较大,合作社2015年就解体,农民又重新收回土地,继续实行家户经营,但是土地破坏较为严重,加上一些土地被征用,农民种植土地数量急速下降,农村社会的"中间阶层"逐渐减少,中下阶层所占比例将会迅速增大。① 而且也破坏了村庄原有的稳定的社会关系，农民之间的关系疏远，村庄"中间阶层"不存在，农村发展面临更为严峻的问题。

"中间阶层"不仅是农业生产的主要力量，而且是农村社会稳定的重要力量，由于他们年龄偏大、辈分高，长期在村庄中生活，加上经济上相对宽裕，在村中的地位较高，他们经常帮助村中的劳动力不足的贫弱阶层，提供农业生产所需的机械、信息、技术等，而且会提供日常生活上的帮助，解决他们的生活困难。广东省西里秋村的中农孙仁中成立了农机专业合作社，并采取带机入股的方式，引入了玉米、小麦收割机，而且吸纳农村有劳动力的老年人入社，对本村的耕地提供耕种、浇水、施肥、打药、收割等全方位服务，而且免费对五保户的土地耕种。"中间阶层"要流转中上阶层的土地，因此也需要人情来往走动，与中上阶层建立了相对密切的联系。"中间阶层"在村庄中的威望和身份，他们普遍得到乡村干部的重视和认可，一般会担任村民组长、村民代表等，以能够在政策落实、政治选举中提供帮助。因此，"中间阶层"在协调阶层利益、化解社会冲突、推动村庄民主政治建设方面都有重要意义，是农村政治稳定与农业持续发展的基础。"中间阶层"中多数都是 50 岁以上的老年人，农业政策的设计尤其是对待老人种田思路应该转变，不能仅仅立足于现代化的现象思维，认为老人种田低效，阻碍了农业的现代化发展，农业政策设计尤其是土地经营制度的创新要更多地考虑到"中间阶层"的利益，在立足于农村稳定、农业可持续发展的基础上，保持稳定而有弹性的农村，才能真正地推动中国现代化的建设。

第四节　发展务农阶层主导的农民合作社

中国农业若要稳定、持续发展，就要在承认老人种田的基础上，稳定有序地推动农业的现代化。目前农业生产是以务农老年人和部分中年人为主体，他们是农业生产的中坚力量，农业政策设计需要从生产主体的构成

---

① 刘涛：《小农改造、土地流转与农业的现代化之路——基于乡村土地流转类型的考察》，《内蒙古社会科学》，2012 年。

出发，探索符合中国国情的现代化道路。因此，要立足于农业生产基本力量，对现有经营模式进行完善提升，通过丰富合作社经营主体，改进农业生产方式，提高农业生产效益，维护好农村务农群体的根本利益。

一 农民专业合作社发展要立足老年群体

中国在很长一段时间内都会是老人种田。而鼓励大户种田和资本下乡，一方面推动农业趋向产业化和商业化，另一方面也在不断地挤压老人种田的微薄利润空间，弱化老人种田的现实，最终给农村稳定与持续发展带来问题。而当前资本与大户的强势冲击日益明显，单一化、专业化的合作社已经难以为继，反而进一步推动了资本的进入。

从长期发展考虑，老年人仍然是农业生产的主要力量之一。为了更好地发挥老年人劳动投入效益的最大化，可以适度推动以中老年为主体的合作社，以组织化的形式参与市场竞争。例如，四川天星乡明珠果蔬专业合作社，吸纳老年人参与合作社建设，把老年人的土地折算入股，流转土地2000 余亩，并参与到果蔬的包装、储藏和流通环节，帮助 80% 的留守老人就地就业，让农村老人充分参与到合作社生产、运营的全过程，提高了老人种田的效益。但是合作社的管理和服务能力不足，合作社的市场竞争能力较弱。因此，要以成立多层次的合作社为目标，合作社既要有纵向上的支持、管理与协调体系，以为合作社的发展提供支持和引导，也要有横向上的多元化的合作类型，包括生产、销售、信贷、技术等多领域的合作。综合性的经济合作组织可参考韩、日等国家经验，在国家或者县市成立制度化的农业协作组织，在乡村成立基层农业合作组织，以形成农业发展的系统机制。具体而言，一是加强国家的扶持和引导，借助国家的力量来制定相关政策和制度，建立自上而下的农业组织体系，以系统地指导和服务老人合作社的发展，降低农民自我组织的成本，又能防止资本的过度侵害，保护好务农老人的利益；二是合作社把务农老人基本纳入合作社中，并参与到合作社的具体管理工作，务农群体要考虑到种田能手、"中间阶层"，还要吸纳贫弱阶层，实现不同经营规模主体之间的通力合作，以增强合作组织的凝聚力和认同感，更好地凝聚分散农户力量，推动农业组织化水平，增强农民参与市场竞争的能力；三是坚持点面推进、创新实践的原则。个别农业地区的老年合作社组织先行试点，然后逐渐从县、市到区域逐渐铺开。试点区要保证运行环境的客观性和科学性，探索综合性合作组织内部农户之间的合作模式，创新组织内部生产环节与其他延伸环节之间的衔接机制，研究合作组织与地方政府之间的关系运行策略。

二　老年土地流转合作社的规模要适度

2013 年中央"一号文件"指出"要努力提高农户集约经营水平，采取奖励补助等多种办法，扶持联户经营、专业大户、家庭农场。"在中央"一号文件"的要求和指导下，各地区积极探索创新农业生产的经营方式，家庭农场作为新的提法，被各省市高度重视，相继出台了一系列鼓励家庭农场发展的政策。虽然随着农民的外流，土地耕种相对集中，但是还远未达到一种全推开的程度，且各地区的发展水平、农业概况、人口流动等情况存在差异，合作社的发展不能以规模化程度为评价标准，而要充分结合农民合作水平、区域发展概况来推行。

首先，要坚持农民经营主体地位，切实维护好种田老人的根本利益。第六次人口普查显示，就目前而言，对于仍身处农村的几亿农民而言，农业和土地不仅意味着主要的经济来源，更是最基本的就业保障。推动土地流转、创新农业经营方式，不能依靠资本，也不能单纯强调土地的规模，而要保障种田农民的根本利益，让农民"种自己的地，打自己的粮"，确保耕者有其田。同时，要积极推动土地向务农的中老年农民集中，让他们有机会扩大耕地规模，以获得稳定的农业生产收入。

其次，依据区域发展差异，推进多元化的规模经营。东北地区由于土地相对富足，加上农村人口的外流，土地经营面积基本在 20—50 亩之间，少数大户超过 100 亩，由于土地平坦，种植的农作物基本相似，因此可以鼓励进一步推动家庭农场的发展，进一步提高农业机械化的水平，发展百亩以上的规模化种植，使之成为现代农业的示范区。对于安徽、河南、湖北、山东等农业大省而言，种田农民都达到 60 岁以上，而且户均耕地不足 10 亩，很难实现大规模经营。因此，可以依托村级组织、协会等鼓励地块相近的务农老人之间发展联户经营，实现 20—50 亩之间的联户连片经营，通过联户经营实现不同阶层、不同关系、不同经营规模农户之间的互助，实现连片集中耕种，可以解决老年人劳动力低、大型机械使用难等问题。联户经营可以增强农户之间的合作意识，在水利设施建设、机耕道维护、农机购置等方面达成共识，实现公共服务需要的集中表达，解决利益需求分散和撒胡椒面式的低效投入问题。江浙一带由于商品经济较为发达，人口城镇化速度快，耕地减少迅速，可以参考松江经验，探索发展规模化的家庭农场，加强对农业生产与粮食种植的保护力度，提高农业生产的效益。中国北方、中部和南方的村庄存在较大差异，自然条件、经营模式和村庄结构等方面不同，必须结合地区机制制定相关政策，而政策设计也必须从大多数农户的利益出发，避免对老人农业的简单化改造。

（三）发挥"中间阶层"在农业合作社中的核心功能

由于土地在村庄内的自发流转，使得土地经营在 10 亩以上，年龄在 40—60 岁之间的部分"中间阶层"农户，依靠经营土地就可以过上舒适的生活。这部分农户是村庄结构中的中间阶层和中坚力量，一方面他们主动参与村庄公共活动，帮助调节村民纠纷、操持红白喜事、帮助"老弱病残"，树立起了良好的形象和权威，很好地维系了村庄公共道德。另一方面他们关心农业发展和公共设施建设，不仅向乡村组织表达服务需求，而且主动推广好的农业发展方法和技术，积极寻求外部资源推动农业发展。他们不仅对中下层和贫弱阶层有较强的动员能力，而且得到村庄中经营层和中上层的支持，他们虽然只占据村庄农户的 30% 左右，却是村庄中的主导性力量和生力军，是国家政策的有力支持者和农村社会的阶层基础。"他们使得村落依然是伦理与生活的共同体，使得外出务工农民有着稳定的大后方，使得外出务工农民返乡后依然能够怡然自得地生活。"[1]

可以想象，"中间阶层"能够有效地减缓农村土地集中的速率，控制农村土地流转的规模和进程，防止农村原有的社会结构发生断裂，要发挥"中间阶层"在合作社中的核心功能，实现凝聚社员、引导方向、维护公共利益、促进政策运行的目标。一是政策设计要多从维护中间阶层的利益出发。从长期看，政策设计要充分考虑社会的稳定性、持续性以及社会阶层差异，维护好中间阶层的土地权利和耕种规模，保证其基本的土地收入水平，发挥其在村庄经济社会发展中的多重价值。维护了村庄中间阶层的利益，也就维护了大多数农户的利益，就可以确保耕种的农业用途，这样才可以实现多数农民的富裕，也为农村剩余劳动力从事其他工作提供了

---

① 杨华：《农村土地流转与农村社会阶层重构》，《重庆社会科学》2011 年第 5 期。

可能；二是要逐步推进中间阶层之间土地经营的联合。通过中间阶层之间的合作，形成强有力的农民为主体的合作组织，共同抵制外部力量对农业生产利益的剥夺。由于中间阶层的地块相对集中，而且一般都超过 10 亩，这样不仅可以确保家庭的务农效益，而且能够形成规模经营，实现劳动生产率与土地生产率的双重高效，获得较为明显的效益。同时，可以形成较为明显的示范、带动效益，使其他农民主动参与到合作发展的格局中，也有利更好地推动农业生产向规模化、机械化、专业化方向发展，让村庄老人可以像其他国家的农产一样轻松种田。

（四）强化老年人专业合作社的外部支持

随着现代化进程的加速，农业日益被纳入到商品化、市场化的轨道，加上农资价格飞涨、自然灾害频发，农业生产的风险日益增加。山东、河南等地的小麦每亩单产约为 1000 斤，每斤 1 元，除去每亩 600 多元的投入，每亩纯收入仅为 300—400 元，2012 年山东小麦直补和综合补贴每亩 100 元，如果再除去劳动力与补贴，基本不会盈利。由于粮食价格较低，老人种田有时不仅难以盈利，遇上天灾人祸还会亏损，这在一定程度上降低了农业生产的积极性，一些地方甚至出现了土地抛荒现象。因此，在推动土地适度规模耕种的同时，需要加大农业补贴力度，提高农民种地的积极性。2013 年中央"一号文件"指出，要"按照增加总量、优化存量、用好增量、加强监管的要求，不断强化农业补贴政策"，2016 年中央"一号文件"提出"改革完善粮食等重要农产品价格形成机制和收储制度，健全农业农村投入持续增长机制，完善农业保险制度"，不断加大对农业的扶持力度，增强农业发展的内生动力。

为此，需要进一步掌握目前农业补贴存在的问题，明确补贴的目标，不能停留在农民收入增加上，而要使农业补贴能够更好地保障粮食安全、农业竞争能力和现代化发展水平，从而发挥农业补贴的综合效能。一是要增加粮食补贴的力度。我国现行的农业补贴对农民增收效应有限，对粮食安全的短期效应大于长期效应。[①] 粮食补贴力度远小于发达国家，加上粮价低，农民"宁愿抛荒、不愿种粮"，资本下乡基本不会种粮，这严重危

---

① 曾富生、朱启臻：《农业补贴与农村社会保障相结合——基于农业补贴效果的重新审视》，《西安电子科技大学学报》2010 年第 3 期。

及到了粮食安全。为此,要进一步加大粮食补贴的力度,适当缩减非粮产区的补贴力度,加大粮食主产区和土地规模种植农户的补贴力度,主产区粮食直补和粮种补贴的额度要保持在当年粮价的 10% 左右,还要根据粮农的单产、总量增加情况,相应进行粮食增产的奖励性补贴。要充分考虑每年农资价格的上涨幅度,根据农资价格适当提高农资综合补贴的额度;二是完善补贴方式,提高补贴的效益。目前,农业补贴简单化、便利化趋势明显,这导致非农产业、抛荒土地也得到补贴,这打击了种田农民的积极性,因此一方面要依托基层组织,尽快对农地的用途进行全面的统计,建立起更为科学有效的农业补贴方式,提高农业种植的补贴效度。另一方面要加强补贴资金使用的监督考核,确保补贴资金尽量发放到种粮农户手中,并引导农户将补贴资金用于农业生产;三是不断优化补贴结构。长期以来我国农业补贴过于注重效益,忽视了生态和平等,导致土地肥力减退、地下水污染严重、农民收入差距增加,因此要在粮食补贴的基础上,加强农业服务补贴、环境保护补贴、弱势农户种粮补贴、贫困山区的种植补贴等,在追求农业效益的同时,更加注重农业发展的持续性,农民收入的平等性;四是尽快完善农业保险制度。由于农业保险多由商业机构运营,多以盈利为目的,不愿投入到风险大、赔付率高、收益低的农业中,导致农业保险的力度、广度都极低。为此,要积极推动农业保险的立法,明确保险的范围、内容、机制与形式,尤其要加快建立农业保险的特大灾害管理机制,给老人农业的稳定发展与农业的改造提升提供核心保障。[①]

① 刘涛:《我国家庭农场发展的基础与对策思考》,《中国粮食经济》2013 年第 7 期。

第六章　土地流转与农民合作社的发展

　　无论何种农民合作社的发展都要立足于土地，从土地中生产食物，维系社会的发展和劳动力的再生产。长期以来土地生产剩余为农民提供了生活保障来源，同时也是农业发展与农村稳定的根基。但是目前我国依然存在农业经营规模小，地块非常分散等特点，随着工业化与城市化的推进，分散的经营模式日益不能适应现代社会的发展需求，难以与大生产、大市场对接，必须把农民组织起来，实现适度规模化的经营，以抵抗自然灾害，公平参与市场竞争。因此，国家一直高度重视土地流转基础上的规模经营，明确要发展多种形式的适度规模经营，尤其是鼓励发展专业合作社。农村土地的规模化经营及专业合作社发展，势必涉及土地流转问题，从一定意义上而言，适度的土地流转可以优化农村生产要素的配置，提高生产效率，增加农民的收益，但是规模化的水平和程度要结合地区和农民实际来推进，一旦超过控制能力，将会给大量的农民生存与乡村稳定带来问题。在目前“半工半耕”的乡村社会中，分析土地流转的内涵、历史，探讨土地流转的规模、合作社的类型以及绩效，找出土地流转与合作社的内在关联，引导土地合作社健康发展的意义重大，有利于推动农业的现代化进程，构建起中国特色的农业经营体系。

第一节　土地流转概念与意义

一　土地流转的概念与范围

　　农村土地流转是指承包经营权的流转，土地承包方将农村集体土地以出租、转包、转让、入股等合法形式，转让给其他农户或者经济合作组织。土地流转要坚持家庭承包责任制，且不能改变农业用地的用途，也就是土地流转后仅是经营主体的变化，性质仍然是集体土地，并必须用于农业生产，只是收益权发生变化。

农村土地流转的范围较为广泛，按照土地承包法的规定，主要涉及农民集体与国家所有，由农民使用的耕地、草地、林地及其他类型的农业用地。因此，农村的土地流转范围可按所有权性质与用途等划分，按所有权可以划分为集体所有和国家所有，实际上都是农民集体使用的土地。在具体的用途上，可以划分出农业用地和建设用地。农业用地主要用于生产，包括耕地、园地、林地、牧草地及农田水利用地等。建设用地主要是农民从事其他产业及生活的土地，居住用地、农村企业用地都属于建设用地。由于合作社发展主要涉及农业用地，因此，本研究中所涉及的农村土地也主要是农村集体承包给农户的耕地，农民拥有土地的承包经营权，并主要用于农业生产。

二 土地流转的政策演进与基层实践

土地流转问题一直是敏感性话题，它直接关系乡村发展与国家稳定，也必然是合作社研究中所难以绕开的话题。而要认识土地流转问题，就需要回顾历史，任何的横断面的分析都难以理清土地的特性，也很难看清中国乡村土地流转的现实与未来。对中国土地流转的探讨要从新中国成立后开始。

经过中国人民的努力与奋斗，土地终于回归到农民手中，1950 年《中华人民共和国土地改革法》规定了"农民的土地所有制"这一性质，也就意味着农民有了实质的土地所有权，农民可以按照自己的意愿来流转和出售土地，并给农民办理土地所有证。为了更好地推动农业生产的发展，结合苏联的合作社发展经验，中国开始了合作化运动，从互助组、初级社到高级社，迅速步入了轨道，实施"三级所有、队为基础"，农村土地大量集中于公社，由农村集体经营和耕种。在此阶段，土地流转被抑制，国家规定任何个人与组织不得转让土地。

随着人民公社体制的瓦解，为激活农村发展的活力，中央开始在全国范围内开展土地流转的实践探索。1984 年党的文件中也提出了土地流转问题，《中共中央关于一九八四年农村工作的通知》中指出，"鼓励土地逐步向种田能手集中"，1984 年《中共中央关于一九八六年农村工作的部署》中提出"发展适度规模的种植专业户",随后沿海发达地区开始了土地适度规模经营的试验,土地承包经营权开始流转起来。1993年国家提出"增人不增地,减人不减地"的政策,允许农村土地转让,但是由于"三提五统"的束缚以及城乡二元结构的划分,农民很难离开土地和村庄,1990年代中期前的土地流转处于较低的水平。

1995年中央出台了《关于稳定和完善土地承包关系意见的通知》,该文件的出台体现了中央高层建立适应农村实际的土地流转机制的意图,旨在推动土地承包经营权的流转。现实层面,则是因为随着农业税费的加重和人口流动的加速,大量的农业人口开始进城务工,土地抛荒等现象出现。

为了保证土地的有效利用,国家引导土地流转,让土地能够得到有效利用。2001年12月中央发布了《中共中央关于做好农户承包地使用权流转工作的通知》,指明了农村土地流转的重要意义、途径和方法,力图在促进农村经济发展的同时,能够有效维护农村社会的稳定。而这个时期的土地流转及各环节都仍然缺乏法律依据,土地流转的方式也不够明确,农村土地流转仍然不规范。

2003年国家《农村土地承包法》的颁布,正式从法律上确定了土地流转的合理性,此后土地流转开始加速,土地流转日益规范化。2003年,浙江省引导流转农户补签合同18.3万份,涉及9.1万户农户和45.8万亩土地,逐步使土地流转合同签订工作常态化。

为进一步规范农村土地承包经营权的流转,2004年中央《农村土地承包经营权证管理办法》规定:"承包期内,承包方采取转包、出租、入股方式流转土地承包经营权的,不须办理农村土地承包经营权证变更。采取转让、互换方式流转土地承包经营权的,当事人可以要求办理农村土地承包经营权证变更登记。"① 明确了土地经营权的变更途径,加强了对经营权的管理,以有效防止土地流转中的纠纷和矛盾出现。2005年1月中央出台的《农村土地承包经营权流转管理办法》,申明了土地流转的原则、方式、管理办法。这些法律、法规的出台有效维护了农民在土地流转中的利益,为今后的土地流转实践提供了必要的法律保障。

---

① 摘自《农村土地承包经营权证管理办法》,http://blog.sina.com。

在土地流转日益规范，土地流转规模持续扩大的情况下，服务机制建设显得尤为重要，政府也更加注重土地服务平台、信息咨询服务等机制的建设。2008 年，农业部发布了《关于做好当前农村土地承包经营权流转管理和服务工作的通知》，提出要"逐步完善和加强土地流转信息提供、法律政策咨询、流转价格评估、合同签订指导、利益关系协调等服务。"各省市相继出台相关政策举措，加快土地流转服务机制建设，例如上海市在各县建立了"农村土地流转服务中心"，搭建土地流转平台，引导农民通过转包、出租、入股、转让、互换等形式，推动土地规模化发展。河南省信阳市争取建设河南省农村改革发展综合试验区，通过引导发展农民专业合作社，推动企业资本下乡等形式，积极推动土地规模化流转和集中经营，2009 年初河南信阳市共流转土地 109 万亩，占到耕地总面积的 13.5%。

随着土地流转的规模和地域边界不断扩大，无论是沿海地区发展城市、中部农业大省还是西部地区，地方政府都高度重视土地流转的服务供给，为土地转出农户提供了便利，尤其是外出务工的农民可以安心转出土地，也因此形成了新一轮的土地流转高潮。需要注意的是，在土地快速流转过程中，也出现了大量的土地纠纷、侵占农民耕地、官民冲突等不良事件，引发了一系列的恶性事件，直接影响到乡村社会的基本稳定。为此，2010 年 1 月，国家《农村土地承包经营纠纷调解仲裁法》正式实施，明确了土地纠纷的类型、调解仲裁程序，突出"公开、公平、公正"的涵义，维护当事人的正当利益，使得土地流转纠纷调处、农民土地权益保障能够有法可依，大量的土地纠纷和矛盾得到及时化解，或者被消除在萌芽状态。

在经过多年的探索和实践之后，中国农村土地流转实践机制不断完善，由此政策开始从初级层面的土地流转向现代的经营体系变革引导，2012 年至今，中央"一号文件"开始在土地流转与规模经营的条件下，推动农业经营体系的创新。在赋予农民对承包地占有、使用、收益、流转的基础上，给予农民承包经营权抵押、担保的权能，扩大农地的功能。同时，通过规模经营、经营主体创新、服务机制完善等系统化的政策，继续强调土地流转的资源、依法和有偿原则，在此基础上发展适度化的规模经营，创新农业经营主体，支持多种形式的农业合作社发展。

三 城镇化背景下土地流转的现实意义

2017年底，中国城镇化率达到58.52%，在城镇规模不断扩大，农村人口持续向城镇集中的趋势下，国家和社会对农业的效益要求日益提升，加快农村土地的流转，实现土地的规模化经营成为必然。可以说，土地流转适应了当前中国乡村的发展现实，不仅能够节约大量的农村劳动力，有效提高土地资源的使用效益，而且可以加快推进农民合作社发展，促进农业的现代化建设。

（一）土地制度的完善和创新

改革开放分田到户之后，"统分结合"的家庭联产承包责任制适应了乡村社会发展的需求，村集体作为土地的发包方，能够统筹管理乡村社会，可以根据人口变动和生产需要，进行土地的发包和调整，能够有效改善农户生产状况，保证土地的均衡与乡村利益的合理分配。农户作为土地的"分"得一方，以家庭经营为基本单位，也使得农民成为独立的经济实体，他们为自己的生存而劳动，极大地调动了生产积极性。但是随着工业化的迅速发展，城市的不断扩张，大量的农村劳动力进入城市，很多农民无暇耕种土地，甚至出现了土地抛荒的现象，也因此出现了土地流转的契机。同时，现代化的建设也给农业生产提出了要求，随着耕地的减少、劳动力的外流、粮食安全问题的存在，家庭承包经营模式是过密化的劳动力投入，劳动成本投入过高，单产提高缓慢，生产效率并不高，而且随着务工收入的普遍存在，土地在家庭中的作用相对降低。要提高劳动生产率和土地生产率，必须对现有的土地制度进行完善和发展，现有的土地流转市场的建设、服务机制的完善、土地承包时间的延伸、合作社的发展、经营主体的发展以及补贴制度的建立，都是为了维护农民的根本性利益，通过经营权流转来提升土地生产率，并以确保土地的收益归农，实现农民的富裕和发展为目标，是在坚持家庭承包基础上的体制机制完善和创新。

（二）合作社发展的基础条件

农民专业合作社必须以土地作为基础资源，进而发展种植、加工、流通、信贷等合作项目。而合作社需要有适度规模的土地作为依托和支撑，并产生出相应的产品，进入市场销售，从而产生更大的效益，这也是现代农业发展的必由之路。无论是土地资源丰富的欧美发达国家，还是荷兰、以色列、韩国等耕地资源稀缺的国家，他们都是通过农户联合、土地集中等形式发展起现代农业，而且这些国家基本都建立起来了相对发达的农民经济合作组织。欧美建立起了大规模的家庭农场，基本实现了现代化的农业生产，并通过全国性的合作社来维护农场的利益。日、韩等国也建立了发达的国家农协，形成了一个自上而下的专业农民合作组织，并在市场中形成了一定的竞争力。以色列在 1990 年代初期，农业合作组织和机构就已经 1500 多个，通过土地集中来发展各类合作社，并建立了各具特色的合作机制和体系，形成了覆盖全国农村的各方面、各领域合作体系，农业生产基本纳入了合作组织中。这些国家都是发达国家，国家经济实力突出，城镇化水平较高，农民基本都迁移到城镇，为土地的规模化经营提供了条件，并因此推动了各类家庭农场及合作组织的发展。中国作为发展中国家，发展合作社有着现实的选择，一是城镇化水平在不断提升，但是仍然难以完全接纳大规模的农村人口，农民还必须返乡生活，土地仍然是他们生存的根本保障，因此要维护农民的土地权益。土地承包经营权的流转既可以维护返乡农民的利益，为他们外出提供了可能，同时也确保他们能够回到土地；二是中国人多地少，农户经营分散，生产力水平较低，农业的资源配置效率和市场化水平不高，需要推动农户之间的联合，而以土地生产联合为基础的合作社就是必然选择。鼓励农民通过转包、出租、互换、入股等形式流转土地，为合作社的发展提供了基础，有利于形成土地流转与专业合作发展的互动机制，实现土地与人才、技术、组织之间的有机结合，让合作社成为推动农村发展的新载体。

（三）建设现代农业的重要途径

现代农业是一个系统的农业经营体系，以组织化、专业化、商品化和市场化为基本特征，实现农业的高产、优质、低耗和高效。目前中国的农业生产呈现出分散化、高消耗、低效益等特征，尤其是地块分散、细碎，不利于现代农业的发展。而随着土地制度完善和土地流转速度加快，农业经营主体发生巨大变化，土地向种田大户、企业和专业合作组织集中，实现了连片经营，克服了小农经济的各种不足，专业化的蔬菜、农机和金融等合作组织得到发展，使得农户能够有效与市场对接，推动农业生产的专业化和商品化。土地流转也提升了农业的科技化水平，而传统的小农经济是难以实现的。小农经济地块小、机器小，用经验进行耕种，大机器难以发挥作用，科技投入也没有必要。而土地规模化经营以后，单纯的经验和劳动力耕作变得不可能，尤其是对于几十亩、上百亩的大规模土地，需要在种植、管理、收获等环节使用大型机械，有专业的技术指导人员对农民进行培训，推广新技术、新设备和新成果，形成现代化的种植、栽培、培育技术，建设农业技术研发中心和特色生产基地，走农业发展的品牌化道路，只有这样才能够进一步提升规模化的效益，增加农业的收益，这也是土地流转的效果和影响，从而在土地流转的基础上有效地提高农业劳动生产率，促进农业现代化的发展。

第二节 土地流转与农民合作社的发展

在土地流转的基础上，出现了大量的合作社，尤其是土地流转合作社成为代表和典型，土地流转合作社适应政策变动与社会发展的需求，是新形势下农村发展的创新，其由于组建主体的不同，也展现出多元化的形式和特征，并形成了不同的发展绩效，对于农村来说，发展何种形式的合作社维护农民的利益，需要不断对实践进行提炼和总结，形成科学的理论框架，以系统理论来指导合作社实践发展。

一 土地流转中的农民合作组织演变

土地流转一直都是农村社会的常态，但是不同阶段流转的方式、途径与目的存在差异，这也直接决定了农民专业合作组织发展的规模和特点。自改革开放以来，中国农村的经济制度也发生了巨大变革，土地流转开始出现，农民合作组织也得到发展，并经历了三个发展阶段。

（一）初期阶段（1980—1990 年）

改革开放之初，流转主要发生在浙江、上海、广东等沿海发达地区，这些地区经济发展水平高，乡镇企业发展加快，劳动力很快就转向了非农产业，大量农民进入企业务工，为土地流转提供了空间，于是村集体把土地集中起来，流转给留在农村的种田能手，他们已经能够承包到几十亩的土地，而且一些土地用于种植经济作物，为城市提供蔬菜、瓜果等，通过种地就可以获得相对可观的收益。

虽然沿海地区土地流转较快，乡镇经济得到发展，但是农民合作组织并不是在沿海地区，相反是在相对不发达的内陆地区发展起来。1978年第一个农民专业技术协会在安徽省天长县成立，1980年四川郫县成立了养蜂协会，湖北孝感出现了初期的农户土地联合协会，这个时期虽然分田到户调动了农民的积极性，但是农户作为独立的经济实体，经营分散、服务能力低、市场化程度不足，在市场竞争中往往处于弱势地位，而且一些合作组织也缺乏管理和引导，没有引起政府的重视，不仅数量少、规模小，也没有组织发展的章程和制度，可持续发展能力极差，很多合作组织转瞬即逝。为此，国家在1986年的中央"一号文件"中要求对当前的农村服务类组织，总结经验，逐步完善，发展成专业的合作组织。1987年国务院开始全国范围内的调研，以支持农民专业合作组织的发展，到1990年全国各类农民专业合作组织达到123万多个。这个时期由于农业税费仍然存在，村社集体有治理能力和治理资源调整土地，土地流转都是通过村集体来进行，合作组织发展的主体也是村集体，由于土地仍然相对重要，土地流转的规模相对较小，一般都在几十亩，大规模的合作组织也难以发展起来，而且由于受到税费任务的约束，土地流转仍然受到地方政府的限制，村社之外的流转很难实现，多是村庄内部农民之间的小规模流转，合作社仍然没有真正的建立起来。

（二）探索实践阶段（1991—2002年）

20世纪90年代到21世纪初是中国经济快速发展的阶段，这个时期村庄边界不断开放，大量农民开始进城务工，尤其是中西部地区由于农业税费的加重，农民种地比较收益日益降低，甚至呈现出收不抵支的现象，农民的生存压力不断增大，种田的积极性非常低，有些农户甚至抛弃土地，沿海地区的乡镇企业也难以维系，大量的农民离开家乡，到大城市务工经商，这样全国都出现了土地抛荒，无人种田的现象。这个时期的土地流转规模相对提高，国家也在广东、北京、江苏等地开始土地规模化的经营实验，农民土地流转的形式也变得丰富起来，一些农户进城后无偿把土地流转给亲戚朋友，并让他们负责代缴"三提五统"，有些流转出去的农户甚至承担部分的农业税费。同时，村集体为防止土地抛荒，主动收回外出农户的土地，租给在村的农户耕种，尤其是"两田制"在这一阶段非常盛行，口粮田作为基本生活保障，责任田能够流转，这样不仅防止土地荒芜，也推动了土地的流转，为调动农户种地的积极性，提高土地规模经营的水平，1991 年国务院发布了《加强农业社会化服务体系建设的通知》，把农民合作社作为建设服务体系的重要形式，要求政府给予积极的引导和推动，农业部是合作社发展的主管部门。1991 年 9 月商业部发布了《专业合作社示范章程（试行)》，也是这个时期的唯一关于推动合作社发展的规范性文件。1994 年农业部提出要加快推进农民专业协会的发展，使之建成"民办、民管、民受益"的经济组织，并在陕西等地开始试点发展日、韩农协的模式，推动专业合作社的发展，沿海地区由于土地收益的增值，大量土地转换为建设用地，农村转化为城镇，农民将土地建房经商或出租，耕地也被流转给部分人经营，土地规模化经营比重提升，合作社得以发展，尤其是以种植经济作物为主的土地合作社增加，这类合作社能够为城镇提供蔬菜、水果等食品，而且收益也不低。中部西部地区土地流转加速，加上国家的试点推行，各类合作组织到 150 多万个，种植类合作组织超过 60%，也出现了一些跨村社和地区的合作组织。

截至 2001 年底，全国供销合作社系统共有基层社 26315 个，县（市）联合社 2365 个，地（市）联合社 337 个，省（自治区、直辖市）联合社 31 个。到 2001 年末，全国农村信用社共有法人机构 38153 家。[①] 2002 年《土地承包法》规定农村土地的权属关系和承包时间，确保农民土地承包权的稳定性，合作社以及各类合作组织的发展仍然不规范，而且发展也是局部地区、局部领域，没有成为一种正式的组织形式。

（三）规范发展阶段（2003 年—至今）

随着农民负担加重，官民对立问题日益凸显，各种冲突事件不断发生，2003 年国家取消了农业税，并开始对农业生产实行补贴，这样种地看起来变得有利可图，外出务工农民也开始要回土地，即使不种田也能获得土地补贴，而且出租土地也能够获得一笔不小的收入。于是这个时期农民流转土地，也一般都会收取租金，并且签订流转合同，农民对土地也较为重视，土地流转多发生在农户之间，一些农户流转土地达到几十亩。土地流转使得农民合作组织发展的基础形成，2003 年国家把浙江省作为农民专业合作经济组织发展的试点省，随后在 2005 年吉林、安徽、湖北、河南、四川等省市都开展农民专业合作组织的示范建设，科技部、水利

---

① 研石：《从数字看发展中的我国合作社事业》，载《中国供销合作经济》2002 年第 7 期。

部、财政部等都开始加大对农业合作组织的支持和引导，合作社得到迅速发展，尤其是土地类合作社得到快速发展，农民由于土地承包达到十几亩甚至几十亩。在家庭经营难度大，农业技术薄弱的情况下，农民借助国家支持合作组织发展的契机，开始联合成立合作社，土地耕种面积甚至达到100亩以上。村里的种田能手和大户也开始转入土地，他们积极引导农民参与到合作社中，成立专业化的合作组织参与到市场竞争中来，沿海发达地区种田大户的土地耕种面积达到千亩以上，虽然规模化效益高，但是风险也相对大，发展合作社能够获得国家政策的支持，也能够在一定程度上降低风险带来的损失。中部西部地区土地流转多以转包为主，比例占到80%以上。而沿海发达地区则以出租为主，占60%以上，多数农民都进入城镇，土地的收入所占比例很小，他们把土地出租出去，虽然地租不高，但是他们期待拆建所带来的高额补偿。此外，企业也参与到农业合作社发展中来，他们大规模地流入农户的土地，建立各类合作组织，兴建农业企业和生产基地，解放了农村劳动力，同时也给农民提供了充足的就业机会。合作社的发展解决了后农业税时代的服务缺位问题，通过组织起来进行公共品供给和科技服务，提高了劳动效率和土地效益，土地流转为合作社建立和发展提供便利，合作社建立与发展也相对提升了土地种植效益，两者在实践中高效融合，成为推动农业发展的重要途径。

二 土地流转合作社的类型与特征

（一）土地流转合作社的内涵

当前合作社发展类型众多、经营内容多元，而且不同合作社并没有科学的类型划分。土地流转合作社以耕地为基础资源，经营内容以及产品延伸性也较强。土地流转合作社不以经营内容界定，主要是指以家庭承包经营为基础，由享有土地承包经营权的农户和农业生产经营组织，通过自愿联合、合作经营，把土地承包经营权通过流转进行统一经营的农民专业经济合作组织。土地流转合作社与其他专业合作社具有共同的特性，设有理事会、监事会以及代表大会，而且有合作社章程、规范和制度，通过入股与合作解决土地分散、效益低下、市场竞争力弱等问题，以土地合作的规模化经营提升劳动效率和土地收益。

（二）土地流转合作社的类型

1. 邓州市穰原农作物种植专业合作社

邓州市穰原农作物种植专业合作社 2008 年依法成立。其业务范围涉及农业生产资料的研配、集体购买，农资新品种、新技术的引进示范推广，市场信息的交流及田间统一管理服务等。该社组建了一个 36 人的农作物病虫草害机防大队，购置农业机械设备 148 台套。该社在市区周边设立 12 个分社，已注册社员 1043 户，目前社员已经达到 4868 户。2009 年该社被评为河南省（首批）农民专业合作社示范社。

邓州市是农业大市，穰原地区经济相对落后，农业仍然是重要的根基，土地分散且地块小，经营难度大，随着自然灾害频发，农业生产风险日益提高，农民迫切需要组织起来应对天灾人祸，村"两委"、党员、村民代表反复研究，一致认为成立合作社符合村情，不仅能够解决村民的生产难题，而且能够提高农民的合作意识，土地流转合作社就是在这一背景下成立。合作社成立后，理事会采取土地委托管理服务的模式，积极流转村民的土地，将农民不愿种、种不了和效益不好的承包地委托合作社代耕代种，每年向合作社缴一定的费用后，从种到收全部由合作社负责。目前，该社托管了 6 个乡镇 17 个行政村的 5000 多亩耕地，流转土地 1200亩。该社把 5000 亩托管田用于优质小麦良种的繁育方面，实现了小麦从普遍的商品粮到稀缺的种子粮的变化，社员每亩收益比其他农田高 15%左右，每亩每年增收节支 200 多元。

穰原农作物种植专业合作社由村集体发动农民建设而成，采取了委托与合作的方式，转入了部分外出务工农民的土地，同时动员在村农民加入合作社，而且带动了周边村民的融入，实现了土地流转规模化经营。在规模化种植基础上，更加注重农业生产的服务体系建设，通过各个环节服务体系的完善，降低生产的成本、化解各种风险，提高农业生产的精细化、便利性和稳定性，也因此在土地合作基础上，实现了农业生产效益的最大化。

2. 河南省田种湾村土地流转合作社

河南省田种湾村土地流转合作社位于豫中平原地区新密市西全村，该合作社成立于 2008 年。由于该村的大多数青壮年劳动力常年外出务工，从而导致村里多数耕地闲置或者被抛荒。为了改变这种状况，该村村干部积极利用他们在社会上的人脉资源,于 2012 年与新密市蔬菜研究所进行联系,初步确定了蔬菜与小麦套种的思路,接下来成立了土地流转合作社。

合作社成立后,由市蔬菜研究所提供种子、农药、化肥和技术指导,合作社负责蔬菜的销售和收益的分配。土地流转既保证了合作社的良性运转,同时给与了农户一定的经济补偿。除了土地流转的补偿费用外,农民还可以多一份在合作社打工的收入。蔬菜种植户年均收入可达 5 万元左右。土地流转合作社不仅提高了农民的收入,还解决了许多人的就业问题。

3. 南乐县汇丰粮棉专业合作社

南乐县汇丰粮棉专业合作社,位于南乐县城南 2 公里 106 国道东侧,是一家从事小麦、玉米种植和生猪养殖的农民专业合作社。早期粮食效益生产效益低下,良种质量较差,为解决这一问题,成立了县小麦良种繁育专业合作社,2006 年在村民的积极参与下,成立了南乐县汇丰粮棉专业合作社,合作社流转全村及周边村庄的土地,入社的社员 1059 户,入社资金 112 万元,共建有 1.2 万亩无公害农产品生产基地,2010 年被确立为河南省农民专业合作社示范社、河南省无公害畜产品产地。南乐县汇丰粮棉专业合作社注重规模化经营,引导 60 户村民成立合作社,入社土地达到 400 多亩,合作社采用"合作社 + 科研 + 企业 + 成员"的合作模式进行运作,以实现"合作社可发展、农民得实惠"的共赢目标,在初期效益显现后,又转入 200 多亩耕地,经营规模不断扩大。合作社强调人与人互帮互助,合作社为其成员服务,成员相互之间合作经营,体现了一种睦邻友好、相互帮助、团结友爱的精神。合作社购置联合收割机、拖拉机、还田机、施耕机等大型农机具 18 台,负责合作社农业生产的关键环节,在为成员和基地村服务中,发挥了重要作用,使加入合作社的农户,不仅可以获得经济上的可观收益,而且会产生一种认同感、归属感,社员更加具有合作精神、学习意愿和民主参与的意识,新一代公民的监督守法思想也得以加强,从而促进了当地农民素质的提高。

为促进合作社健康发展,使合作社更好地为成员服务,合作社首先是建立健全民主管理制度,在成立之初便成立了成员代表大会,通过选举产生了理事长、理事、监事长、监事,真正实行了民主管理,重大事项均由成员代表大会或成员大会讨论决定；其次是建立健全财务管理、财务公开和民主理财制度；再次是建立健全安全生产制度；最后是建立健全品牌统一制度。

农民专业合作社通过联合与合作，进一步丰富和完善了当地农村的经营体制，使农民实现了经营规模的扩大。通过专业合作社，资金、技术以及信息等资源得以高效集聚和利用，充分发挥了规模化经营的优势，合作社得以健康发展。2007 年以来，合作社带动全县 34 个村 8000 家农户，订单种植优质专小麦 7 万余亩、玉米 3.5 万亩，使入社社员和所带动的农户小麦、玉米产量提高 10% 以上，销售价格提高 10% 以上，社员人均增收 1050 元。使所带动的农户户均年增收 2800 元。2015 年经营总收入达到 1436 万元，实现可分配盈余 160 万元。合作社对内组织农民，对外连接市场、企业，合作社与农民形成了一个紧密的利益共同体，在分红的基础上，留有一定比例的运行和发展资金，使得合作社得以持续发展。

（三）土地流转合作社的达成条件

1. 注重村社集体在合作社建设中的作用

乡村社会中基层组织是推动农业发展的重要力量，他们是村庄的管理者和治理主体，他们有责任和义务来发展农业、服务农民。而取消农业税后，基层的行政力量逐渐退出乡村社会，基层组织的治理资源不足、责任缺失，治理绩效低下的问题突出，尤其是农业生产中，村社组织基本不再参与，也无力提供农业生产的公共设施，种田成为农民自己的事。这样势必出现了大量的水利设施荒废、机耕道被侵占、千家万户农民打井等现象，这不仅极大提高了农民的生产成本，而且弱化了农民种田的积极性。

在传统乡村社会宗族解体、文化弱化的情况下，村社是唯一存在的公共性组织，也势必要承担起发展农业的重任，要坚持借助村社集体的力量推动农村土地的规模化流转，发展以实现农民富裕为目标的专业合作社。在以上所分析的三个案例中，都是村两委发挥了重要作用，他们作为村庄的管理者，仍然具有一定的责任和义务，而且为村民和村庄发展着想，充分发挥个人的能力，依托自己的资源和关系，引导农民流转土地，建立起规模化的土地合作社，统一谋划和经营土地，不仅解决了地块分散、狭小的问题，而且提升了农业生产的服务水平，确保了土地产出效益的最大化。因此，推动土地流转，建立农民主导的合作社，需要调动村集体的积极性、赋予村集体更多的力量，使得村"两委"切实成为村民利益的代表，并顺利与农民达成合作。

2. 要解决农民的基本生存安全

农业是国民经济基础，没有稳定的农业也就没有顺利的现代化。在九亿农民在农村的背景下，农民转入城市是一个漫长的过程。土地仍然关系着大多数农民的身家性命，是农业优化发展的基础，没有土地就谈不上进行农业生产，农民的生活就会变得困顿。尤其是目前农村完善的社会保障机制尚未建立起来，农民仍然需要依靠土地确保基本的生存安全，外出务工的农民也没有能力获得完全进城的资本，他们仍然需要回到村庄，回到土地。某种意义上而言，农民的土地仍然是"活命田"和就业"保险田"。土地流转合作社的重要目标就是通过规模化耕种，提高土地的产量，仍然以种植粮食、蔬菜等作物为主，在解决农民吃饭问题的同时，增加了农民的种地效益，并保障了农民的基本生存安全，也因此能够得到农民的认可和支持。

3. 结合区域实际发展土地流转合作社

由于地区经济社会发展水平存在差异，土地流转合作社的规模、程度都要因地制宜。对于土地资源相对多的地区，劳动力又相对不足，可以通过托管、中介等服务方式建设合作社，让农民能够便利地流转出土地，并可以要回土地。对于交通便利，土地资源稀缺的地区，经济相对发达的地区，农民已经转移出农村，多数都已非农就业，农地收入比重已经非常低，为此可以发展都市型农业，采取入股方式建立土地流转合作社。土地合作社的发展要与需求结合，要注重项目建设和服务完善，把土地流转合作社作为产业化发展、项目化建设的载体，发展设施农业、绿色农业等，适应社会需要和市场需求，持续提高农业的现代化水平，尤其要注重土地合作社与地区特色农业、主导产业的融合发展，形成农业发展的比较优势，以在市场竞争中占据有利地位。同时，要在土地流转基础上，建设农业的产业化基地，形成培育、科研、加工、包装、物流及品牌建设为一体的社会生产综合体，让农民能够获得长期、稳定、高效的收入。

4. 加强土地流转合作社的机制建设

合作社作为农民的合作组织，在依赖农村熟人社会的人际关系基础上，也要建立科学的运行机制，使得合作社能够规范有序，防止各种对合

作社的破坏。《农民专业合作社法》已经明确了合作社的组织机构、财务
管理、章程、选举、责任及义务等内容，为合作社的健康发展提供了依
据，而实际建设过程中，多数合作社的机制建设并不完善，很多即使建立
起来了也难以运行，尤其是土地流转合作社，把农民最基础的资源纳入进
来，一旦机制不健全或者运转不畅，很容易损害农民利益，引发各种矛盾
和问题。为此，要建立健全合理的运行机制。要准确核实入社土地，对入
社土地及附属物进行登记，建立土地流转台账。进一步完善监督机制，建
立起理事、会计、技术员等责任落实制度，形成议事、监督、分配、管理
等制度体系，实现民主决策、民主管理、民主监督。尤其是要建立起利益
联结机制，把年底收益进行分红外，要预留一部分作为合作社的发展资金
和风险防范基金，通过利益关系将农民组合起来，共同为合作社的发展做
出贡献力。

第三节　土地流转合作社的绩效及功能探讨

一　"保障与效益"两类合作社的绩效

目前土地流转合作社主要以种植业为主，包括粮食和经济作物两种，
或者两者兼而有之，合作社多属于外部力量的引导所达成，土地流转面积
一般都在百亩以上，依靠农业雇工，采用机械化工具进行经营，是一种典
型的"经营型"农业。而由于经营内容的差异，合作社所产生的利润差
异明显，因此需要对粮食与经济作物两类经营内容特色突出的合作社进行
比较分析，以更好地理解合作社的生存逻辑及发展的条件。在"经营型"
农业种植模式中，占主导地位的主要是种田大户和合作社两种，而种田大
户由于自身能力有限，所经营的土地一般不超过百亩，个别例外，代表性
有限。因此，笔者选取合作社这一土地规模化流转的典型模式进行分析。

在调研过程中，课题组发现这样一个典型：田村的合作社主要以种植
大宗农作物为主，属于本文所说的"保障型合作社"。田村共有 2117 口
人，耕地面积 1546 亩，该村土地基本实现了全流转。根据合作社负责人
的介绍，田村之所以能够推动全村土地流转，主要是由于种地投入大、回
报低。依托合作社，年底每个入股的村民不仅可以获得 300 元左右的分红
收入，同时也把农民从土地上彻底解放出来。

那么，田村的合作社为何能够在众多的合作社中脱颖而出，不仅维持了现状，还获得了发展？根据刘涛的调研发现，该合作社的运作不仅有村"两委"的大力支持，同时还得益于外部资源的输入。村庄能人的倾力经营是该合作社获得长远发展的一个重要原因。①

二 "效益型"合作社的个案模式

多数村庄并不具备田村的条件，因此合作社也不可能依靠利润微薄的大宗农作物维持。在调查的河南省 32 个农业合作社中，除 2 个以种植大宗农作物为主的合作社外，其余 30 个合作社都是以大蒜、辣椒、苹果、葡萄等高效农业经营为主。封丘县青堆村成立的树莓专业合作社是典型的高效农业合作社，青堆村地处豫北黄河故道，人均耕地一亩，主要以种植小麦、玉米等粮食作物为主，原来是河南有名的贫困村。为改变村庄贫困现状，村支书于 2002 年成立青堆村新特优果业协会，开始进行果树种植，2007 年协会变更为合作社，开始种植树莓。目前，合作社社员 1800 余户、基地面积 3000 余亩、年产树莓 600 余吨，合作社拥有资产总额已达 2186 万元，年总盈利 445 万元，社员人均增收达3000 余元。②

农产品的深加工及品牌化战略是青堆村合作社成功的技术策略。为降低农户的风险和经营成本，合作社统一进行种苗、农资供应和采摘等工作，让农户每亩/年可节约生产成本 50 元。同时，合作社给树莓产品注册了商标，通过树莓产品的深加工，以及树莓的冷冻冷藏、保鲜运输为重点的产业化经营，使得树莓每公斤售价比其他树莓高出 5—10 元。依托村集体发展和坚持土地的集体所有是合作社成功的组织基础。合作社承认村民集体共有土地以及效益，在一定意义上承认合作社的集体性质，多数村民利益的维护就成为主要目标。③

---

① 刘涛：《小农改造、土地流转与农业的现代化之路——基于乡村土地流转类型的考察》，《内蒙古社会科学》2012 年第 7 期。
② 同上。
③ 同上。

三 土地经营模式及其效果分析

中国农业的发展之路依然按照现代化的既定轨道前行,土地稳定论被效益论所取代,伦理、团体取向的概念被经营、理性的农业概念所取代,土地与农业随着国家整体转型正潜在而快速地变化,这种骤变过程势必会走向现代、多元和理性,而快速的转变也隐藏各种不可预知的风险。

(一)粮食类合作社:土地流转的规模与合作社的收益

种植粮食为主的大宗农作物,虽然收益不高,却由于种植规模的不同,也存在效益的差距。5—8 户农民组织起来的合作社,一般会流转外出务工农民的土地,经营规模多在 50 亩左右,家庭劳动力一般情况下可以应付得过来,农忙时可以找些帮工,能够对农业生产中的各环节进行精耕细作,而且合作社进行农业机械、肥料等的购置,节约了生产成本,使得土地的产出相对较高。而农户闲暇时可以外出务工,一般家庭一年收入也有 2 万—3 万元。而一旦合作社种植规模超出百亩,甚至达到几百亩以上,就需要转换经营模式,不能仅仅依靠农民自己进行经营,要通过雇佣农业工人、企业化运作、吸纳社会资本等方式,提升经营的效益,而且一旦雇工就很难实现精耕细作,由于土地不是自己的,也不必考虑投入产出之间的平衡关系,因此,工人在诸如必要的打药、灌溉、收割等方面不会像对待自己的土地那样及时且认真,这就需要对农业工人进行监督,需要购置大型的机械设备,这样虽然节约出大量的农业劳动力,但是合作社的效益并不高,从土地产出来看也低于小规模的土地合作社,亩产效益要低 50 元左右,除去机械的折旧费、使用费等,可能效益还会降低。而且一旦规模扩大就要采取专业化的营销模式,以确保粮食作物能够及时销售出去,获得合作社发展的资金。但是大宗农作物的价格相对较低,大规模的土地经营很难产生高效益,因此如果一个合作社是以传统的大宗农作物的种植为主,那么,它不仅要承担农作物产出效益低的压力,还要支付维持合作社运营的必要的土地租金和工人的工资,如果找不到更好的突破口,合作社就会走向衰败。以种植大宗农作物的土地流转合作社,虽以粮食安全为目标,但也要充分考虑效益问题,以确保合作社能够持续发展。因此,合理的种植规模、合作模式和运行机制显得至关重要,要在充分尊重农民意愿基础上,结合地区经济社会实际情况,发展适度规模化的土地合作社，要注重土地流转的质，而不能一味追求土地流转的量。

（二）经济作物类合作社：冒牌合作社与被排斥的小农

土地流转后，合作社经营传统农业很难维持，转向效益较高的经济作物是必然选择。在资本主导的合作社中，虽然农民是股东，但是所占股份过小，个体农民很难参与到决策中，即使联合起来也难以对合作社决策产生实质影响。政府依靠资本介入经营土地虽然可以提供高租金，但是这类合作社多是以追逐利益为目标，也不会种植效益较低的粮食，而是以经济作物为主。然而，这样一来不仅会危及粮食安全，而且也侵害农民的生产利益。

很多公司式合作社经营规模达到千亩，大规模种植经济作物。从控制生产环节的利润开始，并逐渐延伸到加工、流通、销售等环节，基本把农民排斥到农业生产之外。部分农民可以在公司获得岗位，但是也仅能够分得微弱收益。仝志辉、温铁军调查发现，多数资本进入农业往往就是为了套取政府的补贴。① 这种"假合作社"多为公司和大户控制，依靠资本和关系来盘剥小农攫取利益，出现了"大农吃小农"的合作社精英主导格局。大多数的收益都由资本获得，农民在生产环节成为农业工人，仅能够获得一定的劳动投入的收益，在流通和销售环节基本难以分得利润。而且这种高效农业不能全面推开，一旦推开成为普遍现象就难以盈利，只能在局部地区、局部领域进行，很难成为普遍现象，农民也难以融入到资本之中，而仅仅是高效农业合作社的局外人。由此来看，多数农民的富裕不可能依靠发展高效农业来实现。

（三）土地规模化经营与农村社会稳定

合作社主导的大规模土地流转是一种尝试的举措，希图通过推动大规模土地流转，发展规模化的土地流转合作社，达到粮食安全、农民增收、农业现代化等多重目标，但是规模化经营至少需要三个方面的投入：一是机械化设备购置，例如播种机、收割机等大型机械；二是在技术研发、产品培育、工人雇用等方面的投入；三是基础设施建设上的投入，例如水利设施、机耕道、防护林等。土地合作社虽然扩大耕地规模，增加农业生产

① 仝志辉、温铁军：《资本和部门下乡与小农户经济的组织化道路——兼对专业合作社道路提出质疑》，《开放时代》2009 年第 4 期。

投入，但是单产并不一定能够提高，一旦遇到大自然灾害，又会带来巨大损失，这种风险也会深入到整个农业体系中，并转嫁给普通农民。

从某种意义上而言，产量与规模大小密切相关，因此，要把土地控制在适度规模内。从现实来看，目前规模化合作社、种田大户也是以获取利益为目标，当投入过高，出现边际效益的递减时，就会改变土地的利用方式，从事经济作物种植或者粗放式经营，这势必导致粮食产量的降低，一旦出现天灾人祸就会容易出现粮食安全问题。而粮食产量的降低也会导致物价上涨，劳动力成本提高，进而日用消费品、工业产品价格飞涨，减缓整个国家的现代化建设速度和质量，导致社会不稳定因素的出现。土地流转对乡村社会的阶层带来巨大冲击，导致中间力量的衰败，陈成文等学者基于村庄社会结构的理解，认为土地流转正在深刻地重塑当前中国社会阶层结构，并将永久地影响其未来变迁态势。①

第四节 土地流转创新与合作社的发展

党的十八届三中全会《决定》提出："坚持家庭经营在农业中的基础性地位，推进家庭经营、集体经营、合作经营、企业经营等共同发展的农业经营方式创新"，并进一步强调，"稳定农村土地承包关系并保持长久不变，在坚持和完善最严格的耕地保护制度前提下，赋予农民对承包地占有、使用、收益、流转及承包经营权抵押、担保权能，允许农民以承包经营权入股发展农业产业化经营。鼓励承包经营权在公开市场上向专业大户、家庭农场、农民合作社、农业企业流转，发展多种形式规模经营。"党的十九大又进一步提出"构建现代农业产业体系、生产体系、经营体系，完善农业支持保护制度，发展多种形式适度规模经营，培育新型农业经营主体，健全农业社会化服务体系，实现小农户和现代农业发展有机衔接。"这一决定体现出国家对于家庭承包经营体制的认可，进一步解决小农经营总体上的弱势问题，力图在此基础上创新农业经营模式，推动土地流转来引导农民联合与合作，形成更为有力的市场竞争主体。因此，新形

---

① 陈成文、罗忠勇：《土地流转：一个农村阶层结构再造过程》，《湖南师范大学社会科学学报》2006 年第 4 期。

势下土地流转具备了现实与政策的条件，要充分发挥土地的功能和价值，引导农民组建各种类型的合作社，提高农业的竞争力与可持续发展水平。

一 土地适度规模化流转中的合作

2014 年中央"一号文件"提出，"鼓励有条件的农户流转承包土地的经营权，加快健全土地经营权流转市场，完善县乡村三级服务和管理网络。有条件的地方，可对流转土地给予奖补。土地流转和适度规模经营要尊重农民意愿，不能强制推动。"① 国家高度支持土地的流转与规模化经营，又明确指出，要适度规模与尊重农民意愿，也就是说国家充分考虑到过分鼓励土地规模流转带来的问题，尤其是在政策松动的情况下，地方政府很容易出现激进的政策，会侵害农民的利益，使得乡村社会失去稳定的基础。而实际上大规模的土地经营效益也并不高，因此要走适度规模化经营的道路，适度经营就要考虑到农业生产能力、自然环境和综合效益。对于不同地域和村庄的农民，生产能力大小差异突出，即使同一地域的村庄生产能力也存在差距，因此要充分考虑到这一差异。

从北部、中部和南部的地域划分来说，北部生产能力极强，土壤肥力好，土地资源相对丰富，生产能力较高，可以从事大规模的种植，而且产出效益较好。而南部生产能力虽然较高，但是山地、丘陵多，人多地少，大规模的流转不切实际，而且难以采用大型机械化设备，需要结合地区实际，采取邻里之间的联合形式，通过互助和互帮等方式，发展几十亩中等规模的合作社，平原地区也可以结合地区生产力，可以发展 100 亩以上的合作社。中部地区要考虑实际情况，因为不同地区经济发展水平差异，土地生产力差别明显，一旦超过生产能力就会出现土地的粗放经营甚至抛荒问题，单位生产力弱的村庄，要充分发挥农户之间的互助传统，建立起几十亩的小型互助组织，在此基础上推动小型合作组织建立专业化合作。生产基础好、能力强、条件充分的村庄，可提高土地流转规模，形成"村社 + 合作社"的一体化组织。土地流转要更加注重规模与效益的结合，并不是规模越大效益越好，而是要有一个适应地区的合理界限，也就是确保投入产出率处于最好的节点，最大限度地提升土地效益与劳动生产率，

---

① 《解读 2014 年中央一号文件新亮点》，《江西农业》2014 年第 1 期。

使得合作能够有效益的支撑，效益又进一步扩大合作的范围，形成一个良性循环的格局。

二　形成推动土地合作社发展的配套体系

土地流转引导合作社发展需要有完善的体系，尤其是要在服务机构、流转市场、合作社机制规范等方面进行配套建设，形成支持土地合作社发展的完善系统。可以从如下几个方面进行完善。

第一，要尽快建立完善的土地流转配套机构。目前，虽然一些县区已经建立起土地流转中心，但是由于很难了解到村庄内土地流转的实际和农民的需求，这些土地流转中心基本发挥不了作用。乡镇自从"精兵简政"以来，其服务能力日益弱化，乡镇农经机构经费缺乏、人员少，从而无力为农民土地流转提供服务和管理，而且一些乡镇没有土地流转服务机构，以至于土地流转不规范、混乱等问题突出，这都制约了土地的流转。因此，要进一步推进土地流转，就必须要建立起系统的土地流转服务机制。以成都为例，他们在县乡两级设立了农村土地流转服务中心，逐步规范了土地流转的条件、价格和手续，为流转双方提供政策咨询、信息服务，并对流转经营进行监督，并建立起产权交易所、产权流转担保公司，为产权转让提供担保，化解了流转风险。

第二，要完善合作社的金融支持机制。金融支持是土地合作社发展的基础，日韩、欧美等发达国家都建立完善的金融支持体系，可以向合作社提供政策性银行及商业银行贷款，而且都设有合作社发展银行，农民合作社可以获得足够的发展资金。中国农民专业合作社很难获得贷款，因为耕地难以抵押，合作社的设备等固定资产缺乏，金融机构不愿意提供贷款，而且土地合作社多以种植业为主，受自然灾害影响大，存在风险高、收益低的问题，保险机构也不愿意参与，也降低了金融机构的信贷支持意愿。

为此，需要建立专门的农业土地发展银行，受理土地抵押业务，同时建立专业的合作社银行，支持土地流转、合作社建设以及融资业务。可参考发达地区的经验，发展内置金融性合作社，社员通过入股形式进行互助发展，为合作社提供资金支持、土地流转、设施建设、物流加工等服务。

三　探索发展多种形式的土地股份合作社

土地是农民的基础性资源，也是合作社发展的重要资本，但是目前农民土地承包权入社，没有明确的利益配置的依据，土地股份合作社是农民自发形成的土地流转方式，是一种典型的制度化诱致变迁，"以股份制来引导土地经营制度的改革。农村土地股份制实质上是在坚持土地集体所有的前提下，把土地产权分解为土地股权、经营权和使用权，让农民拥有土地资产的股权。"在不改变土地用途的情况下，农民就可以成立股份型专业合作社，这使得传统的简单产销经营模式向产权合作的方向转型。

目前，土地股份合作社发展迅速，已经在全国范围内推广开来，但是由于不同地区的经济社会发展水平不同，土地股份合作社不能按照单一化模式进行，应因地制宜、稳步推进。

首先，以农民的土地入股合作社，土地并不作价，取得的收益按农户的土地入股份额进行分配。其中农民可以自己从事合作社运营，对土地进行统一经营、管理，或者合作社把土地统一对外租赁，农民可以自愿参与其中，由村集体或村庄能人承包，农民不仅可以获得基本的土地出租费用，年底也能够获得分红。需要注意的是，要引导合作社主动吸纳农民的参与，让部分农民能够在合作社发展中发挥积极作用，防止合作社成为少数大户主导的个体合作组织。

其次，要按照农户土地与集体土地的融合入股。村集体以集体资产或者土地进行折算入社，引导农民土地入股，建立土地股份合作社，合作社对土地进行经营，集体资产常划分享受股、增量股，股权扩展到人，农民土地收益按股进行分配。这种合作社需要依托村社组织，村集体要有较高的责任感，能够为村级合作社发展付出，同时又要肩负起村庄发展与管理的职责，真正借助土地合作社载体，实现村庄经济发展、社会管理与合作能力的提升。

最后，要推动企业组建股份合作社。农民的土地入股建立合作社，合作社将土地股权参与到企业股份中，企业土地经营收益再按入股份额反馈给农民，这种合作社主要在经济发达的地区，但是存在入股风险，因此政府要加强监督管理，确保农民的土地收益和生活保障。

此外，农民也可以自己运营合作社，在土地入股的情况下，引导社会资本、农业科技等参股，组建股份制企业或合作社，形成独立核算、自负盈亏的现代企业经营形式，让农民分散的土地资源转化为产业化资本。这样也可以使经济合作社与基层行政组织分开，防止通过行政力量控制经济组织，这样独立核算的企业化合作组织，支持其发展为生产、加工、流通和销售一体化的组织体系，从而不断提升土地的原有收益。

第七章 农民专业合作社发展的几种模式

按照不同的标准，可以把我国的农民专业合作社分成诸多不同的类型。比如，按照合作社的经营范围和产品（服务）内容，可以将合作社分为农业种植类，如蔬菜合作社、小麦合作社、茶叶、果品种植合作社等；农业养殖类合作社，如畜牧养殖、水产品养殖类合作社；农业服务业合作社，如农机合作社，化肥、农药、种子合作社、农产品加工合作社等各类合作社。可以说，当前的各类合作社主要是在大农业的范畴下（农、林、牧、副、渔），围绕农产品的生产、销售、加工等环节组织起来的，以通过合作社这个平台实现各个环节的联合，减少交易成本，降低交易费用，从而最终增加收入，实现富裕的目的。

按照合作社的经营主体进行分类，合作社可以分为农民主导的合作社和资本主导的合作社等。按照合作社的性质以及本质规定性，可以将目前的合作社分为真、假合作社等。

需要说明的是，本章的重点不在于对当前存在的各类合作社做全方位、无一遗漏的介绍（在前面的章节里，对于现实不同类型的合作社已经有所涉及），同时也不愿花过多笔墨介绍那些打着合作社旗号、徒有合作社之名的挂牌（假）合作社。结合本项研究的主题，本章将重点介绍几种由农民自发成立、组建的真正合作社。

第一节 "村社 + 农民"的普惠型合作社

在本节中，"村社 + 农民"的普惠型合作社指的是以村庄为单位，以村干部为领头，自下而上成立的合作社类型。一般而言，此类合作社成立的目的主要是为了整个村庄的发展及利益。而合作社的收益和盈余也多用于村庄公共事务的建设。放眼全国形形色色、各种各样的合作社，此种类型的合作社虽然不是主流，数量也不是很多，但是，该类合作社无论从哪种意义上都可以看作是真正的合作社，同时在现实中也发挥了提高农民收入、促进农村发展以及村庄和谐的作用。

本节将选取的是河南焦作孟州的一个农民专业合作社，笔者认为它可以作为"村社＋农民"普惠型合作社的代表。

一　村庄概况

本文所研究的村庄位于豫西平原地区，学名为"东田丈村"（以下简称"东村"）。该村原来属于焦作孟州县辖设的一个乡，孟州撤县改市后，原有的乡改为孟州市下属的一个办事处。东村位于孟州市河雍办事处西北3公里处，位处河南省的西北部、焦作市的西南隅。

孟州市古称孟涂国，秦置河雍县，汉称河阳县，唐武宗会昌三年（843）升河阳为孟州，史称孟县，1996年撤县设市。孟州是"唐宋八大家"之首韩愈的故里。孟州市北和沁阳市、济源市毗邻而遥望太行山，东以猪龙河为基本分界与温县隔河相望，西与济源市、洛阳市吉利区并靠接壤，南以黄河为界，同孟津县、偃师市、巩义市隔河凝眸眺望。①

村庄位于平原地带，规模适中。目前全村共有村民286户，1068人，全村的耕地面积为1250余亩，人均占有耕地1.1亩左右。村子辖5个村民小组，其中贫困户13户，56人。在2005年之前，村里人均年收入大约3000—4000元左右。有一部分村民常年跑运输，收入要好于种地的收入。另外有一部分村民，在附近城里有正式的工作，上述两种类型的村民大概占全村的三分之一左右。余下的三分之二，多数还在家务农，年轻的也有不少外出打工。

村子通向市区的道路宽敞、平坦，有公交车直接通往孟州市区（15分钟左右的车程，2元的车票）。从孟州市到洛阳、巩义等地也非常便利，黄河大桥连接黄河北岸和南岸。过黄河大桥，直接有连霍高速通往省城和全国其他地方。便利的交通资源，加上村庄位处平原地带的优势，村民与

---

①　此处关于孟州的文字介绍，参考的是当地政府编撰的内部材料，特此说明。

外界的联系非常方便。与周围的农村相比，这个村庄的经济条件属于比较好的那种。虽然之前称得上生活富裕的村民并不是很多，但是非常贫困的家庭和农户也只占村里的很少一部分。2005 年，花建东当选村主任之后，开始致力于村庄的整体发展。

二 致富路上的外部环境

1. 农业税的取消

20 世纪 90 年代，农村的土地产权关系基本稳定，即村集体拥有对耕地的所有权，而农民拥有使用权和收益权，但是税赋制度并不稳定。农民需要向国家缴纳农业税，种植经济作物的农民要缴纳农业特产税。除此之外，农民所要缴纳的费用还包括两大部分。一部分叫"三提五统"，另一部分是各种集资收费。[①] 作为中部地区的一个普通的村庄，这些收费项目在东村是"一个都不能少"。

在当时的情况下，村干部扮演的还是一个尴尬的角色，要替县、乡政府向本村的村民收取农业税、各项提留以及集资收费。因此，这段时期也是村干部与村民关系较为紧张的时期。据东村的村民反映，在 90 年代末期，当时每家人均要缴纳的各项税费一度高达百元以上。一时间，村民怨言四起。村里开始有部分村民外出打工，土地也有部分抛荒的现象。也有村民将闲置的土地转包给村中其他农户租种，条件是只要替自家代缴农业税就行。和广大中西部地区的村庄一样，在各种税费的重压下，在东村种地一度是亏本的买卖。

2002 年，随着农村税费改革试点的运行，东村的情况开始略有好转。取消"三提五统"和各种集资费用后，仅剩下农业税一项被保留。农民不必再向政府缴纳除正规税收之外的任何费用。这样，虽然整体上税率提高了，但折合下来，农民每年缴纳的费用还是减少许多。即使这样，东村村民的情况并没有很大的起色。

2004 年起，中央政府逐年降低农业税的税率。自此，我国广大农村开始彻底告别农业税。东村的发展也由此开始进入一个新的时期。

---

① 周飞舟：《从"汲取型"政权到"悬浮型"政权——税费改革对国家与农民关系之影响》，《社会学研究》2006 年第 3 期。

就全国范围而言，农业税的取消都绝不是一件普普通通的事情。对于东村来说，这至少意味着以下几重意义：第一，村干部与村民的关系开始进入到一个新的时期；第二，土地对于农民的重要性开始重新凸显；第三，从税费负担下解脱出来的村民可以有更多的空间去谋求发展。取消农业税之后，东村的发展开始进入一个新的时代。

2. 村民自治

农村村民自治，作为一种新型的乡村治理模式，不仅引起了整个农村政治社会生活的重大变化，同时导致了国家与农民的关系的变化。

与全国其他地方一样，东村的村民自治也已经搞了很多年。但是，在农业税时代，村干部是个出力不讨好的活儿，由于夹在村民和基层政府之间又肩负着替基层政府收粮收费的重任，因此，很多能干的人都不愿意揽这个活儿。

按照村民自治的本意，村委会是农民的自治性组织，是联结国家和农民关系的桥梁和中介，但是由于各种原因，村委会并不能真正实现自治的功能。在村委的换届选举过程中，也往往容易受到来自乡镇政府的干预。

但是，税费改革直至农业税取消之后，情况发生了变化。对于乡镇一级政权而言，既然村委会不再承担替自己收粮收费的功能，那么谁来当村里的干部似乎就与自己没有太大关系了。在此情况下，基层政府更愿意放权让村庄实现民主管理与村民自治。因此，税费改革同时也是促进东村村民自治走向深入和实质的一个关键的影响因素。

3. 惠农政策

进入新世纪，国家在政策层面上出台了许多的惠农措施，如国家给农民发放种粮补贴、化肥补贴以及农机补贴等，这在以往是不敢想象的事情。在财政层面上国家加大了对农业的转移支付力度。这些对于农村经济的好转和新农村建设都起了重要的推动作用。

三　村庄内部的微观环境与村庄精英的上任

1. 在我们的访谈中，东村的村民与村干部不约而同地提到"东村的与众不同"之处，姑且可以称为"村庄内部的微观环境"。具体而言，东村的不同之处体现在两个方面，一是东村的村两委班子一直以来都比较团结，几乎不存在相互拆台的事情；二是村两委的班子成员在村民中的威信较高。有几名村干部都已经连续干了几任了，村民对他们的信任度较高。班子成员办事较有魄力，能干。这些是花建东上任前的村庄传统。

学界的很多研究发现，村庄精英对于一个村庄的发展往往起着至关重要的作用。如今，农村的发展在很大程度上仍然要靠村庄精英的带动。花建东无论从哪个角度来讲，都可以算是东村的精英人物。

花建东是在 2004 年当选为东村的村委会主任。相对于东村而言，花建东其实是个外来者，在农村被称为是"上门女婿"。之前很多年里，家里一直都很穷。为了养活一家老小，花建东什么活都干过，一度收过破烂，当过"破烂王"，还曾经跑过农村运输。可以说，花建东的经历同时也是农村中很多人的奋斗经历。仅仅靠农业的收入远不足以让家庭的情况好转，而搞运输、搞副业也一度是国家所鼓励的。花建东最早的创业史就是从经营"副业"开始的。由于他肯吃苦、不怕累的苦干精神，终于换来了他个人家庭经济状况的好转。

花建东富起来了，可是东村的村民多数人的生活却没有发生太大的改变。如何才能带领乡亲们一起走上致富之路呢？花建东考虑到了去竞选村干部。他的这一想法一经提出，马上得到了很多村民的拥护。因为，经过这么多年的相处和了解，村民们都已经从心里认同了花建东的能力和为人。东村是一个杂姓村，因此不存在家族和宗族势力的问题。村民们的观念也在随着村民自治的推行发生着悄悄的转变。不管出身如何，只要肯为大家办实事，同时还有能力，大家就愿意选。

2004 年，花建东如愿当选为东村村委会主任。这里需要交代的是，东村的能人其实不少，通过跑运输富起来的家庭也不少。但是，像花建东这样富起来还不忘其他人、想要把整个村子都变得富裕起来的人却不多。2004 年，东村的村民选举虽然也有一些波折，内部也难免出现一些矛盾和纷争，但由于东村自身并没有什么资源，而村主任的位置也没有多少油水，所以，竞争并不是很激烈。花建东的当选也没有费太多的周折。

可以说，从税费改革到农业税的彻底取消，从村民选举到花建东的上任，正是在这些悄无声息的变化中，东村的变革开始酝酿。

四 发展农民专业合作社作为村庄的致富之路

花建东在对村庄的情况进行详细分析之后，认为：对于农民来说，土地还是他们手中最有价值的东西。但是，如果还是按照之前分散经营的模式，各种各的一亩三分地，农民的收入就不会有大的突破，农民的生活也不会有大的起色。因此，必须把土地集中起来，统一经营。另外，农民个人的力量也是有限的，多数农民最擅长的无非还是农业种植，因此，如果能够把农民组织起来，成立农业专业合作社，由合作社来负责对土地的产出统一出售、统一管理，这样就可以分工协作，也正好与国家的政策思路一致。

思路清楚了，接下来是要弄清楚市场的定位。土地集中起来种什么？怎么种？如何才能够充分发挥村庄的地理优势与资源优势，达到农民收益的最大化呢？一时间，村庄围绕着这个问题展开了激烈而广泛的讨论。这个问题太重要了，它将直接关系到今后东村的命运以及未来的发展。村委会召集村民进行广泛的讨论之后，大家一致认为，搞蔬菜大棚将是符合形势的选择。因为，东村的交通便利，同时离焦作、温县、洛阳、济源、巩义等周边城市比较近，而且距离陕西、湖北、河北等省份也不远。这样，蔬菜销售和输送都不成问题。

经营的方向和目标是定下来了，可是，怎么种还是个问题。近些年，在政府的政策扶持下，许多地区的农村都开始搞植蔬菜大棚。如何能够在既有的市场上站稳脚跟，凸显优势不是件容易的事情。花建东围绕着这个问题费了不少脑筋，最后决定外出考察。2005年底，他带领村里几个村民先后到山东、陕西、湖北、东北等地考察、学习他人的大棚搭建技术和蔬菜种植技术，最后决定引入东北的经验和技术，利用日光温室立体套种技术发展黄瓜、苦瓜生产。东村自此走上了集体致富之路。

花建东是一个关心国家大事的人，他虽然只有小学文化，但每天的新闻联播必看，每天的人民日报、省报、市报必看。有关农村的政策、文件他也都不知道研究过多少遍，比如《村民委员会组织法》《农民专业合作社法》等。正是他对于国家政策、法规以及相关知识的熟悉，使得他总能够比别人看得远些，同时也能够及时、准确地把握新的信息。

蔬菜大棚和村里的蔬菜专业合作社同时筹建。由于蔬菜大棚的前期投入大约需要3万元，占地约2亩半，未来的收益还不确定，风险与收益并存。因此，合作社在成立之初，只有9户成员。其他村民都还怀着疑虑或期待在观望。

花建东感到了肩上担子的分量。以他带头搭建的蔬菜大棚种植的不仅仅是蔬菜，同时还有众多乡亲的期待和希望。所以，他是没有退路的，只能成功，不能失败。

从土地入手，先集中土地，这是大棚搭建的第一步，也是关键之举。在村"两委"的积极努力和大力协调下，东村开始迈出了土地流转和规模经营的第一步。在群众自愿的基础上，把一家一户零星经营的土地集中起来，进行统一规划，统一基础设施建设。集中起来的土地在合作社的带领下，按照每个大棚2亩多的规格，从外省高薪聘请技术员，指导东村的蔬菜大棚的搭建。

孟香果蔬合作社以科技创新为根本，带领广大农民一步步从传统农业走向现代农业。几年来，先后引进推广了滴灌、喷施微肥、充施生物肥、自动卷帘机等多项新技术、新设备，降低了农民的劳动强度，提高了温室的生产性能，有效解决了温室湿度大、冬季低温等问题，显著提高了农产品的产量与品质。

为使广大菜农真正掌握无公害标准化蔬菜种植技术，合作社从山东寿光高薪聘请专家，负责技术咨询和指导，坚持周二例会制度，总结上周情况，安排下周管理重点。同时，合作社还在河雍青年鲜蔬服务站的帮助下，组织县、乡技术员对全村大棚种植户进行相关知识培训。几年来，广大菜农的科学种菜意识和大棚管理技术有了明显提高，蔬菜产量也连年攀升。

在以花建东为首的村委领导的努力和带动下，东村第一年的蔬菜种植获得了大丰收。每个大棚的收入高达3万—4万元，第一年，最先加入合作社的成员就已经收回了成本，尝到了甜头。在倡导者的示范效应下，很快就有更多的农户加入了合作社，申请银行贷款搭建了新的蔬菜大棚。

目前，在东村开始流传出这样的顺口溜"产销一条龙，利害共担承；只要你愿意，致富路同行"。它形象地描述了该村农村专业合作社的发展形态和作用。

在东村的发展过程中，我们看到，有两件事的实践和成败对于村庄整个发展过程起着至关重要的作用，那就是土地流转和农村专业合作社的成立。在实现土地流转和专业合作社运行的过程中，都充分体现了自上而下的国家力量与自下而上的社区力量的有机结合。

实际上，土地流转的实践最早发生在农民种地的比较收益降至其成本以下的时候，之前在很多地方都已经有多种形式和多种渠道在进行。在2002年《中华人民共和国土地承包法》中，国家以立法的形式赋予了农民土地承包经营权流转的合法性。之后，党的十七大报告以及《中共中央关于推进农村改革发展若干重大问题的决定》等重要文件都又反复重申了土地流转制度的合法性以及对于促进农业适度规模经营、促进农村经济发展的重要意义。[①]

就东村而言，花建东在带领村民寻找致富门路的时候，上述文件为他们下一步的打算提供了很好的政策依据。只要不违背政策的规定和初衷，只要是符合要求、不改变耕地的农业用途的合法流转，就都是政策范围内支持的行为。花建东最早从新闻上得知上述文件，在那时起，他就已经开始考虑东村的土地流转和出路了。

在瞄准了市场、找准了方向，同时又找到了来自国家层面的政策依据之后，东村的土地流转实践迈开了步伐。据花建东讲，2005年底，为了搭建蔬菜大棚，大棚占地以及对于所占土地补偿的标准是通过村"两委"与村民的协商得以解决的。这应该是东村最早进行的土地流转。村民为了特定的需要而服从于村委会的协调和整个村庄的利益。在当时的情况下，来自于基层政府的街道办事处及其相关部门尚未参与和干预。

随着全国范围内土地流转的开展，地方政府开始参与到村庄土地流转的实践中来。2006年，东村所属的河雍办事处开始成立由农业、财政、劳动与社会保障所、国土资源所等部门组成的农村土地流转服务领导小组，制定统一的土地流转服务章程，规范流转行为，为农民提供流转信息，协助解决土地纠纷等。而东田丈村由于在土地流转实践方面走在前列，因此被河雍办事处选为推广土地流转经验的试点和先进典型。在"试点先行、搞好引导"原则的指引下，河雍办事处根据东村的经验总结了土地流转的"五项原则"，即坚持科学规划正确引导，严格执行民主决策程序，依托农业专业合作社组织，切实维护农户合法权益，集中开发经营流转土地。

---

① 范会芳：《土地流转制度下我国农村社会保障体系的建构》，《郑州大学学报》（哲学社会科学版）2009年第5期。

基层政府力量（办事处）参与到村庄的土地流转之后，客观上产生了两重后果：第一，使得东村的土地流转更加规范和符合程序；第二，为东村带了更多的契机和利益。如果说，之前东村的实践还属于村庄自身单独行动的话，那么，基层政府的参与已经表明，以社区为主体的发展已经得到了来自政府层面的重视和支持，或者说政府力量开始自上而下地参与到社区主导型的发展过程之中。

2009年在东村被选作土地流转的试点之后，办事处开始加大对东村的扶持力度。一方面，办事处开始主动为那些转让土地承包经营权的农民优先提供就业信息、技能信息服务，另一方面办事处对承包土地的农民，优先提供贷款、技术支持等服务。同时，在土地集中流转100亩以上的基地开展打井、修路等配套基础设施建设。

从2006年至今，东村的发展得到了办事处以及孟州、焦作市一级政府的扶持和重视，至今土地流转的实践已经辐射到邻近多个村庄，共集中流转土地8000多亩，转移富余劳动力上万余人。如今，东村已经成了孟州市新农村建设的一个典范、一张名片。东村的发展已经深深地融入到地方政府发展的框架和指导之中。而地方政府的扶持又成为东村进一步谋求发展的动力和资源。

五 "普惠型"合作社的未来

东村"孟香果蔬"专业合作社根据2006年《中华人民共和国农民专业合作社法》的法律精神和具体条款成立，该合作社可以认为是国内最早一批由农民自发建立的自下而上的真正的农民专业合作社。该合作社的发展始终与村庄的发展紧密结合在一起。

该合作社从成立伊始，就始终坚持按照合作社法的规定以及合作社的章程办事。合作社的理事长和理事会由全体村民选举产生，村委会成员不能兼任合作社的理事长，合作社实行自愿加入、财务公开、统一管理、民主协商、操作透明等原则，自觉接受村委会的监督。

截止到2014年底，东村的合作社成立已经整整8年。笔者有幸见证了该合作社自成立之初至至今的发展历程。相对于全国其他各种类型的农民专业合作社，东村的合作社发展速度并不算快，迄今为止辐射的范围仍然没有超出本村所在的乡镇。但是，无论是从合作社实际发挥的功能还是合作社的本质规定性，东村的这个合作社无疑是最符合合作社本质规定性以及合作社法的最真合作社。

该合作社多年来一直是在村支书的带领下，始终坚持盈余返还、惠及村民的原则，通过发展合作社进而提高村民的收入，提高村庄的凝聚力，改善村庄的外部环境。

应该说，东村的合作社是一个纯粹由农民自发组建的合作社，在村庄精英的带领下，一路发展至今，虽然没有获得更大范围内所谓的跨越式发展，但也始终围绕着合作社法以及合作社的本质规定性在不断向前。通过合作社，东村不仅实现了提高村民人均收入、改善村庄环境等目的，同时还在很大程度上增强了村庄的凝聚力和村民的归属感。这在当前城市化和市场化的大背景下，无疑是一个值得保留的独特存在。

至此，笔者对于中国未来合作社的发展前景又多了一丝乐观的期待和喜悦。在市场化逻辑和思维占据核心地位的今天，我们发现，其实，就合作社的发展而言，并不必然追求"大"和"快"。一味地追求速度，会背离创办合作社的初衷和本质；一味地追求规模，会超出合作社领导者自身的能力和水平。虽然，合作社本身始终要面临来自外部市场的竞争和挑战，然而，就其本质而言，能否给合作社的社员带来切实的收益，能否给村庄带来改变，才是最为重要的。公司化的运营模式，最终的结果一定是偏离合作社的初衷，追求利益的最大化。

第二节　"NGO/知识分子＋农民"的推动型合作社

一　NGO参与农民专业合作社发展的背景与契机

NGO，是非政府组织（Non‐government Organization）的英文简称。在本研究中，NGO用来泛指所有由公民自己发起的或者来自民间的公益组织、非营利组织以及区别于官方、政府力量的社会力量。

近年来，伴随着中国社会转型的加快以及改革的不断深化，以NGO为代表的社会组织力量在社会经济的发展中越来越发挥着积极的作用。同时，伴随着NGO组织数量的快速增加以及介入社会领域范围的不断扩大，有越来越多的NGO组织开始介入农村发展的方方面面，比如教育、扶贫、救灾等领域。比如希望工程对于农村教育的支持，各类公益、慈善组织对于农村失学儿童、留守儿童、留守老人的关注等。

回顾 20 世纪 20—30 年代以晏阳初为代表的乡村建设派在中国农村的乡建实验，便不难找到 NGO 参与农村经济发展以及专业合作社发展的历史传承与动因。

20 世纪二三十年代的中国，内忧外患交织，一方面遭受着日本以及其他各帝国主义势力的侵略，另一方面中国的民族工商业受到摧残，农村经济几乎面临全面崩溃的局面。正是在这样的背景下，一批接受了西方社会科学教育的中国年轻学者回到了中国，试图用他们的所学来改造或者扭转当时中国农村的状况。他们认为，当时中国社会的问题在农村，只有从农村的重建和复兴农村入手，才有可能从根本上改变中国的状况，改变中国农村落后的现实。以晏阳初为代表的一批知识分子在 20 世纪 20—30 年代所做的致力于乡村建设的努力虽然最后也没有达到他们的初衷，但是这些尝试却给后人留下了宝贵的财富。

受当时知识分子重建乡村的实践和勇气的鼓舞，中国人民大学于 2008 年成立了晏阳初乡村建设研究院，在研究院的基础上，集聚了一批志在改变中国农村面貌的学者、知识分子，其中以温铁军、何慧丽等为代表，他们重新走向乡间地头，以组织农民、发展农村经济、提高农民收入为初衷，动员、协助农民组建农村专业合作社。这一类，笔者称之为"由 NGO（知识分子）协助推动的农民专业合作社"；另外一种类型，同样由知识分子启发、推动，但是由农民自己内生出 NGO 组织，如山西永济的蒲韩乡的农民专业合作社。

二 "知识分子"推动型合作社的两种典型

（一）知识分子＋农民：河南兰考南马庄的专业合作社

南马庄是一个豫东平原上的小村庄，隶属于河南开封兰考县三义寨乡。在十多年前还是一个名不见经传的豫东小村，如今却是一个全国闻名的典型村庄。在南马庄，目前有南马庄生态大米专业合作社、"快乐猪"养殖合作社以及小杂粮专业合作社等多个农民专业合作社。南马庄专业合作社的成立在很大程度上与一位来自北京的三农学者——何慧丽有着很大关系。以何慧丽为核心，带动了来自北京的一批学者、知识分子的智力资源以及各地农业大学的学术社团。正是上述力量的共同推动下，南马庄专业合作社开始在全国的合作社中崭露头角，声名鹊起。

1. 何慧丽与兰考南马庄的不解之缘

应该说，何慧丽到南马庄有一定的偶然性。（关于她为何到兰考，在《我在兰考的乡村建设实验》一文中，她做了较为详细的说明。冥冥之中似乎有一种力量，决定了这位来自豫西农村的中国农业大学的三农学者和位于豫东平原上的这个小村庄之间的缘分。）

作为在高校从事社会学教学与科研的何慧丽，不满足于象牙塔内的传道授业解惑。因来自农村，所以对于农村的发展有着天然的关注，同时，她也一直希望用自己的所学回报社会，影响社会发展。基于上述原因，2004年，她借助到河南兰考挂职副县长的机会，选择了南马庄作为她在新时期开展乡村建设实践的试验场。就这样，在之后的将近10年的时间里，何慧丽无数次来到这里，甚至经常住在这里，和南马庄的村支书及其他村干部一起，从组建村庄文艺队开始，到组织动员农民成立农村专业合作社。这一干，就是十年。

2. 从文艺队到农民专业合作社

为何要建立农民专业合作社？成立农民专业合作社为何要从组建文艺队开始？对于这一点，何慧丽在她的《乡村建设实验》一文中做了详细的说明。

在何慧丽看来，"三农问题"不仅仅是经济问题，在终极意义上，农村的文化建设才是最终的落脚点。基于对农村的了解以及上述问题的认识，何慧丽认识到，要让农民合作起来，就先得从培养农民的合作意识和合作文化开始。于是，就有了她奔走于各家各户之间的游说和周旋，就有了兰考城关乡的陈寨村腰鼓队的成立。在她参与成立农民组织的过程中，何慧丽认识到，在推动农民合作的过程中，首先要克服农民一盘散沙的局面，培养起他们主动参与的精神和热情，只有大家的积极性被调动起来之后，开展文艺活动继而发展经济等事情就不在话下了。

南马庄文艺队和老年协会也是在同一时期成立和组建的。为了充分发挥村民的主体性作用，文艺队细分为盘鼓队、腰鼓队和秧歌队，而文艺队的活动则是每星期日的下午，附近六七个村的妇女前来学习，同时带动周边村成立了四支文艺队。

随着文艺队规模和影响的扩大，村里的老党员、老干部、老教师、退伍军人、老模范等又带头自发成立了南马庄老年人协会。就这样，村民的积极性、对于生活的热情似乎一下子被调动起来了。大家的生活一下子变得丰富多彩起来。在南马庄村委会的门前空地上，每天晚上大家忙活完一天的工作之后，纷纷来到广场，集体排练舞蹈以及腰鼓队的节目。2005年7月15日，兰考县南马庄村、闫楼村以及附近几个村子的村民带着他们自编自导的节目走上了中国农业大学迎百年校庆的舞台，这次演出可以说无论是在中国农业大学的历史上还是在兰考农民的记忆里都是具有划时代意义的。这次大型演出可以说是何慧丽在兰考乡建实践所取得了第一阶段的重大成果。正是通过农民进京演出，何慧丽给兰考南马庄的农民搭建的不仅仅是一个文艺演出的平台，不仅仅是一次演出的机会。它的意义远远超出了文艺活动层面。文艺队和老年协会带给南马庄的是更深层面的变化。

正是通过南马庄农民文化活动的丰富，这个村庄的合作意识和合作能力被培养起来了。正是在此基础上，南马庄农民专业合作社开始提上日程。

3. 南马庄专业合作社发展的历程

南马庄合作社从2004年开始成立至今，已经是第14个年头了。纵观这十多年的发展历程，大体可以分为六个阶段：文艺先行，凝聚人心阶段；社会参与，基础建设阶段；政府主导，经济带动阶段；领域拓宽，有机循环阶段；资金互助，跨越发展阶段；产业升级，公益惠民阶段。

根据合作社发展的时间顺序及特点，还可以做如下划分。

（1）2004—2007年：合作社的初创期

主要特点是：靠文艺先行，凝聚人心；社会多方参与，搭建合作社基础。

南马庄专业合作社的成立一方面是因为何慧丽老师的大力推动，另一方面也得益于村庄精英——张砚斌的发现和培养。张砚斌，1973年出生，高中文化。无论何慧丽老师本身有多大的能量，拥有多少社会资源，她在兰考的乡建实验终究还是要依靠当地人。所以发现并培养村庄精英，便成了她在兰考，在南马庄开展工作的第一步。如果说，组建文艺队和老年协会依靠的主要是农村中的文艺骨干和老年积极分子的话，那么，发展农村专业合作社则要依靠敢闯、敢干的年轻人。张砚斌成为符合条件的最佳人选。

合作社的成立来自现实的需要。在温铁军、何慧丽老师的启发鼓舞下，南马庄人较之其他地方的农民更早认识到了合作起来的意义和必要。由于地处中原大地，黄河岸边，虽然南马庄人世代都是勤劳肯干的，土地也颇为肥沃，可是人均有限的土地面积以及其他资源的缺乏使得村民的收入一直难有大的提高。如何让村民富裕起来，也就成了张砚斌担任村支书之后首先面临的问题。

2004 年，《中华人民共和国农民专业合作社法》尚未出台，在全国范围内，虽然有江浙地区农民的实践，毕竟，在河南范围内，合作社还是一个崭新的事物。在温铁军、何慧丽等一批学者的大力支持下，南马庄第一个农民专业合作组织在当地的民政局进行注册登记了，但是，最初的名字不是合作社，而是"南马庄无公害大米协会"。其性质是社团法人，业务主管单位是农业局，登记机关是民政局。这当然是因为当时合作社作为一个新兴事物还没有在法律层面获得其合法地位，只好以社团的名义出现的缘故。

2005 年，南马庄依托黄河引水大闸、良好的自流灌溉系统以及南马庄种植水稻的历史，同时依托省农业部门通过对其周边土壤、水和空气的取样调查及检测，南马庄水稻专业合作社获得了三万亩无公害水稻产地认证，2005 年 12 月获得了农业部无公害农产品认定。2005 年 3 月在国家工商局总局商标局注册"鑫合""南马庄"两个商标，河南省技术质量监督局代为申请了商标条码，被省技术质量监督局定为农业标准化生产示范区，被农业部定为农民专业合作组织示范单位。

到 2007 年 7 月 1 日专业合作社法出台后，为了拓宽生产领域，同时更快地更好地适应市场，原来的南马庄无公害大米协会又在工商局注册了兰考县南马庄生态农产品专业合作社，完成了从协会到正式专业合作社的转变。

可以说，南马庄人在中原大地上较早地开始了农民专业合作社的实践。借助学者以及由此带来的各种社会资源、政府资源等，依托自身的地域、土地优势，南马庄在年轻能干的村支书带领下，专业合作社在创立之初便获得了较快的发展，同时在市场上占据了较为明显的优势。

（2）2007—2011 年：合作社快速发展阶段

伴随着合作社法的颁布出台以及实施，兰考南马庄的合作社发展开始走上了快车道。首先是各类农民专业合作社的注册成立，如在无公害大米合作社的基础上，又相继成立了大米加工专业合作社，食用菌生产专业合作社、资金互助合作社以及生态农产品专业合作社等多个合作社。

由于学者、知识分子对于南马庄的大力支持，南马庄对外的名气开始越来越大。2007—2009 年，南马庄先后荣获多个市省级荣誉称号，而以张砚斌为领头的村支部也先后获得开封市委组织部、河南省委组织部授予的"五个好"村党组织、河南省文明办授予的全省农村清洁家园行动"先进村镇"等一系列荣誉称号。更值得一提的是，2009 年，当时担任国家副主席的习近平前来南马庄进行考察，同时详细询问了专业合作社发展的情况。这在南马庄的发展历史上值得浓墨书写和记载。

笔者把上述荣誉的获得以及各级领导前来视察、考察的过程称为"体制内政治资源的积累"。而这些政治资源是靠以何慧丽为主的知识分子的努力获得的，同时也进一步助推了南马庄专业合作社的快速发展。

在这一时期，南马庄专业合作社的快速发展不仅表现为合作联社的成立、下属各合作社产品和数量的增加，同时表现为专业合作社开始走出村庄，走向城市。在北京小农夫市集模式的启发下，南马庄开始突破原有的销售模式，以城乡一体化理念为指导，南马庄的小杂粮、快乐猪肉以及其他产品直接来到城里（郑州市），实现了农超对接，实现了消费者和生产者面对面互动。这一新的模式无疑也是在何慧丽老师等人的主导下实现的。（南马庄的黄金晴大米、小杂粮、快乐猪肉以及三义寨乡其他在何慧丽指导下成立的农民专业合作社的产品也一起来到郑州。）

2010 年 10 月 1 日，无疑是一个值得纪念的日子。这一天在郑州市管城区靠近东南的位置，国仁超市成立了。显然，这不是一个普通的超市，在这超市门口集聚了许多来自兰考的农民，同时还有郑州市各家媒体、前来看热闹的郑州市民等。让消费者和生产者面对面，让消费者能够吃上绿色、有机的蔬菜和其他农产品的同时，让农民的收入增加，让农民的腰包也尽快鼓起来，这是各方举办者的共同目标。国仁超市的成立是南马庄专业合作社在市场化背景下的一次勇敢尝试。

此外，在这一时期，合作社理事长张砚斌也获得了多次外出学习交流的机会。远到美国、台湾，近到北京、上海等地，张砚斌，这个南马庄土生土长的农民村支书，在频繁外出学习考察的过程中，变得更加沉稳、健谈，同时对于合作社的未来发展有了具足的干劲和信心，有了更明确的思路和方法。

（3）2012—2014 年：合作社发展的停滞与困境时期

随着合作社向纵深方向发展，南马庄合作社和全国其他地方的农民专业合作社一样，开始面临发展的瓶颈，进一步发展的阻碍因素也越来越凸显出来。

首先，是来自市场竞争方面的困境。就拿南马庄合作社的主打产品——黄金晴大米来说，虽然在省内市场上占据了一定的市场份额，但是与省内其他大米生产厂家相比，它并不具有明显的优势。2009 年，张砚斌为了进一步提高大米的亮度和精细度，花高价购买了一台大米加工设备。而 2 年前，村里才买过一台类似的设备。因为大米产量所限，因此购买设备的成本就在一定程度上提高了。"和其他大的生产厂家相比，感觉竞争的压力很大"。张砚斌对于这一点非常头疼。因为在市场竞争领域，在面对消费者的时候，不是比别的，只是产品的价格和质量，以及价格和质量的性价比。没有人会因为你是农民的产品就格外照顾，也没有谁会因为你是农民的产品而降低标准。这是南马庄合作社进一步发展面临的第一重难题。

其次，是资金方面的困难。虽然在 2008 年前后，南马庄也模仿国内其他地方合作社的发展模式，成立了资金互助合作社。可是由于当地农民手头可供借贷的闲钱非常有限，仅靠村民之间的资金互助远远不能解决合作社进一步发展所需要的大额资金。然而，在向银行贷款时，又会因为合作社自身的特殊性质（既非企业法人，又非社团）而受到阻碍和限制。当然，南马庄因为其自身的优势（知名度高，组织内资源丰富等）可以找到贷款的担保抵押人，可是资金的偿还风险依然存在。换言之，所有的贷款最终都还是要偿还的，而这部分资金最终还是要从合作社的获益（利润）扣除。这就进一步局限了合作社的发展。

第三，南马庄合作社的产品最终因为价格高、成本高而在市场竞争中处于劣势。比如 2010 年成立的国仁超市，也最终因为种种原因而难以为继。这一农超对接、消费者与生产者之间面对面的尝试也最终以两个关键人物的退出而告终。一个是当时超市的投资人，兰考商会的会长，另一个是受何慧丽老师鼓舞的河南农业大学的大学生（超市具体事务的负责人）。

到 2013 年，因为中央八项规定以及对于地方送礼风气的整治，南马庄的农产品开始出现销售的困难。与此同时，何慧丽老师在河南兰考的十年乡建实践也告一段落。

（4）2014—2017 年：成立合作联社、开展互助金融的新时期

面对合作社发展中的困境，无论是提供智力支持的乡建学派的知识分子，还是合作社的带头人都没有选择放弃，而是在低谷和困境中不断思索、探索新的发展路径。

2014 年中央"一号文件"给南马庄合作社的发展提供了新的思路。一号文件明确指出，提倡农民专业合作社之间的联合，鼓励农民成立合作联社。

经过一年左右的酝酿和筹备，在兰考县农业局的牵头下，南马庄农民专业合作社联合兰考县 20 家优秀农民专业合作社，于 2015 年 4 月 20 日"谷雨"当天成立"谷雨合作联社"，走上了"抱团发展""联合发展"之路。

此外，面对贷款难以及资金筹措难的问题，在诸多专家学者的指导下，在中央"一号文件"的指引下，南马庄人积极地探索资金互助合作的模式。如果说十年前的资金互助模式是由于当时南马庄合作社产品结构单一，发展规模有限而受到阻碍而暂时停滞的话，2014 年后，伴随着合作社生态大米、小杂粮、快乐猪以及藕蟹混养等产业发展迅速、产品多样化而得以实现。农民在合作社的快速发展中看到了前景和希望，同时也树立了彼此之间的信任。之后，资金互助部成为推动合作社和合作联社走向良性运行和全面发展的"助推器"和"蓄水池"，同时也成为合作社公益事业和社会资本构成的主要载体。互助部盈余的 50% 则用于合作社的公益事业，如兴建养老院、幼儿园，同时给合作社成员及其子女发放一定数量的物质福利。

截止到 2017 年 8 月，南马庄合作社共有成员 1020 户，员工 63 名，下设大米加工合作社、信用部、供销部、农机服务部等部门，土地托管面积已经达到 5050 亩，覆盖周边 11 个村庄。

而南马庄牌的系列农产品已经远销全国各地，目前已有 6 个城市的消费者预交了定金购买南马庄合作社的大米、杂粮、莲藕等系列农产品。

在合作社突破重围、快速发展的背后，蕴含着南马庄人孜孜不倦的探索和实践。目前已经探索出一条适应当前市场需求的生产管理模式、营销模式以及资金互助模式，实现了产业升级和公益惠民。

（5）如何评价和定位南马庄这样的典型

纵观南马庄合作社这十多年的发展，可以说，这是当前市场经济条件下适应良好、发展良好的农民合作社的典型，是运作成功的众多合作社的代表。实际上，在中原大地的兰考县，还有若干个跟南马庄类似的农民专业合作社（即同类型的合作社），如胡寨村的蔬菜合作社，王村的花生合作社等。之所以说和南马庄相似，一是因为合作社的成立发展同样受到何慧丽等乡建派知识分子的智力支持，二是因为合作社理事长同时也是由年富力强的村庄精英（多是村庄支书或者主任）担任的。所以，在很大程度上，南马庄是这类农民合作社的典型代表。

在激烈的市场竞争环境下，南马庄合作社何以能够突破重围，一路走到今天？该类型的合作社在当今时代发展的大背景中究竟处于什么样的地位，具有哪些典型意义？又有哪些经验值得借鉴？

首先，新乡建派知识分子为南马庄的发展提供了充足的智力支持，同时带来了较多的体制内资源与社会关注。这是区别于其他众多合作社的优势之处。外部的智力支持既为南马庄在困境中指明了方向，同时也提供了发展动力。如，南马庄从一开始定位就是绿色、有机产品与生态农业，这与国家对于农业发展的宏观战略是完全一致的，也是南马庄能够获得成功的重要原因。此外，在面对资金困难的情况下，南马庄人又积极探索互助金融模式，这在很大程度上也得益于外部知识分子的"指点迷津"。

其次，合作社的理事长具有学习精神和不断开拓的创新精神。这是南马庄合作社能够坚持走到今天，并获得突破性发展的重要原因之一。合作社的理事长是农民专业合作社的灵魂，同时也是方向和旗帜。与张砚斌交往的这么多年里，笔者亲眼目睹了他一路走来的艰辛和不易，但是即便是在合作社陷入深度困境的时期，张砚斌都没有选择放弃，而是在困境中积极寻求出路。而且，积极参与由新乡建派知识分子搭建的全国范围内的农民合作社交流会，到各地参观学习，向知识分子求教，向其他运行良好的合作社取经。正是这种勇于尝试、不怕失败、不言放弃的精神支撑南马庄合作社坚持走到今天。

在此期间，笔者也曾一度担心南马庄合作社未来的发展，担心它在激烈的市场竞争中能否适应的问题。就何慧丽老师而言，她不可能一直驻扎在南马庄，她还有更多重要的事情要去完成。而学者带来的各种资源也将会面临边际效益递减的趋势，这些资源带来的影响和效益将会在某个点上达到饱和，外部的助推力量终将退出和散去。南马庄作为一个社会各界特别关注的"孩子"，它需要自己独立地面对市场，需要自己长大，而不是一直借助外界的帮扶。但是事实证明，南马庄合作社没有辜负众望。外部推力加上内部强烈的发展动力，使得它在新时代乡村振兴战略中乘风破浪，一路前行。这是让笔者感到无比欣慰的地方。同时也证明了温铁军老师、何慧丽老师乡村实验的阶段性胜利。探索有机农业发展的模式，让农民自己组织起来经营合作社事实证明是可行的，也是可持续的。

南马庄合作社的成功经验虽然不可复制，但是具有典型意义和示范效应。它已经辐射到周边越来越多的村庄和村民，带动着越来越多的农民加入到有机农产品的生产和销售过程中，同时遵循着合作社收益返还和益贫的本质特征，以实际行动带动着一方百姓走向共同富裕的道路。

（二）知识分子 + NGO + 农民精英：山西永济蒲韩乡的农民专业合作社

山西永济蒲韩乡的农民专业合作社和兰考南马庄专业合作社相似之处在于，它也是由知识分子从外部助推的，同时也是借助当地村庄精英的力量进行运作，但是略有不同的是，在知识分子的外部助推的同时，还有NGO的参与，此外，在村庄内部除了专业合作社，还内生出一个土生土长的NGO组织。这些力量共同推动了村庄专业合作社的发展。同时，借助专业合作社和NGO，该村庄还实现了农村社区的重建、村容村貌的改变以及村民精神面貌的改变。

1. 杨团与永济蒲韩乡农村社区的不解之缘

作为中国社科院的研究员，杨团老师的学术旨趣和何慧丽有相似之处，同样不满足于在书斋里从事纯粹的学术研究。从2000年至今，杨团老师多次到山西、湖南的农村，实践她关于农村社会发展的设想。不过与乡建学派的思路不同的是，杨团老师在综合考察了世界各地的农村发展模式之后，着力推崇日、韩、台的综合农协模式。在她看来，综合农协将是未来解决中国三农问题的一个方向。综合农协的目的是"共同致富、集体发声"。共同致富包含的内容是平等，是共同奋斗，是合作。集体发声包含的内容是民主，是自己来管理自己。①

杨团老师 2005 年与郑冰结识，之后便一直持续不断地来到蒲韩乡村社区，无疑，以郑冰为核心和领头的蒲韩乡社区符合杨团老师发展综合农协的各项标准和条件。

在郑冰眼里，杨团老师既是学问渊博的老师，又是和蔼可亲的大姐。她平易近人，同时又满怀理想，坚强执着。她们一经结识，便"情投意合"。一方面，永济蒲韩乡给杨团老师综合农协实验提供了一块天然的试验田，另一方面，杨团老师也持续不断带给这个不起眼的农村社区充足的智力支持，其中包括合作社理事长的培训，专业学者的专业指导以及外围NGO 组织的各种支持。

2. 郑冰筹建农民专业合作社的初衷、过程及影响

蒲韩乡村社区覆盖两个乡镇（蒲州镇和韩阳镇）35 个自然村（现在35 个自然村内部调整增至 43 个自然村，虽然数量不同，但是覆盖的区域是一样的），覆盖面积 260 平方公里，覆盖人口 6520 户，25800 多人。蒲韩乡村社区的社员共 4000 多户，占到两个乡镇人口的 61.3% 左右。

蒲韩乡村社区的农民专业合作社的组建与其他地方有诸多不同之处。合作社的成立是在农民协会成立之后，而农民协会是农民自发组织成立的，源于农民内源性的需求。

蒲韩乡村社区的专业合作社发展也可以大致分为三个阶段：

第一阶段：1998—2004 年，这一阶段可以称之为社区精英的凸显与合作意识的培养时期。

山西永济蒲韩乡村社区的发展与全国其他地方不同之处在于，以郑冰为首的农村精英较早意识到农民需要合作的问题。之后，她便开始自发地、积极地发动当地农民组建农民协会。郑冰本来只是一个普通的小学教师，1998 年，在经营农资销售中心的过程中，她敏锐地发现了农民的实际需求，于是就外聘专家免费为农民提供农业技术服务。之后，在组织农

---

① 王秀娟：《乡村治理的另一种范式》，《山西日报》2013 年 04 月 24 日。

村妇女跳广场舞的过程中，她又发现娱乐活动可以起到化解家庭矛盾、增强农民归属感的目的。于是，她又到当地民政部门注册成立妇女协会，之后又到市民政局注册农民协会。应该说，每个地方都不乏各种类型的农民精英。可是像郑冰这样，一心为了当地老百姓的利益与发展的，同时又能够将地方农民有效动员组织起来的农民精英实在不多见。关键是，她一直都在行动，这一坚持就是 20 多年。

相关资料显示，1998—2004 年，由郑冰牵头的农民自发组织，从刚开始妇女联合到后来男性村民加入，成员也从一个村发展到周边的十几个甚至几十个村。从组织农民妇女跳舞开始，郑冰在周边村子的影响也越来越大。这为之后的农民专业合作社的成立无疑奠定了良好的群众基础和组织基础。或者说，在此基础上成立农民专业合作社就成了顺理成章的事了。2000—2004 年，妇女协会和农民协会成立；因此，笔者把这一时期称为社区精英的凸显与合作意识的培养时期。

第二阶段：2005—2007 年，合作社事业发展的起步阶段与调整时期。

2005 年，郑冰意识到在农村光搞文化活动是不够的，于是，带领大家先后注册成立了 6 个专业合作组织（当时还不叫农民专业合作社）。2007 年，合作社法出台以后，之前的合作组织全部停了下来，这一方面是因为合作组织需要更名，更重要的是，郑冰逐渐意识到合作社初期发展所面临的现实问题，那就是合作社内部管理问题以及人才缺乏的问题。

与其他农民专业合作社不同之处在于，该地区的农民专业合作社有着较为坚实的组织基础，当地的村庄在合作社建立之前就已经自发联合组织起来开展了许多卓有成效的活动。而这些活动带来的影响也为该地区较早地争取到了国内民间力量尤其是以杨团老师为代表的一群来自高校研究院所的知识分子的智力支持。这在很大程度上可以理解为外围的智力支持及时地帮助当地精英认清了发展中已经遇到和即将遇到的难题。

第三阶段：2008—2014 年，社区自组织模式下合作社快速发展时期。

为了更长远的发展，他们在专家的指导下，对寨子村为核心的两个乡镇、43 个村庄的情况进行了详细的摸底排查，最终确定了蒲韩乡村社区的地位区位及未来十年的发展规划。同时，在这一年里，蒲韩乡村社区注册成立了 28 个农民专业合作社，经营的范围主要以农作物的种植为主。

他们算了一笔账，若能够把全社区 3 万亩的土地全部集中起来进行统一的耕种，光种子、农药、化肥一项一年就可以省出几百万元，同时，再加上规模效益，每亩地每年还可以增加 300 元的收益。

合作社发展初期的资金则主要依靠内部资金。之后几年里，合作社的类型和范围就已经涉及大宗农产品的运销、有机农业的种植和技术推广以及农资购买、消费品购销以及手工艺品生产和销售、老年服务、垃圾处理、社区教育、农耕文化等多种功能，合作社与农协一起，共同发挥着社区发展与社区建设的功能。

以下是蒲韩乡合作社发展历史上一些重要事件的记载以及他们对于自身发展三个阶段的划分。

2008 年，注册了 28 个合作社；

2010 年，创办"富平小额贷款公司"；

2011 年，社区划分为 12 个板块——手工艺、有机联合社、连锁店、城乡互动、妇女协会、老年协会、农民技术学校、青年农场、生态家园、后勤、财务、社区办公室；

2012 年，社区再次细化为 18 个板块——手工艺、有机联合社、连锁店、城乡互动、妇女协会、老年协会、农民技术学校、青年农场、生态家园、后勤、财务、社区办公室、小麦合作社、芦笋合作社、健康协会、永济调研组、运城调研组、农机服务部。

3. 蒲韩乡村社区分三阶段开展工作

第一阶段：侧重社区公共服务与经济合作实体有效结合、互相促进，升起地平线

①社区农民文化活动持续开展的制度建设，且还原于日常生活中。

②社区农民学校培养人才的课程及教学方法的有效进行。

③红娘手工艺作坊规范运行。

④有机农业联合社生产组织体系制度建设。

⑤生态家园环保理念全社区普及。

⑥妇女活动由娱乐提升到以家庭教育为核心的读书文化活动。

⑦农资超市转型为消费者合作社。

⑧老人健康快乐的生活追求唱响社区。

第二阶段：侧重制度化管理促进社区各个项目步入快速发展期

①有机农副产品的生产加工与消费市场有效合作。

②社区老人、妇女、儿童"三位一体"的服务理念，应用于实践中（老年公寓与社区服务相结合；妇女、儿童学习与社区生产发展相结合）。

③环保与节能一并推行（垃圾分类处理、生态厕所改造、污水有效防治、社区能源充分利用）。

第三阶段：侧重社区内部良性循环体系与政府、市场有效结合完成社区三大目标

①社区社员达到经济收入的稳定增长。

②社区社员人人具备积极向上的学习能力。

③社区环境回归生态、文明、古朴、含蓄。

4. 蒲韩乡村社区项目类别

编号	项目名称	责任人	办公地点	启动时间
1	农资连锁超市	姚爱青	寨子村	1998 年
2	红娘手工艺合作社	牛淑琴	寨子村	2004 年
3	有机农业联合社	李金绒	寨子村	2006 年
4	农民技术学校	周朝阳	下寺村	2006 年
5	青年农场	焦晓星	黄河滩办公室	2008 年
6	城乡结合部	王鹏	寨子村	2010 年
7	妇女读书文化活动中心	任淑列	孟家桥村	2001 年
8	老年康乐服务中心	卢翠荣	孟家桥村	2009 年
9	生态家园	严周串	寨子村	2005 年
10	电脑服务部	谢朝平	寨子村	2011 年
11	小麦合作社	谢艳珍	孟家桥村	2012 年
12	芦笋合作社	郑勤娜	王庄村	2012 年
13	农机合作社	苏扣牢	寨子村	2012 年
14	后勤部	王爱琴	寨子村	2011 年
15	财务部	张景龙	寨子村	2008 年
16	社办	梁晓莉	寨子村	2010 年
17	永济社区调研小组	满平	永济市	2012 年
18	运城社区调研小组	郑丽蓉	运城市	2012 年

5. 社区组织结构和管理流程

社员大会（3865 户）

小组代表（773 个）

政府指导顾问（15 人）　　　　　　　　　　监事会（5 人）

理事会（35 人）

常务理事会（9 人）

理事长（郑冰）

从蒲韩乡村社区的项目设置以及组织架构能够清晰地看出，该地区的农民专业合作社不是一个各自为政的独立存在，相反，合作社从一开始就是依托于社区农民协会、镶嵌在地区发展的大的格局中而存在的。合作社与农协以及其他社区组织一起是一个有机的整体，而包括各类合作社、协会、技术学校等在内的蒲韩乡村社区则是一个符合滕尼斯意义上的真正的"社区"共同体。当然，外围的 NGO 组织、专家智囊团队在社区发展过程中也扮演着至关重要的作用，比如对于社区人才的培养，对于社区发展的长远指导以及宏观管理方面、微观财务方面的技术指导等。可是，所有的这一切终究都离不开社区内部自发的、自主的努力和实践。

综上所述，蒲韩乡村社区的农民专业合作社在全国范围内恐怕都是独一无二、难以复制的。其特点可以归纳为以下几个方面：

（1）合作社的发展是镶嵌在当地地区社会发展的大的格局之中的，因此，合作社的类型、规模以及发展方向都有着统一的布局、安排和规划。同时，合作社之间也是一个有机的系统，不存在同种类型合作社的重复建设。

（2）合作社在成立和发展的过程中，始终得到外部智力资源的支持。NGO 与知识分子的充分参与是当地合作社发展的重要力量，但是，当地精英的主导以及当地村民的团结合作才是保证合作社发展的根本动力。

（3）蒲韩乡村社区的农民专业合作社目前已经覆盖到两个乡镇、43个行政村。这充分说明了当地的农民合作已经远远超出了村庄的局限而在更大范围内产生了影响。这也是区别于全国各地其他合作社的一个方面。

（4）乡村农民协会的成立以及文化重建推动了农民专业合作社的产生，与此同时，农民专业合作社也在很大程度上促进了当地经济、社会、文化的进一步发展。

（5）蒲韩乡村社区合作社虽然在全国范围内无法复制，但是，这类合作社让我们看到了未来发展的方向，让我们看到了合作社与地方社会经济发展的美好未来。

第三节 两个同类型合作社的比较及分析

一 合作社简介

（一）合作社＋公司：XD 村的合作社运营模式

XD 村，是西大村的简称。该村位于荥阳市 W 镇的东南部。全村共 9 个村民组，678 户，2700 多口人，全村共有耕地面积为 2890 亩。西大村蔬菜种植起步于 1975 年，2006 年有各类蔬菜大棚 320 座，占地 832 亩，蔬菜生产专业户达 189 户，从业人员 700 多人，是荥阳市典型的蔬菜种植专业村。2006 年，在村支书冯金瑞的带领下，成立西大村蔬菜协会。2008 年，西大村蔬菜协会又更名为"西大村蔬菜专业合作社"。同年，在西大村蔬菜专业合作社的基础上，又注册成立"郑州市瑞丰生态农业有限公司"。

截至 2012 年，西大村已经率先在荥阳市成功流转土地 2000 余亩，建成标准化日光温室 500 座。在合作社内，有职工 600 余人，蔬菜专业技术人员 80 多名。郑州市农业农村工作委员会，长期在合作社进行技术指导与培训，并设立了硅肥实验示范基地。合作社与河南省农业大学签订长期技术合作协议，为河南农业大学教学示范基地。合作社目前已经成为生产、科研、销售一体化的农业示范园区。合作社以统一生产、统一管理、统一包装、统一销售的形式，常年生产黄瓜、番茄、辣椒、西葫芦、芹菜等 20 多种绿色蔬菜，注册的商标为"荥绿"牌蔬菜，绿色食品。

（二）合作社＋分散经营：XZ 村的合作社经营模式

XZ 村，是许庄村的简称。该村位于荥阳市 W 镇南部，毗邻上街区，全村有 431 户，1610 人，耕地面积达 1700 余亩。目前，全村共有 400 多名村民从事大棚蔬菜种植和销售，共有蔬菜大棚 1300 多座，占总耕地面积的 50%。据村主任介绍，截至目前，该村已经有 20 多年的蔬菜种植历史，2007 年 10 月，被河南省农业厅认证为"河南省无公害农产品产地"。在村主任的带动下，许庄蔬菜专业合作社于 2009 年挂牌成立。目前，许庄蔬菜专业合作社年产优质无公害蔬菜 1300 万公斤，年产值 9100 多万。

由于许庄的蔬菜大棚多是在 90 年代修建的，大多还是那种年代较久的土墙式大棚，相对而言，成本较低，而且大棚多是在自家耕地上修建的，所以许庄的蔬菜种植不存在土地流转的成本和障碍。该村蔬菜专业合作社的主要功能是统一购种，统一购买农药和化肥等，但在销售环节，却没有实现统一。按照村主任的说法，这叫灵活经营。因为种植蔬菜的历史比较长，所以，该村一直有比较稳定的蔬菜批发商直接到村里收购。所以，农民既不需要到外面去销售蔬菜，也不需要合作社统一定价来销售。村主任说，这种分散经营的方式，既符合农村的实际，又有很大的灵活性，从而受到蔬菜种植农户的认可。

二　问题的提出：新制度主义理论逻辑下的"悖论"

组织社会学一直以组织作为研究的重点和对象。其中，新制度学派在发展的过程中，发现了这样一个重要的问题。他们发现，在现代社会中各种组织之间越来越相似，不同的学校、不同的企业、不同的社会福利结构等，都有着较为相似的内部结构，都采取科层制的等级结构和功能性的组织形式。[①] 新制度学派的代表人物将上述现象称之为组织的趋同性问题。相似的制度环境是导致组织趋同化的主要原因。

农民专业合作社作为当前中国农村社会中重要的组织形式，虽然按照经营的内容和范围可以分为不同的类别，但是，农民专业合作社的快速发展大都是在 2007 年国家农民专业合作社法颁布之后的事情。可以认为，来自于国家中央层面的政策、地方政府的扶持以及基层政府的大力推动这三者共同构成了农民专业合作社发展的制度环境。按照新制度主义的理论逻辑，在相似的制度环境下，农民专业合作社之间，尤其同种类型的专业合作社之间，应该会有较强的同质性，或者说可能会有较为相似的内部组

---

① 周雪光：《组织社会学十讲》，社会科学文献出版社 2009 年版，第 68 页。

织结构和运作方式。在同一地域、面对相似的外部环境的前提下，这种相似性可能更强。

但是，通过对上述两个合作社的比较，我们却发现实际情况与先前的逻辑假设截然相反。两个相距不远的村庄不论在经营理念、经营方式还是在经营策略上均相去甚远。那么，该如何解释在新制度主义理论逻辑下的这种"悖论"？

三　两种经营模式的比较与分析

上述两个蔬菜专业合作社的相同之处主要表现为：（1）经营的内容相同，两个合作社都是蔬菜种植类的合作社。（2）合作社的发起人相同，都是本村的村支书，村支书兼任合作社的理事长。（3）成立的时间比较接近。两个合作社前后相差不到一年。（4）两个村庄同属一个乡镇，它们所处的地理位置以及面临的外部环境也基本相同。

而两个合作社的区别则主要表现为以下两个方面：

（1）经营策略与经营的理念不同。通过上述的比较可以看出，两个村庄的合作社虽然有若干相似之处，但其不同之处也是显而易见的。其中，最大的不同应该是两位合作社带头人经营理念及经营策略的区别。具体来讲，西大村在村支书的带领下，积极迎合和把握农村发展的新形势，先是成立农村专业经济协会，当合作社法颁布之后，又积极响应上级的要求，成立农民专业经济合作社。正是因为西大村积极迎合上级的政策及要求，所以他们获取了更多的来自国家财政的补贴以及地方政府的支持。如，该合作社生产的蔬菜获得国家级、省级绿色认证，2009 年、2010 年、2011 年多次获"河南省农业标准化生产示范基地""郑州市农业产业化经营重点龙头企业"等荣誉称号。同时，在地方政府的大力支持下，该村还成功地实现了上千亩耕地的土地流转以及数额较大的银行贷款。

西方组织社会学的代表人物奥布莱恩（O'Brien，1994）与塞奇（Saich，2000）等人在研究非经济组织时，将组织行动者积极适应制度环境，并从中获取资源的策略称为"嵌入"。① 可以说，西大村合作社带头人的这种积极向上级争取资源从而获得自身发展的举措就是一种典型的

---

① 熊万胜：《合作社：作为制度化进程的意外后果》，《社会学研究》2009 年第 5 期。

"嵌入"行动。

与西大村蔬菜合作社的积极适应制度环境、并从中获取资源的"嵌入"行动形成对照的是，许庄村的合作社带头人在向上级争取资源方面，则显得有些"行动迟缓"和"保守"。在村支书老季看来，尊重村民的意见以及让老百姓得到最大的实惠比让上级领导欣赏和满意更重要。正是在这样的经营理念指导下，许庄村既没有推行土地流转从而实现更大面积的规模经营，同时，该村的合作社无论是在蔬菜的育苗方面、技术的培训方面还是最后的销售方面，也都没有实现统一经营。因为在村支书看来，这种松散形式的"合作"更能适应他们村的实际情况以及现实需求。

但是，很显然，他们村蔬菜种植业目前已经遇到发展的瓶颈。例如，蔬菜大棚的翻新换代、蔬菜种植的后继无人（基本都是农村的中老年剩余劳动力在经营）等现实问题。这些问题已经在制约着村庄经济的进一步发展。而缺乏政府支持的村庄，在面对巨额的银行贷款时基本上是束手无策的。而没有资金，该村的蔬菜种植就只能停留在现有的基础上薄利经营，勉强维持。

（2）经营模式不同。西大村的合作社经营模式，在很大程度上实现了规模经营以及直接面向大市场的公司化经营。而许庄村的合作社则徒有合作社之名而无合作之实，实际上还是农户的分散经营模式，在蔬菜的销售环节，还是农户独自面对市场的传统模式。

为何西大村的合作社能够实现各个环节的统一、并最终实现公司化的运营模式，而许庄村的合作社则流于表面和形式却没有实质内容的合作？根源何在？

根据《中华人民共和国农民专业合作社法》的规定，农民专业合作社的性质是一种"互助性经济组织"，但是从实际情况来看，农民专业合作社虽然具有盈利性的特征，但又截然不同于企业法人，所以是一种特殊的法人团体和组织形式。正是因为其性质不明确或者定位的不清晰，导致合作社在面对市场时遭遇种种困境，其中最主要的问题就是贷款难和融资难。

那么，在现实的情况下，合作社如何生存就成为了合作社带头人必须要考虑的问题。而上述两个村庄的合作社经营模式的区别恰好是反映了他们在面临生存困境时的不同选择。农业作为一个薄利行业，早已经不可能让农民在分散经营的基础上实现富裕的梦想，那么唯一的出路就是农户之间联合起来，以合作经营的方式实现从生产到销售各个环节的统一，从而最大限度地节约成本，增加收益。西大村的带头人正是清楚地看到了这一点，从而选择了一条"向上依靠政府、向外面对市场"的特殊道路。如果没有政府的扶持，那么合作社在发展初期就会面临无法启动的困境；而如果不面对市场，注册成公司法人，合作社的进一步发展仍将面临挑战。合作社现实的生存困境在某种意义上造就了西大村这种特殊的经营模式。

政府体制内资源的有限性以及许庄村合作社带头人不够积极的表现使得他们在争取和获得政府的支持方面明显地处于劣势。如果要实现面向市场的规模化经营，无疑土地的规模流转以及在原来基础上扩建新的阳光温室蔬菜大棚就成为先决条件，而这些步骤首先需要大量的银行贷款以及政府的实际支持。这些步骤无疑都是大手笔，既需要带头人的胆识和魄力，也需要农民的大力支持。缺乏了上述两个条件，许庄村合作社只能流于形式上的合作而缺乏实质的合作内容。而许庄村的合作社可以说代表了合作社的一种现实形态，一种独特的类型。

相似的生存环境，不同的生存策略，这固然反映了合作社带头人的观念差异、能力的差异，同时也说明了合作社本身的缺陷和特点，即不是一个独立的法人，合作社的本质规定性决定了他们要么选择依靠政府谋求进一步的发展，要么就流于松散的合作形式，导致合作社的有名无实。

四 结论及思考

上述两个专业合作社实际上代表了两种类型合作社的实际运作过程和未来的发展出路。前者一方面依靠政府的大力扶持和银行贷款，另一方面又以企业的形式，按照市场化的模式进行运作，因而其发展前景看好；而后者，则由于僧多粥少，缺乏政府的扶持，自身的能力又比较弱，只好在合作社的名义下松散经营，发展受到更多的限制。

在合作社异同的背后，我们看到的是，农民专业合作社发展过程中先天不足，看到的是缺乏市场适应的能力，看到的是对政府的过度依赖，看到的是合作社的名实分离。

而新制度主义关于组织趋同化的假设是建立在市场经济发育成熟和完善的基础之上的。其中，每一个组织都是一个追求利益最大化的独立市场主体和理性法人。而在当前我国农村，农民专业合作社虽然具有法人的性质，却不是一个独立的法人，其组织结构和组织形式具有先天不完善等特点。这也是为何新制度主义的理论假设在现实解释失灵的深层原因所在。

如果严格按照《合作社法》的规定，上述两个合作社可以说都不完全符合，或者不是标准意义上的合作社。对于合作社在现实中出现的这种"名实分离"，也许从合作社的本质规定性以及当前合作社发展的外部制度环境中能够获得更深层次的解释。

五 两个同类型合作社的"前世今生"

在激烈的市场竞争背景下，上述两个同种类型的农民专业合作社究竟能够走多远？依靠政府支持和银行贷款的 XD 村合作社以及 XZ 村合作社是否会在发展途中产生区别或者分别走向不同的道路？应该说，在 2013 年笔者进行调研的时候，对上述两个合作社的发展还是抱有较为乐观的期待的。但是，截止到 2018 年的春天，笔者再次去上述两个村庄进行走访的时候发现，上述两个合作社早在三四年前都已经不复存在了。这是出乎意料的结局，也是令人感到沉重的结局。如果说 XZ 村的蔬菜专业合作社从一开始就先天弱势，不具备较强的市场竞争力的话，XD 村的蔬菜合作社一开始则是发展势头良好的。那么，为何几年后两个发展势头不同的合作社都最终走向同一结局呢？

笔者带着上述疑问走访了当初的两个合作社理事长老季和老冯。电话联系老季的时候，他已经外出打工几年了。所以，访谈只好以电话约谈的形式进行。他谈到，大约在 2014 年时候，合作社已经难以为继了。一方面，周边同类型的蔬菜合作社太多，市场竞争激烈；另一方面，合作社缺乏负责营销的人才。大家各自找渠道销售，合作社发挥作用的余地越来越小。当蔬菜种植越来越不能盈利的时候，很多村民就开始逐渐寻求其他的生存之道了。合作社自然也就面临着倒闭和停滞。只是由于没有注销的程序，所以，该村的合作社还存在于工商部门的登记数据里。但实际上从 2015 年开始，合作社就已经名存实亡了。

XD 村合作社的消亡过程与 XZ 村相似。激烈的市场竞争环境、政府支持力度的减少都使得蔬菜类合作社在发展中步履维艰。老冯说，当村民们看到蔬菜种植盈利微薄的时候，都纷纷改行做建筑机械的生产加工了。

目前，该村已经有 60 多家机械加工厂，原来村头田地里整齐的蔬菜大棚今日已经不复存在，只剩下绿油油的麦田和临近参差不齐的若干厂房。

小农面对大市场，这始终是一个难以破解的难题。无论是政府或者其他外在力量的帮扶都只能是暂时的，是外因。农民最终仍然需要自己独立地面对市场。那么，当外部扶持力量逐渐退出之后，农民专业合作社在市场经济的大潮中消亡或被淘汰似乎也就不足为奇了。

第八章　农民专业合作社发展的三重动力

从发展的源头上讲，农民专业合作社是为应对市场波动、维护农民市场权益和增强农民的市场谈判能力而产生的。农民专业合作社被认为可以发挥市场进入、规模经济、价格改进、风险控制等多项经济功能。改革开放以来，在农业商品化程度高、市场竞争压力大的沿海发达地区，农民专业合作社得到了较好的发展。但从总体上看，这一时期农民专业合作社的发展有两个特点：一是区域性强，主要集中在东南沿海发达地区；二是发展速度平稳、数量有限，主要是从事果蔬种植及畜禽鱼养殖的农村专业大户为应对市场波动在自愿联合及带动部分小农户的基础上自发产生的，市场力量的推动显得更为突出。与之相比，目前农民专业合作社的"井喷式增长"显然很难用农村市场化改革的自然进程来予以解释。在国家日益重视解决"三农"问题和强调城乡要素双向自由流动的社会大背景下，中西部地区的各级政府也纷纷加入了发展农民专业合作社的行列。此外，改革开放35年来，随着中国从一个权力和资源高度集中的"总体性社会"向权力和资源相对分化的"后总体性社会"的转型，一批相对独立于政府和市场的民间力量如各种民间社团、基金会等得到了一定程度的发育。一些民间公益组织很早就活跃在农村扶贫、乡村建设等领域，在国家强调加快破除城乡二元结构、形成以工促农、以城带乡、工农互惠、城乡一体的新型工农城乡关系的时代背景下，一些民间组织在发展农民专业合作社、弘扬乡土农耕文化等方面进行了勇敢的实践尝试。上述这些因素都成为推动农民专业合作社快速发展的重要力量。因此，一个更符合实际的结论是：目前农民专业合作社的大量涌现主要是"外力"推动下的"合作"成果，而不是农业生产经营者尤其是兼业小农为应对市场竞争自发合作的产物。

具体来讲，农民专业合作社的快速发展主要受到了三重力量的大力推动：一是国家的引导和积极扶持；二是迅速跟进的城乡资本；三是倡导乡村建设、保护和弘扬乡土文明的"新乡建派"。

这三重驱动力量在带动农民专业合作社快速发展方面发挥了主导性的作用，但这三重驱动力量的内在价值取向和行动逻辑并不完全一致，甚至截然相反。在推动农民专业合作社发展过程中，必然会赋予农民专业合作社不同的特质，进而影响农民专业合作社的发展方向。固然，"处于社会主义初级阶段的合作社在实践中必然呈现异质性和多样性的特点，它们只有在发展中才有可能逐步规范。关键是合作社朝什么方向发展？"① 基于上述思考，笔者试图对三重驱动力量的内在价值取向和行动逻辑进行剖析，厘清不同的发展导向对农民专业合作社的影响，探索农民专业合作社的可持续发展道路，促进农民专业合作社规范化发展。

第一节　国家力量：扶持中的实用主义

农民专业合作社快速发展过程中，国家引导是第一驱动力。通过制定专门的法律和出台相应的扶持政策，国家明确了农民专业合作社的法律地位、入社条件、组织架构、相关部门的扶持职责，为农民专业合作社的快速发展营造了宽松的制度环境。与此同时，国家的引导也是导致农民专业合作社异化的直接诱因。国家的扶持力度越大，合作社的异化力度也相应增大。这是一个十分有趣但又值得认真反思的现象。

先谈国家的扶持作用。2007 年正式施行的《农民专业合作社法》第一章"总则"第 8 条规定，"国家通过财政支持、税收优惠和金融、科技、人才的扶持以及产业政策引导等措施，促进农民专业合作社的发展。国家鼓励和支持社会各方面力量为农民专业合作社提供服务。"② 第 9 条中进一步明确，"县级以上各级人民政府应当组织农业行政主管部门和其他有关部门及有关组织，依照本法规定，依据各自职责，对农民专业合作

---

① 参见张晓山《农民专业合作社应朝什么方向发展》，《中国老区建设》2009 年第 2 期。
② 参见《中华人民共和国农民专业合作社法》，http://news.xinhuanet.com。

社的建设和发展给予指导、扶持和服务。"① 随后，在该法第七章"扶持政策"中，以一个整章包括 4 个条文的篇幅详尽地规定了行政管理机构、金融机构、税收机构的扶持范围和职责。

与《农民专业合作社法》在全国的施行相配合，2007 年的中央"一号文件"和 2008 年召开的十七届三中全会进一步明确了国家对农民专业合作社的扶持决心，如十七届三中全会提出要"按照服务农民、进退自由、权利平等、管理民主的要求，扶持农民专业合作社加快发展，使之成为引领农民参与国内外市场竞争的现代农业经营组织。"这个论述标志着合作社政策已经成为国家"三农"政策的重要组成部分，成为实现国家"三农"政策总体目标、促进农民增收、农业增效、农村和谐的一个重要工具。②

在合作社法和国家政策的要求下，各级政府相应投入了大量的扶持资金，对农民专业合作社的快速发展起到了实质性的引导和推进作用。2007年，《农民专业合作社法》施行的当年，中央财政的扶持资金就达到 2.25 亿元，相当于前四年财政扶持资金的总和，并且成为带动地方财政增加投入、吸引社会资本投资合作社的重要政策工具。2010 年，中央财政支出的农民专业合作社扶持资金达到 11.31 亿元，带动省级财政投入 27.02 亿元、地市县级财政投入 57.8 亿元。③ 2012 年十八大提出"四化"同步，构建集约化、专业化、组织化、社会化相结合的新型农业经营体系。农民专业合作社作为新型农业经营体系中重要的经营主体，从中央到地方，各级财政对其投入的扶持资金达到历史最高点。其中，财政部 2012 年扶持资金安排 8.5 亿元，地方各级财政也从加强农民专业合作社的示范社建设入手，加大扶持力度。2013 年和 2014 年的中央"一号文件"更加明确了扶持的范围和要求，"增加农民合作社发展资金，支持合作社改善生产经营条件、增强发展能力。逐步扩大农村土地整理、农业综合开发、农田水利建设、农技推广等涉农项目由合作社承担的规模。对示范社建设鲜活农产品仓储物流设施、兴办农产品加工业给予补助。允许财政项目资金直接

① 参见《中华人民共和国农民专业合作社法》，http://news.xinhuanet.com。

② 苑鹏、张晓山：《通过立法和扶持政策，促进农民合作社快速发展——中央文件有关农民合作社相关政策的评述》，《中国农民合作社》2014 年第 1 期。

③ 同上。

投向符合条件的合作社，允许财政补助形成的资产转交合作社持有和管护。"①

除了直接投入资金以外，《农民专业合作社法》和政府高层的文件还就金融机构和税务机构的扶持办法作出了相应的规定。此外，为进一步促进农民专业合作社加快发展，各级政府还积极开展了合作社领导人培训和示范社建设评选活动，不同等级的合作社示范社有不同的奖励标准和扶持措施。这些举措大大提高了农民专业合作社的生存能力，也极为有利地刺激了各类社会力量纷纷参与到农民专业合作社的创建事业中。由此可见，国家引导已经成为促进农民专业合作社快速发展的主要外部驱动力量，离开国家营造的政策环境和提供的资金支持，农民专业合作社不可能在短期内取得骄人的发展成绩。

但是国家的大力引导是把双刃剑，"诺斯悖论"现象在农民专业合作社迅速发展过程中已经充分显现出来：即一方面农民专业合作社离不开国家的大力扶持；但另一方面，国家的大力扶持又是造成农民专业合作社异化的直接原因。目前，按照合作社原则运营的"合作社"并不是主流，"空壳合作社"和"假合作社"盛行，根源同样在于国家的引导政策。

国家的引导政策渗透着深深的实用主义价值观：

第一，过于强调农民专业合作社的产业化功能和经济功能，忽视合作社的共同体功能。

合作社是一种兼有企业和共同体双重属性的经济合作组织，合作社之所以成为合作社，正在于其具有超出经济效率之外的价值追求，除经济诉求外，还有强烈的对社会与文化的追求和抱负，如关心社区、平等就业、文化教育等。否则，单单追求经济效率，投资者所有的企业/公司（Investor owed firms，IOFS）被证明可能是最有效率的，不必另起炉灶发展合作社。正因为如此，很多国家一方面给予合作社一系列优惠政策和扶持，另一方面又从法律上严格规定合作社的运行原则和组织框架。

然而，在我国，合作社实际上是作为调整农业产业结构、提高农业产业化水平和农业产值的纯粹经济组织来看待的，对合作社的考核往往注重其经济效益、注重其联系的农户数量（官方语言叫"带动"的农户数

---

① 《中共中央国务院关于加快发展现代农业进一步增强农村发展活力的若干意见》，参见《中华人民共和国农业部公报》2013 年第 2 期。

量），这其实已经把合作社等同于公司/企业组织。因为涉农的公司（企业）为了扩大生产规模、稳定货源，往往也会同农户建立各种各样的联系，也会起到带动农户的功能。

对合作社企业和一般的企业类型不加区分，过分注重其经济职能，事实上将会导致合作社原则在实践中严重偏离。

第二，过于注重合作社的创办数量，忽视合作社内部的制度安排和实际运行过程，政府的监管角色缺位。

从实用主义出发，为吸引资金、技术、营销渠道、管理者才能等稀缺生产要素，降低合作社的创办成本、提高合作社的生存和竞争能力，《农民专业合作社法》第十四条规定，"具有民事行为能力的公民，以及从事与农民专业合作社业务直接有关的生产经营活动的企业、事业单位或者社会团体，能够利用农民专业合作社提供的服务，承认并遵守农民专业合作社章程，履行章程规定的入社手续的，可以成为农民专业合作社的成员。"[1] 按照这项规定，涉农企业、具备一定经济实力的个人以及相关的技术协会等社会团体都可以成为合作社的成员。成员构成不再局限于具有相同市场地位、从事相同生产经营活动的农业生产者，而是允许农产品产业链条上具有上、下游业务关联的相关利益群体来领办或加入合作社。农民专业合作社已不再是农产品生产经营者的同质性组织，而是演变成利益相关者群体组成的异质性组织。

考虑到广大农户的弱小经济实力难以承担合作社的创建成本，《农民专业合作社法》这种较为宽松的规定是有合理性的。但问题在于，在中国特有的压力型考核体制下，兴办合作社成为一项政治任务，成为考核政府业绩的重要依据，这就使得对合作社的审查和监管往往成为一种程序性的工作。而对于那些硬性指标，诸如合作社章程是如何制定出来的，成员的出资额是如何分配的，有哪些成员拥有合作社绝大部分股份，又有哪些成员没有出资或象征性出资，社员是否参加成员大会，一人一票的民主控制原则能否得以贯彻，合作社盈余是按股份分配还是按交易额分配，各自的比例有多大等等问题，相关业务部门往往不会做实质性审查。相反，如果硬性规范合作社的运行，既增加行政成本也无法完成上级规定的发展农

----

① 　参见《中华人民共和国农民专业合作社法》，http://news. xinhuanet. com.

村经济、支持合作社发展的考核任务,这是各级政府尤其是区、县政府不愿意看到的。事实上,为了完成考核任务,各类涉农部门往往扶持与其有业务往来的企业、协会或者农村的专业大户、农村能人等领头创办合作社。这样做,可以迅速有效地降低合作社的创办成本,短时间内完成合作社的培养和扶持工作。但是,实用主义的价值观和追求政绩的行动逻辑造成的却是国家的扶持政策和种种优惠措施被发起企业或者大股东所控制和享用,普通农户社员的利益改善有限,这在客观上进一步加剧了农村社会的阶层分化和贫富差距程度。

因此,只要国家的实用主义价值观不改变,国家扶持政策引导下的农民专业合作社就会沿着公司制或合伙企业的导向发展,逐渐背离合作社的组织原则和创立初衷。无疑,这与提高农民组织化程度、增强农村发展活力的新农村建设目标是相矛盾的。

第二节 城市与乡土资本:合作社的工具主义

城市与乡土资本是农民专业合作社快速发展的第二重推动力量。

十六大以来,"三农"工作被确定为全党工作的重中之重,国家开始实施"工业反哺农业"、"城市支持农村"、"多予、少取、放活"的"三农"政策总体方针;提出了"走中国特色农业现代化道路"、"加快发展现代农业"、"建设社会主义新农村"等一系列战略任务。[1] 在此新形势下,构建新型农业经营体系、改变传统农业生产方式、发展规模化生产和培育品牌农业成为国家的政策导向,同时也为城市和乡土资本投资农业领域提供了良好的驱动力和环境。如浙江省的一些发达城市,每年用于发展农业龙头企业和农民专业合作社的专项资金就高达四、五百万,为很多组织者以合作社名义申报涉农项目提供了动力。

城市和乡土资本为农民专业合作社带来了资金、技术、管理等生产要素,较好地拓宽了农产品的市场营销渠道,提高了合作社的生存能力和市场竞争能力。但是,资本下乡也必为利润而来。因此,城市和乡土资本在

---

[1] 苑鹏、张晓山:《通过立法和扶持政策,促进农民合作社快速发展——中央文件有关农民合作社相关政策的评述》,《中国农民合作社》2014 年第 1 期。

领办或参办农民专业合作社的过程中，也必然要按照资本的逻辑来改造合作社。资本改造合作社的基本行动逻辑是把合作社作为获取投资利润和国家优惠政策的工具来看待和使用。合作社的工具主义逻辑主要表现在如下方面：

第一，把合作社建设成为一个便利于资本经营的中介平台，强化资本与农户的联结机制。这种情况主要体现在"公司＋合作社＋农户"、"经销商＋农户"、"土地流转合作社"等模式中。在"公司＋合作社＋农户"模式中，公司为合作社和农户提供品种、技术指导、产品回收、生产设施改善等方面的服务，公司承担经营风险；合作社和农户则按照公司的要求（产品品种、规格、生产流程、供货时间等）进行生产。但公司为了更好地控制产品质量和降低交易成本，对入社的农户则有一定的限制和要求，往往是那些拥有一定经济实力和掌握相应技术的专业农户（农业大户）才能加入合作社。这类模式实质上是对以往"公司＋农户"模式的改善，合作社只是一个被借用的工具，没有独立的决策权、收益分配权和民主控制权。

"经销商＋农户"模式为更多的中小农户提供了一个优惠购销农资和销售农产品的渠道。对于农户而言，有了一个提供社会化服务的组织者，有了一个相对稳定的信息来源和交易价格；对于农业经纪人和农产品经销商而言，则拥有了相对稳定的供货渠道和客户群体。但这类合作模式只是对双方传统市场交易关系的改进，没有在参与双方之间形成稳定的利益共同体，实质上并不是合作社。

"土地流转合作社"是近年来在全国发展较快的一种经济组织，目的是促进土地流转，实现农业规模化经营。但在土地流转合作社中，"入社"的绝大部分农户已不再是独立的农业生产经营者，也不再与合作社交易，不再使用合作社的服务，"拥有者和惠顾者"同一的角色很难体现，大部分农户只是把土地"托管"给合作社，收取固定的土地佣金，也有少部分社员受雇于合作社挣取工资。因此，"土地流转合作社"很难称得上是合作社。相反，正如一些案例所表明的那样，土地流转合作社在一些地方成为"包装资本下乡"赢利的工具。①

---

① 冯小：《农民专业合作社制度异化的乡土逻辑——以合作社包装下乡资本为例》，《中国农村观察》2014 年第 2 期。

第二，充分利用国家支持合作社的政策谋求各种扶持资金和优惠措施，合作社的工具价值更加凸显。根据相关的研究和课题组的调查，我们发现，无论是基本没有什么业务的"空壳合作社"，还是运行相对良好的合作社，都非常依赖国家的各种扶持资金和优惠政策。潘毅对这种现象进行了很好的解释，她认为，"追求'政策性收益'是合作社成立的目的之一。"这在一定程度上解释了"空壳合作社"和"假合作社"存在的原因。

在具体实践中，所有的农民专业合作社面对的是一个"选择性再分配体系"①，国家在这方面采用的是"扶大扶强"战略，倾向于支持规模大、效益好的合作社。这就意味着合作社的领办者和核心成员必须擅长"关系运作"才能实际得到国家的支持资源。相当多的合作社采用了如下策略来获取国家的支持性资源，如积极申请立项，主动和相关职能部门拉近关系、相互给好处和面子，积极利用政府提供的各种交流机会扩大合作社的知名度、塑造合作社的品牌效应等等。上述策略使很多的合作社得到了相应的政策优惠，同时，合作社的经营策略也帮助政府较好地树立了扶持农业、帮助农民致富的亲民形象。

由此，我们看到，合作社的工具主义逻辑和国家秉持的实用主义行动逻辑非常奇妙地契合在了一起。对于国家而言，城乡资本的工具主义逻辑可以帮助政府迅速有效地建立起一批示范专业合作社和农业示范园区，发展专、特、优的系列农产品，优化农业产业布局，加快推进农业产业化进程，树立基层政府贯彻中央方针、支持"三农"发展的亲民形象。对于城乡资本而言，国家的实用主义价值观和行动逻辑可以有效地帮助自身获得农业领域投资的合法性，拓宽经营领域和营销渠道，同时国家的各种优惠政策和支持资金还可以有效地降低农业市场领域的风险。正是基于这种互惠关系，国家的力量和资本的力量和谐地走到了一起，这正是农民专业合作社在短短几年内获得井喷式发展的内在驱动机制。

然而，这样的合作社只能是公司制的合作社或者成为农村专业大户、农村政治精英等所组建的合伙企业，合作社自身的价值被工具主义和实用主义的价值观所消解，日益丧失合作社自身的规定性，成为服务于政府，

---

① 熊不胜：《合作社：作为制度化进程的意外性后果》，《社会学报告》，2009年第5期。

获取政绩和城乡资本赢利的工具。这样的合作社要么排斥小农户的加入，要么使小规模农户或兼业农户成为合作社领办人控制下的雇佣工具，虽然初步解决了农产品的出路问题，并获得了更多的就业机会，收入稳定性得到保障，但是从缩小城乡收入差距的角度看，没有明显的改善。[①]

第三节　新乡建派：合作社价值的守望者

与国家的实用主义和城乡资本的工具主义截然不同的是"乡土再生"的价值导向。这是农民专业合作社的第三重推动力量——"新乡建派"。在"新乡建派"的推动和"乡土再生"的价值观引导下，一些农民专业合作社试图走出一条符合合作社经典原则的发展道路。

"新乡建派"是当今工业化、城镇化高速发展的背景下，对一批致力于研究"三农"问题并且身体力行投身于农村振兴和农业发展的学者和实践者的统称。"新乡建派"的领军人物，就职于高校和社科院系统的主要代表人物和思想引领者是中国人民大学的温铁军、中国社科院的杨团、国家行政学院的张孝德等人；投身于实践领域的有李昌平、挂职河南兰考县副县长的中国农业大学教师何慧丽和吉林省四平市银监局的姜柏林等人。

如果说民国时期老一代的乡村建设者如梁漱溟、晏阳初等人思考和行动的中心放在如何提升农民的识字率和基本文化素质，如何在军阀混战、国家动荡的政治环境下保护和改善农民生计的话，今天的"新乡建派"思考和行动的中心则在于：当下工业化、城镇化和农业现代化"三化"同步的发展模式下，在农村人、财、物大规模流入城镇的背景下，农村本身是否应该保留，农村还有没有独立存在的价值和前途，以家庭承包经营为标志的小农经济是现代化道路的阻碍还是中国实现城镇化、现代化的根基以及如何真正实现城乡统筹、城乡并存互补等问题。

总体来讲，"新乡建派"所秉持的"乡土再生"的价值理念有：第一，中国是个人口大国，绝大部分国土在村庄，即使中国的城市化率达到

---

①　苑鹏：《关于修订〈农民专业合作社法〉的几点思考》，《湖南农业大学学报》（社会科学版）2013 年第 4 期。

70%甚至更高水平，也无法容纳全部的人口，仍有很大一部分人口必须依赖村庄和乡土而生活。中国农村不仅要承担起人口大国粮食安全的战略任务，而且必须把农村建设成为适宜生活的幸福之地，走出一条"就地多元化"的新农村发展道路。①

第二，中华文明最遥远绵长的根在村庄，村庄是中华传统文化的重要载体和象征。传统村落中蕴藏着丰富的历史信息和文化景观，是中国农耕文明留下的最大遗产。② 我们之所以是中国人而不是美国人或法国人，根本原因就在于植根于乡村文化的民族传统生活方式和价值观念对每个人成长的熏陶和民族性的塑造。③ 如果说只有民族的文化才是世界的文化，在工业化、城镇化高速发展的背景下，应自觉保护作为中华文明象征的农耕文化和村落系统，自觉维护和建设一套有别于城市的高节奏、高能耗、高污染、高成本的乡土家园视觉系统、生活系统和建筑系统。④ 乡土文明的修复和重建，不仅有利于留守人群的生活保障，而且有助于人们反思和警惕工业文明的掠夺式思维方式和生活态度、有助于人们修正工业文明的弊端。建设有别于工业文明生产生活的乡土文明样式，是切实践行十八大所倡导的生态文明建设战略的基础性工作。

在当代"过度城市化"的背景下，中国农村和整个社会的运转需要借重和重新阐发传统性智慧。漫长岁月积累下来的祖先智慧，"决不像一件旧衣那样可以脱掉和抛弃，它是一种现实的力量，规定着一个民族今后的速度和方向"。⑤

第三，广大普通的乡村，其产业主要是农业，用以与城市交换的主要是农副产品。正是传统的小农家庭经营和村庄自发的、内生性的土地流转，维护了农村稳定，维系了农业生产领域的微观激励机制和精耕细作的耕种传统，保障了农业生产领域的高效率和中国粮食的"十连增"，有效地支撑了中国的城镇化和现代化进程。鼓励和支持大规模的资本下乡，不

① 杨团《中国新农村发展与农村社会保障》，《学习与实践》2006 年第 5 期。

② 转引自王治河《走向一种厚道的后现代乡村文明》，《绿叶》2014 年第 12 期。

③ 陈文胜：《城镇化大趋势下村庄何以发展》，《中国乡村发现》2014 年第 1 期。

④ 何慧丽：《当代中国乡村复兴之路》，《人民论坛》2012 年第 31 期。

⑤ 同上。

仅会破坏村庄原有的、正常的经济社会结构，造成村庄治理的失序①，而且大规模土地经营的方式并不适合于种植业和农村，"工业化生产方式"在种植业领域是严重失效的②。

第四，乡土文明复兴的主体力量，应该是组织化的农民。分散的一家一户的个体生产，虽然解决了农业生产的微观激励机制问题，却无法有效承接国家大规模的支农建设资金。当前农村的主要问题，是农业税费取消之后村级组织的功能弱化，农村人、财、物大量流向城镇，农村公共品供给不足和农民公共生活严重缺乏的问题。重新把农民组织起来，增强农民的合作意识、合作能力，形成村庄治理的有效主体，再现农村的生机和活力，是开发乡土资源、培育乡土产业的一个长期而艰巨的工作。

在"乡土再生"价值观的指引下，大量的外部资源走入了乡土和村庄。一批高校和科研院所的知识分子、退休的政府官员以及一些艺术家积极走入田野、进入村庄、挖掘乡土人才，试图重新把农民组织起来。在"新乡建派"的视野里，农民专业合作社不仅仅是帮助农民获取市场谈判地位的工具，更不能成为服务于少数专业农户和外来公司的机器，而是守护和建设故乡家园的重要途径和手段，农民专业合作社的首要功能是帮助农民联合起来、培育农民的合作意识和合作能力、关心社区建设。

显然，"新乡建派"的追求和国际合作社联盟对合作社的宗旨规定之间有一脉相承之处。国际合作社联盟明确指出，"合作社是自愿联合起来的人们通过联合所有与民主控制的企业来满足他们共同的经济、社会与文化的需求与抱负的自治联合体"，③ 也就是说，合作社是一种具有特殊性质和运作机制的经济组织和企业形态，它是需要合作社服务的人们自愿联合组成的，因而是人的联合，不是资本的联合，资本的联合追求的是投资者的投资回报最大化，人的联合追求的是满足自愿联合的人们共同的需求，从根本上说是服务于人的发展。合作社是以人为中心的企业形态，不同于以资本为中心的企业形态。正是基于合作社的本质要求，国际合作社

---

① 贺雪峰：《论中国式城市化与现代化道路》，《中国农村观察》，2014 年第 1 期。

② 张孝德：《走中国特色物态化农业发展模式的战略思考》，《消费日报》，2011 年 12 月 8 日。

③ 转引自唐宗焜《对合作社发展具有战略意义的文件——国际劳工组织〈合作社促进建议书〉评述》，《中国集体经济》2003 年第 6 期。

联盟非常重视合作社财产权利方面的联合和社员的民主控制，非常重视合作社的教育、培训以及同社会的沟通。合作社的社员不仅要通过合作社的服务争取相应的市场地位和经济收益，而且要通过合作社的教育和培训提高社员的民主意识和实施民主控制的能力。合作社是扎根社区或社群的草根组织，合作社必须关注社群的利益，努力为提高他们的生活质量做出贡献。

近十几年来，"新乡建派"在河南兰考、河北沧州、湖北建始、山西永济、吉林四平、浙江庆元等地开展了一系列培育农民专业合作社和倡导农民合作的社会运动，扶植了河南兰考南马庄合作社、河北沧州古树于合作社、湖北建始农民合作协会、山西永济蒲韩乡村社区合作组织、吉林四平凤翔粮食信托合作社、浙江庆元县山妞果蔬专业合作社等一批立足乡土、以农民为主体、在全国有一定影响的农民合作组织。

与此同时，为进一步发掘乡土人才、培育农民的合作意识、提高农民的合作能力，促使包括农民专业合作社在内的农民合作组织加速成长，"新乡建派"旗下的一批公益组织开展了全国范围内的乡土人才培训和"爱故乡"的社会活动。助推农民专业合作社和农村社区建设的公益组织主要有河北定州翟城村晏阳初乡村建设学院、北京梁漱溟乡村建设中心、北京农禾之家咨询服务中心、中国公共经济学会、香港施永青基金会、招商局慈善基金会、香港乐施会等。

从20世纪90年代末至今，梁漱溟乡村建设中心、晏阳初乡村建设学院、北京农禾之家咨询服务中心持续不断地对来自各地的农民社区精英进行培训，课程涵盖有机农业、可持续发展、生态环境保护、社区建设以及合作组织等领域，意在提高农村人才素质，通过培训出更多的支持者和陪伴者，促进中国农民组织化程度的提高和新农村建设的健康发展。

近年来，基于对中国城镇化进程的进一步反思，中国公共经济学会、梁漱溟乡村建设中心等机构开始大力举办"乡村文明发展论坛"、向全国发出青年返乡倡议书、在全国发起"爱故乡、发现故乡之美"的大型公益活动。致力于创建一个返乡青年的合作创业网络、鼓励更多的年轻人返乡从事服务农村的各项事业，提升返乡青年对农村社区互助事业发展的引领作用，为农村的可持续发展培养不可或缺的中坚力量，已经成为这些公益组织的一项重要任务。

由此可见，"新乡建派"培育农民专业合作社的主旨与国家和各级各类资本的追求有着天壤之别。新乡建派培育的合作社追求的不是"无止境的对财富的积累和消费，而是结合中国传统文化，寻求与自然的和谐统一、社区价值以及自立自信。"①

在此过程中，新乡建派也逐渐明晰了农民专业合作社的发展导向和改造道路，即借鉴日本、韩国和中国台湾的"综合农协"模式，建设中国大陆的"综合农协"或者叫"综合性农民合作社"。

按照温铁军先生的定义，"综合性农民合作社是指业务范围涉及生产、加工、流通、金融、保险以及文化建设等众多领域的农民合作经济组织"。② 杨雅茹也指出，"综合合作社是指植根于农村社区（村或镇）并以其为边界、以金融合作为核心、以专业合作为基础的合作社形式。该种合作社以农民为主体、以合作制为根本特征，以整合村社内部的资金、技术、人才、信息、土地和劳动力等各种涉农资源为新的利润增长点，以村社的经济、社会、文化综合治理为着眼点，以自下而上的组织模式为主导。"③

综合性农民合作社与单一的农民专业合作社相比，具有如下优势：第一，代表性广泛。专业合作社是单一的经济功能组织，只能代表一小部分专业农民，而综合性农民合作社可以在更广泛的领域引导农民组织起来，是一种综合性的服务组织，具有更广泛的代表性，可以成为承接政府支农资源和建设新农村的有效主体。第二，合作文化培育优先。专业合作社由于过分强调"专业"合作，导致在资金、技术、市场渠道等方面处于弱势地位的普通农户要么无法加入合作社，要么在合作社中被边缘化，使得合作社的按交易额返还以及民主控制机制流于形式，普通农户无法获得合理回报。④ 更重要的是，由于领办者和小农户之间的松散的关系，导致相互履约率低，经常出现"大户吃小户"或"小户坑大户"的现象，合作社的相关利益方难以形成合作机制，也使普通农户难以真正成为合作社的

---

① 温铁军：《综合性合作组织是一种发展趋势》，《中国合作经济》2011 年第 1 期。

② 温铁军、杨春悦：《综合性农民专业合作社的发展问题》，《中国农民合作社》2010 年第 2 期。

③ 杨雅茹：《我国村社综合合作社发展的必然性、紧迫性及政策调整研究》，《农业部管理干部学院学报》2014 年第 2 期。

④ 同上。

所有者和主体力量，形成了农民专业合作社既非由农民控制，也不能通过合作制进行合理分配的尴尬局面。农民专业合作社的局限性和片面性越来越多地暴露出来。

相对于当前以经济利益为核心的各种类型的农民专业合作社，综合性农民合作社的创新性在于通过植根于农村社区、通过各种文化活动重建农民的社区精神，凸显普通农户的主体作用。如成立文艺队、腰鼓队、老人协会等，通过这些活动培育合作精神，重新树立敬老、养老的好风气，改善婆媳关系等。随着农村社区的重建，不仅能满足农民的日益增长的文化心理需求，而且能使农民享受到诸如灌溉、教育、医疗、市场信息等方面的服务。总之，通过社会和文化方面的合作，才能使"逐渐被市场经济销蚀的村庄重新增强凝聚力，使广大村民在经济、社会、文化、政治领域活出一种精神，活出人的自信和尊严"。[1] 文化方面的合作所培育的精神、自信和尊严恰恰是广大小农户在经济上合作起来的基础，也是帮助合作社抵御经营困境的心理支柱。

第三，功能齐备。与当前农民专业合作社注重某一农产品领域的单一经济合作不同，综合性的农民合作社不仅仅局限于生产领域的合作，如统一购买农资和生产原料、统一生产品种和生产技术、联合开拓销售渠道等，而且还要进入金融、加工、流通等附加值高、利润高的领域，从根本上改善农民在利润分配链条上的不利地位，增加农民收入，让农民通过合作获得更多的实惠，增强农民专业合作社的实力和吸引力，提高农民的组织化程度。单纯的资金合作和专业合作都难以持续有效地服务农村和农民，必须是金融合作和专业合作的有机结合，即综合合作。[2] 也就是说，要在大力发展农民自己掌控的农村内置金融的基础上，以金融合作为核心，整合和盘活农村内部的资金、技术、人才、信息、土地和劳动力等资源，使普通小农户的家庭经营或者专业合作能够得到村社内部的信贷支持以及技术服务和人才等方面的支撑，重新激发农村生产、生活等方面的活力。而且，综合性农民合作社的经济收益的一定比例可服务于农村的社会

---

① 何慧丽：《新乡村建设试验在兰考》，《开放时代》2005 年第 6 期。

② 温铁军、杨春悦：《综合性农民专业合作社的发展问题》，《中国农民合作社》2010 年第 2 期。

建设和文化服务，这是目前单一的农民专业合作社以及其他类型的农业经营主体所不具备的功能。

总之，在"企业+农户"或"大户+小户"等各种类型的变异的农民专业合作社无法有效地保护农村广大中小农户利益的情况下，当前的中国农村亟须新的制度创新来承担起复兴农村社区、彰显乡村文明的任务。从同属东亚小农社会的日韩台的经验和教训来看，综合性的农民合作社可以担当起把农户在经济、社会和文化上组织起来的重任。以金融合作为核心、以专业合作为基础的综合性农民合作社是适应小农经济条件下解决三农问题的基本制度形式，给予综合性农民合作社相应的法律保障。

但另一方面，我们不得不实事求是地指出，这些立足乡土、试图拯救和传承乡土文明的运作相对规范的综合性农民合作社在当今中国大陆的合作社运动中依然数量很小，力量依然非常薄弱，至少到目前为止，在所有登记注册的农民专业合作社中，依然处于非主流甚至边缘化的地位上。这是一个非常严酷的事实。

究其原因，笔者认为，以"乡土复兴"为核心价值观的综合性农民合作社面临着来自内外部的严峻挑战。正是这些内外因素的阻碍使得当前综合性农民合作社以零星的、个案的形态存在，淹没在由各种类型的变异的农民专业合作社组成的合作社运动潮流中，综合性农民合作社的前景有待进一步的观察和分析。

首先分析内部因素。第一个值得关注的现象是农民的分化使得农民的合作需求仅仅局限在一些特定的群体中，广大中小农户的合作意愿并不强烈，发展综合性农民合作社的社会基础并不稳固。改革开放40年来，农村居民在农业经营方式、家庭收入来源、村庄社会地位等方面已经发生了显著的分化，农户已经分化为从事高附加值农产品生产的少数专业大户和依然兼顾粮食生产的大量兼业小农户以及少量的农村贫弱阶层等。从事粮食生产的广大兼业小农户，由于种粮的收益低且比较稳定，粮食生产已经趋向于副业化、口粮化，种地已不再是家庭收入的唯一来源，外出务工经商的收入已经成为兼业农户家庭总收入的重要组成部分。兼业农户改善生活的重心和希望并不在农业，而在于非农产业和城镇，因此，有无农民合作组织对他们的影响并不大。也就是说组织或参加合作组织的收益太小，但却要付出高额的组织和交易成本，因此很难激发起广大兼业小农户参加农民合作社的热情。至于农村中的贫弱阶层，由于其经济实力和致富能力低下，在村庄生活中基本没有话语权，更难成为农民专业合作社或者综合性农民合作社的中坚力量。因此，在现实生活中我们往往看到，具有一定生产规模的专业大户之间的合作比普通的兼业小农户之间的合作更容易成功。由于专业大户从事的是果蔬、家禽（畜）和水产养殖等高附加值的特色农产品，这类农产品虽然风险巨大，但收益也相当可观，因此，专业大户的合作愿望更强烈，而且也有相应的资源用以合作组织的建设和维护。但是，组织和管理一大群普通小农生产者却过于琐碎且合作成本巨大，因此，要把兼业小农以及部分从事小规模养殖业的农户组织起来非常困难。这是新乡建派所提倡的综合性农民合作社所面临的首要建设难题。

综合性农民合作社面临的第二大内部挑战因素是农村集体主义意识的解体和当今"消费主义"对组织农民合作的抗拒。改革开放以来，以经济建设为中心的话语开始主导社会，原有集体主义意识形态的社会整合力和动员能力逐渐削弱，经济利益的追求和个体主义的价值观日益凸显，社会上自我主义横行，再像计划经济时期那样去组织和管理农民已经变得非常困难。加之广大中西部地区农村集体经济薄弱以及进入新世纪以来农业税费的全面取消，使得农村的党团组织及村委会不再通过收取税费介入到农民的生产和生活中，农村社会和农民个体变得更加自由，农村基层组织进一步失去了管理农民的资源和权威，原子化的小农变得更加难以组织。当今农村基层组织的主要任务是配合上级领导贯彻落实国家的各项支农政策，如配合县乡政府执行好新农合、新农保、农村低保政策，配合本土资本或外来的下乡资本完成好土地流转、创办农业示范园区以及各种达标检查等纷繁芜杂的行政工作。除了完成这些目标考核任务，一般情况下，乡、村两级干部越来越远离农民日常的生产和生活，乡村内部的力量如何重新组织起来，已不再是农村基层组织关注的中心任务。另外一个消解农民合作起来的力量来自消费主义和村庄内部的面子竞争。当今的农户无疑承受着前所未有的市场压力，教育费用、建房费用、医疗费用、结婚费用是所有农户家庭面临的重大生活支出；而且，手机、互联网、汽车、大宗家电产品等标示"幸福生活"的物品在迅速渗透到农村，极大地影响和刺激着农民的购买和占有欲，能否购买和消费这些现代性的物品，已经成为衡量村民经济实力和决定村民影响力的重要因素。当前，村民关注的生活重心已不再是解决温饱问题，而是更好地发家致富、更好地赚钱来购买和享受代表幸福生活的现代消费品。这是当前中国农民的一个普遍的心态。在此情形下，如果综合性农民合作社无法创造出具有发展前景的乡村产业和可观的经济收益，农民则会在"生存理性"的支配下寻求各自的赚钱门路，综合性农民合作社的吸引力则非常有限。从现实情况看，当前新乡建派所培育的综合性农民合作社，在培育乡村产业和创造可观经济效益方面依然处于摸索阶段，成功的案例非常少、影响力也非常有限，这是制约综合性农民合作社建设的又一个难题。

建设综合性农民合作社的第三个内部困难因素主要表现在城乡发展的差距使得农村青年人才大规模流失，综合性农民合作社面临人才储备不足的困境。前文指出，综合性农民合作社与单一的农民专业合作社相比，其一大优势在于功能的完备性，综合性农民合作社不仅是一个经济组织，同时还是一个文化和社会组织。从现实案例看，一些农村综合性合作社的确在村庄文化和村风建设、儿童教育和老人服务等方面发挥了非常积极的作用，但是，欢迎和享受这些服务的主要是农村中的留守儿童和留守老人，农村的大量精英人才则在消费主义、工业文化和城市文明的召唤下进入了城镇，对于这些农村青年人来说，故乡只是寄托乡愁的场所和最终的退路，却难以变成长满希望和自愿返回的家园。

大量的实证研究表明，已经成为中国经济和社会发展重要人力资源的新生代农民工，对城市的认同远远大于对农村的认同，他们与农村的关系极其疏远，其中绝大部分希望将来落户城市，不再返回农村。[①] 学者所倡导的彻底的新乡村建设宗旨和思想，在城乡存在重大发展差距的现实情况下，很难为农村青年人所接受和认同。目前，投身于农民合作社建设和乡土复兴运动的仅仅是少量的热爱乡土文化、关注生态文明建设和有机农业传统的高校毕业生和少量的务工返乡青年，在这种情况下，如果没有很好的措施吸引足够数量的农村本土青年返回农业和村庄，一则使综合性农民

---

① 郭晓鸣、董欢：《西南地区粮食经营的现代化之路——基于崇州经验的现实观察》，《中国农村经济》2014 年第 7 期。

合作社的建设难以体现农民的主体作用，二来使综合性农民合作社的建设面临管理、销售、技术人才的短缺，这是影响综合性农民合作社能否可持续发展的重大因素。

除了上述三个不利的内部因素，外部环境也对综合性农民合作社的建设形成了制约和挑战。

首先是政府的支持力度微弱。由于综合性农民合作社的宗旨观念在于复兴乡土文明和发展生态农业，这就使得综合性农民合作社的成长必然是一个缓慢的循序渐进的过程，且目前生态农产品的销售局限在少部分有相当购买力且有觉悟的市民群体之中，市场空间有限，生态产业的市场份额还很小，这些特点决定了综合性农民合作社很难为当地的经济增长、财政收入、劳动就业以及官员的考核和升迁作出充足的贡献，地方政府往往以能否赢利来决定是否支持综合性农民合作社。与之相比，公司、农业龙头企业和农村专业大户领办的专业合作社则很容易成为经济增长的亮点。由于企业和专业大户拥有比较雄厚的资本和较通畅的融资渠道、市场销售渠道，能够经营较大规模的经济作物和特色养殖业，在调整农业产业结构、形成规模化生产和农产品示范园区等方面占有先天的优势。这种优势往往为注重经济增长和财税收入的地方政府所看重，更重要的是，在很多官员的心目中，工业项目才是发展的关键，才是衡量和决定市域、县域经济排名的决定因素。这些情况决定了地方政府很难积极主动地扶持综合性农民合作社。正如以县委常委身份在河南兰考推动十几年乡村建设运动的何慧丽所言，"最主要的问题在于，地方党政体制内的力量主导作用发挥不够，压力型体制下的地方政府为了本地方的经济发展和财政收入，不得不以地方工业化为重、招商引资为重。地方政府在新农村建设上的主动性和压力比不上招商引资的主动性和压力大。"①

其次，综合性农民合作社的发展还可能遭遇一些既得利益部门的阻碍。相关利益部门要么打压合作社的发展，要么自己牵头组建合作社，选择与部门业务有密切关联的农村政治精英、农民专业大户进行合作，这正是当今很多"翻牌合作社""假合作社"泛滥的重要原因。

---

① 邓衡山、王文烂：《合作社的本质规定与现实检视——中国到底有没有真正的农民合作社》，《中国农村经济》2014 年第 7 期。

　　综合上述因素，可以看出，倡导"重生态、重合作、低消耗、高福利"核心宗旨的综合性农民合作社，在各种内外因素的制约下，其成长和发展必将经历长期的、艰巨的挑战。

第三编　未来与发展

第九章　建构合作社发展的长效机制

一　农民专业合作社发展的长效机制定位

合作社需要从"长效"和"机制"上来把握发展的根本动力。对合作社来说，"长效"较易理解，就是要继续保持合作社可持续、健康发展。而发展的"机制"则需要系统科学与社会科学的综合把握。

合作社长效机制的建立首先依赖制度建立。如果说过去合作社发展还不够规范、制度建设还不够完善的话，那么从当前来看，各种惠及合作社发展的制度体系自上而下已经基本成型，但是作为制度之间关系总和的机制，并没有发挥长期有效的功能。

究其原因，第一，制度之间的有效衔接不足。从宏观层面来看，针对合作社的相关制度体系，始终抱有"服务三农"的综合性视角。这使得合作社的发展始终与宏观政策调整紧密地交织在一起，很难形成自身独立的发展路径，无法跳出整体弱势、区域不均衡的态势，形成自下而上的创新力。当前制度执行层面出现的问题，归根到底是合作社发展的制度之间的关系依然疏离，相关制度安排还没有合理衔接的缘故。

第二，合作社组织基础与制度体系之间没有形成相对稳固的运行模式。合作社目前的组织化水平，对于转变我国传统农业生产经营模式，适应复杂多变的市场竞争规则而言，发挥的作用有限。合作社面临着产业结构调整、政策整体性变动以及农业现代化的调整和转变，如何将此次全面转型与合作社已获取的经济成就结合起来，认清合作社发展进入常态后将会面临的政策问题，巩固和协调合作社与政府扶持、市场运作之间的良性运行关系，将是一个长期的课题。

第三，尚未形成扩大合作利益始终高于合作成本的远景思路。长效机制能不能避免合作社成为低效率的经济组织，对合作社发展的激励效应和促进作用能否长期存在，这是合作社不断获取合法性的根本落脚点。如果说之前合作社是依赖政府主导、激发农户相互合作来抵抗风险的最好组织形式，那么在当前背景下一些合作社仍然需要从外部政策扶持获取资源，而另一些已经通过内部效益整合即将成为竞争受益、领域拓展、逐步规范的市场主体。这在更大的范围内为长效机制的建立提出了新的考验。

二 农民专业合作社发展长效机制的构成

基于这样的定位，合作社发展的长效机制在理论建构层面，有两个基本组成部分：一是要形成比较规范、稳定、配套的有关合作社发展的制度体系；二是要有推动相关制度体系正常运行的"动力源"，即要有出于合理利益而积极推动和影响制度运行的组织和个体。而在现实层面，则是农民专业合作社在建立和运行过程中，各方角色扮演所产生的作用及其动力机制。

结合两个层面之间的内在逻辑，对合作社发展的长效机制进行剖析可以看到：在外部制度体系中，中央的各项政策自上而下倡导的力度越大，就越会激发农民成立合作社的热情。相关配套政策的落实程度则会在实际上影响到合作社发展的速度和数量。

由于"三农"问题事关国家粮食安全和宏观布局，势必会在条件成熟地区先行试点，运用动员手段治理经济问题，获取不同类型合作社发展的典型后，才会在更大的范围内推广。

而在内部动力源上，合作社由于自身性质和地位的特殊性，其前景很容易被既定制度体系内的取向所形塑，地方政府仅仅是借助制度体系中的政策红利，不断寻找各方利益的突破点，而具体扶持政策中蕴含的各方利益关系的强弱，会促进或制约合作社的地方发展环境。嗅觉敏锐的农户精英，抢先捕捉到现阶段农业产业化潜在机遇的，必然会形成后期合作社发展的坚定力量。

（一）外部制度体系分析

1. 中央政策推动

根据国家工商总局最新数据显示，截至 2014 年 1 月份，全国共有农民专业合作社 101.9 万户，呈现快速增长的势头。这个数据大约是 2007 年合作社数量的 39 倍。中央"一号文件"作为三农政策的风向标，充分展示了国家层面的政策导向对于合作社发展的重要作用，可以说中央的政策是合作社发展长效机制中最为关键的外部推动力量。

本书统计了自2007年至2013年中央"一号文件"中提及合作社的次数，以及官方网站所发布的历年合作社的数量。2007—2008年是我国专业合作社快速发展的一年，从原来的2.58万户发展到21.16万户。由此可以看出，中央"一号文件"提及"合作社"的次数与合作社成立数量之间的关系（见下表）。

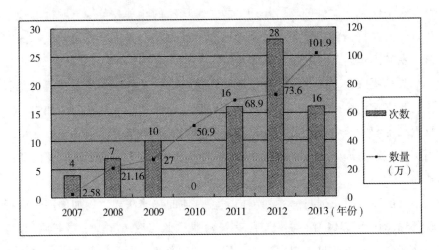

从上表2007—2013年的统计数据显示，我国农民专业合作的发展进入了一个突飞发猛进的阶段。仅仅2012—2013年一年时间，合作社就增长了28.3万家，这与2012年"一号文件"共提及合作社28次之多直接呼应。这六年时间可以看出在合作社法2007年颁布之后，中央的"一号文件"关于合作社的提法如果出现较大提升（除2010年"一号文件"主题是"加快水利改革的决定"未提及合作社外），在当年就会促进合作社相关政策的制定和倾斜，到第二年就会形成合作社成立的高峰期。这充分说明了，在国家与合作社发展的关系这重建构中，国家扮演的是引导者的角色。从上表的走势也可以看出，中央政策层面的导向效应不容置疑，直接影响到农民专业合作社的发展方向和发展速度。

2. 法律、法规完善

如果说中央的政策推动是合作社发展的第一重动力因素，那么相关的法律、法规则是促进合作社成立的一个直接诱因。换句话说，中央政策对于农村发展的制度安排和政策体系是当前我国农民专业合作社发展不可缺少的外部制度条件，相关的法律法规则是合作社发展所必需的制度构件。

然而在农民专业合作社迅速发展的过程中，也遇到了一些现实困境。虽然在《农民专业合作社法》中规定："国家鼓励商业性金融采取多种形式，为农民专业合作社提供多渠道的资金支持，具体支持政策由国务院规定。"但在实际操作的过程中，尽管银行开展了这方面的贷款业务，考虑到农业资本的利润低、风险大、不涉及农业生产等特点，银行贷款很难为农业经济起到实质性的支持作用。再加上国家的相关政策缺乏明确的规定和具体的扶持措施，使得农民专业合作社在融资、贷款方面面临法律的空白，在实际运转的过程中困难重重。

为解决农民专业合作社在法律规范、政府扶植方面的问题，我们急需从财政支持、金融扶持、税收优惠等方面完善法律法规的规定，加强对于政策制定和实施各个环节的规范和监管，切实将政府的立项、资金扶持落到实处。着力通过政策的引导和扶助调动合作社经济自身的积极性和主动性。

目前，政府正通过一系列举措完善具体的法律法规，例如国家工商行政管理总局于2014年2月11日就《营业执照修改方案（征求意见稿）》向社会公开征求意见。根据这一方案，在工商部门登记的各类市场主体营业执照，如企业法人营业执照、个体工商户营业执照、农民专业合作社法人营业执照将统一为一种版式。如果这一方案通过，将进一步明确提升农民专业合作社的市场经营地位，为全面进入市场规范领域创造了条件。

3. 试点地区示范

仍为新生事物的合作社被广为接受，是需要政策示范与基层组织强烈改变自身面貌的愿望亲密结合在一起的。"示范"是一种中国式政策执行的核心机制，也是国家改造社会的温和手法。① 中央通过树立典型性、探索式的发展方式，可以快速带动形成各地区的现实模板，推动形成合作社在类似地区的发展环境。这是各类型农民专业合作社发起、整合、成效、推广的一贯做法。

---

① 叶敏、熊万胜：《"示范"：中国式政策执行的一种核心机制——以 XZ 区的新农村建设过程为例》，《公共管理学报》2013 年第 4 期。

试点地区示范有利于探索如何顺应中央政策导向，打破原有桎梏探索各种力量的整合框架，把政策着力点、政策红利、合作经济效益、社会影响力紧密结合到一起。一旦上述各项要点的利益调处方式走向成熟，相关社会动员策略逐步完善，就能撬动县乡两级政府贡献政治力量，激发农村基层民众的社会力量，真实地实现了政府主导和保持农民主体的最佳路径，将经济增长与政治正确这两种合法性结合在合作社组织上。以示范的方式自上而下动员发展合作社，是带动各方资源集中投入的最好方式，这意味着地方各级政府与农村生产组织能够在一个层面上利用好中央给予的各项制度合法性资源。

（二）内部动力源分析

1. 地方政府扶持

中央和地方政府在农民专业合作社的发展方面究竟扮演着怎样不同的角色，学术界对此一直没有明确界限或者说没有一个统一的说法。应瑞瑶（2002）、郭红东（2003）认为，政府的作用主要在于立法规范、政策扶持和监督管理。事实上，明晰了中央政府在合作社发展制度体系建设方面负主要责任，不应该为地方政府提供制度空间。而地方基层政府和职能部门所发挥的制度作用，既有可能是合作社发展的推动力量，同时又可能是制约因素。其作用机制通常是在制度空间内有限资源的分配问题。

对于农民专业合作社的扶持及资源分配一直存在某种"潜规则"，"马太效应"能够解释一部分发展态势良好的合作社获得更多体制内资源的现象。特别是在地方扶持资金和项目立项方面，资金的有效利用问题值得商酌。张晓山（2004）认为政府扶持资金以及收入流的所有权问题也会直接影响到合作社发展的深层次问题。王义伟（2004）认为，这在某种程度上改变了合作社的建立的本质属性。

可是，基层政府间的共谋行为已经成为一个制度化了的非正式行为。[①] 地方政府直接插手合作社初期发展阶段，是其所处制度环境的产物，有着广泛深厚的合法性基础。但从长远来看，政府的过分参与很容易造成"诺斯悖论"，也即一方面地方政府的参与有助于合作社节省组织成

---

① 周雪光：《基层政府间的共谋现象———一个政府行为的制度逻辑》，《社会学研究》2008年第6期。

本，促进合作社的变迁；另一方面，地方政府权力又是个人权利的最大和最危险的侵害者。① 因此，当合作社发展到一定程度后，地方政府要从直接参与中逐步退出，转而注重从利于合作社所处地方市场发展环境方面出发，为合作社的内生发展创造条件，降低其制度创新的成本。

2. 村精英带动

除地方政府在政策上的支持外，农民专业合作社更需要调动内部动力因素来积极发挥自身优势，为自身的长远发展创造条件。农村精英包括进行村镇管理的村委会、党支部干部，以及掌握技术要素的乡村生产大户、技术员等。通过农民的自主合作意愿，调动共同的利益结合点，为农民专业合作社的发展引领方向。

村干部作为管理层面的农村精英，通过对政策的领会和对农民的引导实现合作社的合力。村两委的人员构成以及不同的村庄传统是影响合作社成立和运转的重要微观环境，班子团结、村干部得力的村庄更容易实现村民之间的联合和合作，因此村干部对于合作社的出现和发展起着至关重要的影响作用。技术人员和生产大户作为技术层面的农村经营者，能够对生产、营销的环节进行把关指导，提升农民专业合作社的经济效益。

在市场化的背景下，农民之间存在较多的利益结合点，这是促成农民专业合作社出现和发展的内在动力。但是，农民合作能力的强弱以及外部微观环境的优劣则直接影响着农民专业合作社能否建立或良性运行。这就需要我们发挥农村精英的模范带头作用，通过对政策的落实，以及提供技术支持服务，整合农村资源，有效提升合作社经济的活力。同时，也需要完善对农村精英的监管，改善现行政策法规中存在的漏洞，更好地为之创造条件，实现内部动力因素的效益。

3. 学术界助推

在现有的国内制度环境和经济环境下，学界关注农民专业合作社作为三农问题的突破口尤为重要。而农民自身和政府双方均存在着一定的局限性。农户由于在先天禀赋上存在着差异，往往在合作社发展的过程中自然产生大户与小户的分化过程，容易导致精英意识垄断，破坏合作持续精神

---

① 郭红东：《当前我国政府扶持农村专业合作组织发展的行为选择》，《农村合作经济经营管理》2002 年第 5 期。

生长。而政府往往追求规模和亮点，行政动员的干预也会影响基层动员的能力，进而引发合作社行政化的倾向。这两方面的潜在问题需要学术界存在，形成第三方独立力量，助推合作社的发展迈向可持续的发展方向。

一直以来，学术界对于合作社的发展起着不同于其他经济组织的重要作用，学者们从对于合作本质的价值取向出发，时刻关注合作社在发展过程中所遇到的各种力量的侵蚀作用，对合作社走向异化提供警示作用和借鉴意义。如三农学者何慧丽倡导的以生态农业、城乡互助为特色的新型农业合作组织，以兰考县南马庄的合作社建设为例，可视作学术界协助地方建立合作社的一个范本，通过资金互助社的形式，既调动了农民的积极性，形成了合力，又避免了科层式管理的成本，走出了一条理论与实践相结合的路径。以及温铁军在推行新乡村建设实践的过程中发起的翟城合作社模式，增添了合作社发展模式的另一种道路。

三 建构农民专业合作社发展长效机制的思路

来自于国家中央层面的政策、法律法规的跟进、示范地区的推进这三者共同构成制度体系，形成了农民专业合作社发展的外部动力机制。而地方政府的扶持、村级精英的支撑、学术界的大力推动的内部动力源，则合力形成了合作社适应外在条件和制度安排的内部动力机制。这些主要角色规范之间如果能够相互配合、协调推动，就得以在现实中建构合作社发展的长效机制。

长效机制的建构应当有一个宏观的、整体的构架。长效机制的建构实际上是一个系统工程。根据合作社的宗旨、性质、任务，以及所面临的新形势、新情况和新问题，需要有一个总体的考虑和规划。

农民专业合作社的发展取决于各动力要素及各种关系组合的整体性与有机性，它不是各个部分的机械组合或简单相加，系统的整体功能是各要素在孤立状态下所没有的新的特质。同时，动力要素系统的整体性还表现为各要素不是孤立地存在着，每个要素在系统中都处于一定的位置上，起着特定的作用。要素之间相互关联，构成了一个不可分割的整体。

然而，现实的困难恰恰在于系统工程的设计与操作。作为关系到农民致富、农村发展以及农业未来的农民专业合作社，制度的设计者们在一开始便赋予了它较多的社会意义。他们希望农民专业合作社不仅仅发挥农村经济组织的功能，同时还能够将农民联合起来，增强农民之间、农村内部的凝聚力和归属感。然而，现实的情形是，合作社的发展不仅需要面临各种外部力量和影响因素，同时还需要面临来自其自身和内部的挑战和制约。外部的力量既可以推动合作社的发展，但也会从其他某个侧面影响或者阻碍合作社的发展。就合作社发展的内部动力而言，依然是如此。有的条件是可遇而不可求。

即便是从政策的宏观建构和制定层面，我们可以设计出一套理论上完美的、合乎逻辑的有关农民合作社发展的长效机制和制度，然而，将之放到现实领域之后，难免不发生变形和走样。如，《合作社法》可以看作是有关合作社发展的初期的制度模板和理想设计，然而，近些年现实领域还是出现了五花八门、各式各样、真真假假的各类合作社。究其原因，主要在于，合作社的成立与发展都不是发生在理论家构想的真空状态或者实验室里的。相反，作为在社会现实领域孕育和生长的农民专业经济组织，它必然会受到各种外力和内力综合因素的影响。

但是，即便如此，有关农民合作社发展的长效机制的设计仍然是必要的。本章第一部分关于合作社发展的外部动力和内部动力各因素的分析便是有关长效机制的综合思考。

长效机制的宏观建构有如下几重意义：

1. 可以作为一个衡量各地合作社发展快慢、测量合作社发展优劣的类指标体系

从逻辑上讲，能够综合运用合作社发展的外部环境和内部条件，具备"天时、地利、人和"各种因素的合作社不一定都能够发展得顺利和走得更长远，但是，发展顺利、经营良好的合作社通常都符合合作社发展的各项条件，或者至少在一定程度上符合合作社长效机制建构的原则和条件。

2. 可以指导合作社的未来发展

在当前的现实领域，国家政策大力扶持合作社发展的时代已经过去，有一部分合作社适应了现实的要求，目前仍然运行良好。但是，还有相当一部分合作社早已经有名无实，或者濒临灭亡。建构合作社发展的长效机制可以在一定程度上指导现实领域合作社的发展，对其走出困境起一定的借鉴和指导作用。

第一，建构合作社发展的长效机制，关键还要建立起一整套退出、监

督和约束机制。

合作社发展至今，尽管从数量上看已经取得了骄人的成就，合作社的数量在各地都在突飞猛进地增长。但是，不容忽视的是，在这表面繁荣的背后，潜藏着不同程度、不同类型的问题。比如，在合作社发展之初，为了鼓励广大农民成立合作社，其注册登记门槛是非常低的，注册资金只要3万元就可以去民政部门注册登记。然而，登记成立之后，在相当长的一段时间内，合作社发展缺乏规范的管理和审核。这必然导致部分经营不善或者根本只有合作之名而无合作之实的合作社一直在登记管理机关的档案里以数字形式存在。放眼全国，此类名存实亡的合作社据说已经超过三分之一。根据2017年12月27日新修订的《中华人民共和国农民专业合作社法》第七十一条的规定，如果合作社连续两年未从事经营活动的，吊销其营业执照。新法从2018年7月1日起执行。这意味着合作社的退出机制已经确立，今后合作社的发展将进入一个新的规范发展阶段。

其次，还要建立起合作社发展的监督和约束机制。具体而言，应该从如下几个方面着手：

1. 明确监督主体的责任和权限，彻底改变当前多头管理、多重标准的局面；

2. 畅通社会监督渠道，加大对于权力寻租行为的处罚力度。将有限的示范社指标真正授予那些由农民为主体创建的合作社；

3. 对于那些打着合作社旗号，套取国家扶持资金的合作社要进行清查，要么给予取消，要么建议其恢复企业的本来面目。

第三，要建立合作机制和培育机制。

所谓合作机制，主要是指促使农民之间长期合作的条件和机制。根据调研发现，促使农民加入合作社的主要原因是利益的吸引。也就是说，当农民看到加入合作社之后的好处和可以预见的收益时，他们会主动、自愿选择加入合作社。因此，合作机制的第一重构成要素应该是合作社的盈余分配机制。新法四十四条明确规定了合作社可分配盈余返还的原则与比例。此外，新法第六章明确提出，鼓励3个以上的农民专业合作社在自愿的基础上，出资设立农民专业合作社联社。这在很大程度上也是合作机制的组成部分。

所谓培育机制，具体是指培育合作社发展的条件和机制。新法第八章

"扶持政策"部分包含了国家对于农业和农村的经济发展项目、政策性金融机构、商业性金融机构、保险机构等对于合作社的政策扶持。这可以看作是培育机制的有机构成部分。

此外，培育机制还包括合作社人才的培育。截至目前，国家已经投入大量资金培训新型农民以及合作社人才。除此之外，还有新乡建派在全国各地举办的培训班，专门培养合作社所需的人才。

第四，要确立农民主体地位。

根据国际合作社的精神以及《合作社法》的规定，农民无疑应该是各类合作社的主体和主要构成。然而，根据近些年各地合作社的发展情况，我们发现，以农民为主体的合作社，只是各类合作社中一小部分。农民，要么成为所谓合作社名目之下的实际的农业公司的雇工，要么成为大农控制之下的散户的松散的联合。

那么，是否应该确立农民在专业合作社中的主体地位？换言之，是否应该保证合作社的"农民性"？目前学术界对于该问题的意见不一，但是，笔者认为，若要从长远角度真正发挥农民专业合作社对于农民、农村和农业的促进作用，必须从现在开始，认识该问题的重要性，切实确保合作社成员农民为主体的特点，确保合作社的农民性和纯粹性。

具体建议和措施如下：

（1）在法律中进一步明确规定农民在合作社中的主体地位以及在盈余分配、投票表决方面的权利。

（2）对于已经存在的借合作社之名谋取农业奖补资金的虚假合作社进行清理，劝其回归公司之实，吊销农民专业合作社的登记证书和营业执照。

（3）对于那些真正由农民自发成立、组建的以农民为主体的专业合作社，进行大力的扶持，表彰，鼓励其发展。

（4）加大对于农民专业合作社成员的培训，让他们充分参与到合作社事务的治理中。

（5）合作社发展的长效机制，不仅要重视当下经验的总结，同时还要着眼长远。

在研究过程中，笔者一直在思考如何建立合作社发展的长效机制的问题。按照笔者的理解，所谓的"长效机制"，原本就包含有"着眼长远"

的意思。显然，现实中并不存在一套既定的、成熟的推动合作社发展的机制，即使有一些成功的经验和模式，也不是放之四海而皆准的。因此，所谓的"长效机制"，一定是动态的，开放的，灵活的。

重视对当下经验的总结，既可以及时地把当前的成功经验运用到对于其他地区、其他类型合作社的指导上，又可以为未来的发展提供方向，积累经验。但是，无论是政策的制定，还是学术的研究，仅仅立足于当下的现实和经验还是不够的。还需要着眼长远，一方面，根据国外合作社发展的实践和经验，规划合作社未来发展的方向和进一步发展所需要的政策和制度环境，同时还需要根据合作社未来发展的大致走向勾勒出合作社未来发展的框架、蓝图和机制。

第十章　我国农民专业合作社未来发展的方向

第一节　关于合作社未来发展方向的整体思考

面对现实中形形色色、真真假假、虚虚实实的各类合作社，"合作社未来发展将走向哪里"的疑问在某种意义上同"如何建构合作社发展的长效机制"一起成为笔者需要始终面对和回答的终极命题。在中国未来若干年的发展过程中，中国能否建立起类似日、韩、台那样完备、系统的综合农协？抑或，在市场化改革向纵深方向发展的今天，多数农民专业合作社最终还是要面对大市场，在市场的历练和磨砺中，最终大都要演变为公司的形式？究竟有没有一种占主导地位的农民专业合作社发展的模式和类型？扶持和推动农民专业合作社，是否一定要坚持合作社中农民主体地位和构成，或者是应该按照市场规律"优胜劣汰"的原则，遵循多元化的发展路径？合作社在未来农村的发展过程中究竟还可以发挥怎样的作用？能否促进农村的快速城市化和新型农村社区建设？本节将围绕上述问题进行逐一的回答。

一　综合农协模式不会是未来合作社发展的主流，但可以在条件具备的地区进行推广

关于发展综合农协的观点在国内学术界主要以中国社会科学院研究员杨团为代表。杨团通过对 4 个农村合作组织的比较之后，明确提出，综合性农协应该是未来中国农村合作组织发展的方向。之后，杨团又进一步提出，要借鉴台湾农会经验，在大陆推广综合农协。作为一名学者，杨团不仅旗帜鲜明地呼吁在各地建立综合农协，同时还在各地寻求她学术观点的

实践基地和试验田。如本文在前面章节重点介绍的山西永济蒲韩乡的农民专业合作社就是符合杨团老师学术观点的典型和代表。

那么，综合农协是否代表了农民专业合作社在未来的发展趋势和方向？其次，能否在全国范围内建立起综合农协的系统网络和服务体系？

在此，笔者的看法是：杨团对于在大陆倡导建立综合农协的提法有一定的合理性。我们甚至可以乐观地期待，在未来，将会有更多类似山西永济蒲韩综合农民专业合作社的出现和建立。但是，由于综合农协（或者称之为综合性农民专业合作社）自身的特点及其独特的宗旨决定了它不同于其他类型的农民专业合作社，它的发展和成长注定是一个缓慢的、循序渐进的过程。因此，在全国范围内建立起广泛的综合农协服务体系，将综合农协模式在各地广泛推广，也许将面临较大的难度，甚至也可以说，在一定程度上难以实现。

当然，我们也可以假设，由政府从外部以自上而下的方式，运用行政力量和政策优势来进行强推。那么，潜在的问题就会接踵而至：是否需要自上而下另外建立一套综合农协的管理体系？综合农协将归谁管理，农业部门还是民政部门？综合农协能否在功能上完全替代农民专业合作社？

在当前已经纷繁复杂、条块分割、各自为战的管理体制下，如果重新嵌入一种新的组织体系，笔者认为，不仅不会助推农业、农村发展的速度和效率，相反也许还会影响现有合作社的发展。因此，由外及内、从上到下重新设计和嵌入综合农协的模式显然是不符合当前中国的国情和发展趋势的。

发展综合农协最合适的办法也许是自下而上，逐步嵌入到原有的体制和模式中。比如，山西永济蒲韩模式就是充分利用当地资源，根据实际情况，因地制宜发展起来的综合农协的典型。它一方面是若干个农民专业合作社的联合体；另一方面是以村委领导班子为领头的村庄政治经济共同体。但是，这样的模式在其他地方进行推广和复制是需要有很多综合因素和条件的。比如，村庄能人的带动，村民的齐心协力等。

综上所述，笔者认为，综合农协的模式不会是未来合作社发展的主要潮流。换言之，未来只会有少部分的农民专业合作社会发挥综合农协的多重角色和功能，或者是向综合农协的方向靠拢。但是，可以在条件成熟的地区复制和推广综合农协模式。

二 大户领办型专业合作社将成为合作社发展的主体力量

当前，有关合作社研究的知名学者仝志辉曾经撰文分析过当前我国农民专业合作社发展的各种类型。他认为，在部门利益分化和资本下乡的背景下，农民专业合作社往往容易发展成"大农吃小农"的合作社。[①] 所谓的"大农"，即相对"小农"而言，掌握更多社会资本的农户。作为掌握一定社会资源的地方政府和部门，在扶持合作社发展时，也倾向于扶持由大农联合组建的合作社。因此，大农联合小农的大户领办型合作社将成为今后合作社发展的主体力量。

根据笔者近年来在河南、山西等地的调研和对一批典型合作社的长期跟踪研究，本研究认为，仝志辉对于合作社未来发展的这个论断是符合现实情况的。在某种程度上，可能会存在"大农"对"小农"利益的侵占和盘剥的现象和事实，但是，由"大农"领办的合作社显然是更符合农村社会的实际情况，从而也更容易在当前纷繁发展的情况下获得更长远的发展。

由大户领办的合作社虽然在一定程度上区别于由社会精英或者外部力量领办的合作社，但是二者之间还是存在诸多的相似之处。首先，就"大户"而言，在一定程度上同时也是社会精英，他们都具有较为丰富的人脉资源或者说社会资本。不同的是，"大户"往往是"社会精英"，而"社会精英"不一定是"大户"。"大户"由于扎根在本土的社会文化之中从而拥有对于本土小农的熟悉和了解，而由"社会精英"和外部力量领办的合作社则不一定具有上述的优势。

那么，如何看待精英或外部力量领办的农民专业合作社？笔者认为，理论的争论映照的正是当前中国农民专业合作社的实际情况及由此产生的实践困惑。一方面，上述主体出于自身利益的考虑，提供了合作社创建和发展所需的资本资源、人力资源和社会资源等要素，充当了合作社创建和发展的主导力量；另一方面，对于入社的普通小农户而言，由于他们主要关心的是产品的销售问题，他们加入合作社首先看中的是利用合作社的服务和营销网络改善农产品的市场准入机会和提升农产品的销售价格。普通农

---

① 仝志辉：《专业合作社发展中的小农困境》，《中国老区建设》2009 年第 2 期。

民社员更像是合作社的"客户",双方按照订单农业的思路在进行关系操作。

由此导致的复杂问题是:国际合作社联盟和各国合作社立法,均强调合作社是联合弱者来平衡与强者在市场竞争、社会地位等方面差距的组织平台;中国有关合作社的法律法规同样倡导把弱者联合起来的理念,把合作社作为完善农村双层经营体制的重要经济组织。但是,在农民专业合作社的发展实践中,权力的真正行使者是大户或者公司等强势主体,生产者成员对合作社的经济参与过度集中在向合作社交付产品或通过合作社购买生产资料;合作社的治理和剩余索取权完全集中在投资者成员手中,对普通小农户社员而言,他们缺乏合作社的归属感,其作为合作社社员应有的惠顾者角色、所有者角色和管理者角色体现得很不充分甚至是象征性的。

那么,该如何看待由社会精英或者外部力量领办的农民专业合作社?笔者认为,虽然这类合作社在一定程度上偏离了国际合作社的精神以及合作社立法的初衷,同时也在一定程度上损害了普通小农户的利益和权利,但是,不得不承认的是,此类合作社在现实中相比普通小农组建的合作社而言,具有更强的市场适应能力,同时具备更为雄厚的社会资源和动员能力。按照"存在即合理"的逻辑,此类合作社也许代表未来合作社发展的方向之一。因此,本研究的观点是,尊重此类合作社的发展,可以在不影响其发展的前提下,进行合理的规范和引导,通过相应的制度保证小农户在此类合作社中的地位和收益。

第二节　未来合作社发展的多种可能方向

一　可能之一:走向小农户联合的农民专业合作社

学者张伟兵认为,当前龙头企业、农资供应商、农产品经销商以及部分村社干部等领办的各种类型"农民专业合作社"产生了严重的"政策锁定"效应,导致政策优惠资源的错误配置,进一步加大了农户间经济社会地位的不平等和农村社会的分化,而且挤占了真正的农民专业合作社发展空间。因此,为避免异质性力量控制农民专业合作社的"政策锁定"效应的进一步蔓延,今后农民专业合作社的发展应该寻找新的定位,按照合作社"质的规定性"为小农户联合创造足够的政策空间,帮助广大的小农户在市场化、全球化的激烈竞争环境下赢得生存和发展的空间,培育新农村建设的可靠力量。

那么，这个新的定位和政策空间在哪里？张伟兵认为，农民专业合作社的定位应适当转移到引导小农户发展粮食产业的方向上，以发展粮食产业为契机，培育广大小农户的联合意识和合作精神，开辟农民专业合作社发展的新的政策空间。

（一）政策设想的依据及可行性

首先，发展粮食产业符合广大乡村和小农户的资源禀赋条件，可以有效地排斥大资本和外来力量对合作社经营管理的控制，为培养真正的农民专业合作社奠定坚实的基础。

其次，鼓励和引导小农户联合起来组织农民专业合作社，积极从事粮食生产，是保障国家粮食安全的需要，是保障"人民粮食主权"的需要。

最后，政府必须高度重视农业作为战略产业的地位，同时关注农民尤其是种粮农民的生产和生活。此外，鼓励和引导小农户联合起来，在维护和完善家庭承包经营的基础上通过合作社从事粮食生产，还是保障"人民粮食主权"的需要。

（二）促进小农户联合的政策条件

在当前农民外出打工和农村空心化的背景下，如何促使小农户之间联合？从国家的政策导向上，可以有哪些举措？

第一，可以大幅度提高粮食最低收购价，以此增加种粮农民的收入，增加粮食生产的吸引力，为发展农民专业合作社提供有保障的经济基础。

第二，改革农产品流通体制，打造粮食生产的品牌标准，为粮食流通尤其是为无公害、有机、绿色的粮食产品的流通创造有利的条件。

目前，我国的农产品流通体制（包括粮食流通体制）存在严重缺陷，中间商可以轻而易举地隔开生产者和消费者，独占定价权，而生产者和消费者不能直接见面，对价格无任何发言权，成为市场弱势群体。这种畸形的市场机制不利于调动农民种粮的积极性。

今后，在粮食生产和流通领域，须重点做好三件事情：（1）大力协助农户由分散生产走向合作社生产，扶持农民生产合作社建设"粮食银行"制度和农产品仓储体系；（2）扩大农民定价权，加强"一社一品"的建设力度，扶持生产者群体形成区域或全国性协会，并就无公害、绿色、有机粮食产品的生产达成一致性的品牌标准；（3）打破中间商独占定价权的格局，帮助农民合作社和城市消费者形成稳定的购销联盟，把流通环节的利润在生产者和消费者之间公平分配，促进农民专业合作社调动农民生产的积极性，同时为城市消费者提供健康的食品。

（三）准确定位政府和社会力量的扶持职能和扶持边界

第一，进行合作理念的培育，明确合作社的本质内涵和内在追求，塑造有利于合作社发展的文化氛围。

第二，改善财政资金的支持方式。在财政资金的使用中，尤其要注重改善资金的支持方式。① 要从如下方面改善财政资金的支持和使用方式：（1）加大人力资本方面的投资，为合作社社员及其管理者进行组织培训和能力建设培训，如开辟营销渠道的培训、提高管理绩效的培训、健全财务制度的培训等等，而不是直接给合作社提供资金；（2）提供技术援助，资助合作社购买技术服务和农资，发掘和培养优良的耕作传统；（3）资助合作社办公设施和粮食仓储设施的建设；（4）整合农委、科协、农业局、供销社等涉农部门的资源，更好地为农民专业合作社服务。

第三，提高农民专业合作社在国家支农政策中的作用和地位。比如，改变当前粮食直补到户的政策，粮食直补到合作社，由合作社来组织粮食生产，把粮食补贴给予真正的种粮农民，提高农民种粮的积极性；再如，以奖代补，积极鼓励农民利用合作社的平台进行土地的整治和利用，扩大耕地面积；限制资本下乡进行大规模的土地流转，通过合作社平台进行村社内部的土地流转，既满足不同能力的农户对耕作面积的需求，又保护粮食生产的品质和效率。

总之，通过合理和有效率的扶持政策和积极改善农民专业合作社发展的各种外部条件，给予真正的农民专业合作社成长的空间。当前的实践告诉我们，靠外部力量主导的农民专业合作社自发完成合作社治理结构的改善、自发去保护小农户的利益是不现实的。促进合作社规范运行和可持续发展的关键在于按照普通农户的资源禀赋条件找准合作社的新起点和新领域。扶持小农户联合起来，积极从事粮食生产，为我们探索中国农民专业合作社健康成长之路提供了可能的政策空间和路径。

---

① 此观点受到国内学者杨雅茹的启发，具体参见杨雅如《当前我国农民专业合作社发展的外部条件调整研究》，《青岛农业大学学报》（社会科学版）2010 年第 4 期。

二　可能之二：政府扶持与内生合作

学者刘涛认为，新时期发展农民合作社的政策是国家对农村的再造策略。在城乡差距不断拉大、同时不破坏市场自由竞争的原则的前提下，一方面需要农民联合起来，进行合作，同时，政府还需要不断加大对农民、农村的投入，通过政策的引导鼓励农民合作。因此，未来农民专业合作社发展的趋势应该是政府扶持与内生合作相结合的路径。

具体而言，第一，作为国家，要主动承担责任，扶持小农户合作。国家需要积极回应，承担起更多的责任。

当前资本已经在合作社的发展中占据了优势地位，农民不仅很难与之平等分享收益，而且陷入了被盘剥的境地。合作社的发展数量虽然仍在不断增加，呈现的只是表面繁荣，大量的合作社成立后都没有运转起来，处于空壳化的状态。

要从实质层面改变这种状态，国家必须积极介入，逐步放弃风险最小化的官僚主义逻辑，真正的转变政府职能，完成从管理型政府向服务型政府转型，并出台相关法规，限制资本无限逐利和对农户的盘剥的行为，合理地利用其积极作用，抑制消极作用。

同时，国家作为超出村庄的公共力量在介入初期，要充分利用党的组织优势，动员村庄党员和村干部在合作社中发挥带头作用，重点对分散的小农户给予扶持，促进大农和小农的合作，真正给予小农户以资金、政策和项目的扶持，尽量保证利益的均衡分配。

第二，增强基层政府的组织能力，强化治理责任。

要把发展合作社作为一项服务于农村发展的战略决策，必须建立一个系统的基层治理体系，并提供必要和充分的治理资源，设置科学、合理的绩效考核内容和指标，从积极主动层面上重塑基层组织的治理责任，让基层组织真正为合作社的发展和农民的富裕尽职尽责。①

第三，完善民主机制，激发农民的自治精神。

农民合作社体现的是一种民主、自治的精神，而中国农民恰恰缺少这种精神。在乡村社会内部，人们强调的是人情和面子，并建立起来了一种

---

① 刘涛：《转型期村庄选举的困境》，《民主与法制时报》2011 年 7 月 11 日。

地方性的知识，这种地方性知识成为人们行动的规则和规范，民主机制和法律规范很难在这种环境中生存，致使一些制度法规在乡村实践中采取了非正式的运作方式。在这种历史机遇下，中央可以依托基层组织，在增强基层组织治理资源的同时，通过民主方式决定资源使用，以村民代表会议、村民大会等方式，协商决定资源的用途。通过赋予基层组织更多的资源，配合以民主机制，让村民主动地监督村干部，也让村干部更为有效地利用好资源。通过民主这种合作化机制的持续良性运转，培育出具有现代公民标识的民主意识与责任意识，并把这种"意识"纳入规范性和机制性的合作社实践之中，形成一种农民自主、自治发展而非套利的合作社。①

三　可能之三：家庭农场 + 合作社

农民专业合作社的第三种发展方向可能是在发展"家庭农场"的基础上通过家庭农场的联合来发展农民专业合作社。

"第三种导向"的倡导者是新乡建派人士，但他们的主张与前述的新乡建派人士有所不同。

具体来说，"第三种导向"认为，合作社是为应对市场的波动而兴起的，合作社的发展必须基于市场压力的存在，举家外出的农户以及大量的亦工亦农的兼业小农户由于种粮收益低，土地规模小而零碎，主要的经济活动是外出务工经商，与农产品市场的联系并不紧密，没有积极性发展合作社。建设"综合性"农民合作社的困境正在于此。要发展合作社，不能固守乡村文明，必须逐步创造条件，把适量的农村人口转移到城镇就业和生活，腾出相应的土地和空间；同时相应改善农村的经济社会政策，创造条件把部分兼业小农户和农村留守人员转变成"小农场主"或"新中农"，适度扩大粮食生产的规模，获得相当于外出务工经商甚至高于外出务工经商的经济收益，这样才能真正把农民留在土地上、留在农村。中国是人口大国，为了维护中国的粮食安全，18 亿亩耕地中将近 90% 的份额必须用来种植粮食作物，如果农户在不雇工或很少雇工情况下主要依靠家庭自身的劳动力能够获得可观的粮食经济收益，那么农民联合起来维护自

① 刘涛：《现代国家建设与小农合作的困境——现代国家建设视角下合作社的实践模式解析》，《华中科技大学学报》（社会科学版）2010 年第 6 期。

己经济权益的动力将会大大增强，且"小农场主"（新中农）的同质性很强，是农村社会的精英，他们的联合将不再重蹈目前农民专业合作社的异质性成员结构的覆辙，从而为农民专业合作社回归合作社的本质打下扎实的基础。这是农民专业合作社健康发展的一个必要的前提条件。

"第三种导向"的重点在于坚持合作社的"市场导向"原则和"专业性"原则，尤其注重提高广大种粮食的小农户的专业化程度，力主通过经济收益的改善把建设和发展农村的中坚力量留在广袤的土地上。

发展家庭农场，一方面可以保护和发扬精耕细作的农耕传统，最大程度地增加土地产出和土地收益，使种地农民获取体面的生活，为农业和农村的发展留住相应的人才；另一方面，家庭农场依然面临农田水利等公共品供给困境，面临农户独立经营与现代大市场之间的矛盾等问题，因此客观上需要进一步创新农业生产经营体制。以家庭农场为基础，建立"家庭农场＋合作社"模式，可以为经济发展、农村内生秩序的建构发挥良好的作用，获取单个家庭农场所没有的"合作收益"：第一，可以通过统购农业生产资料与统销农产品的形式，增强合作社的谈判能力，增加农民收入，培育并扩大农村中等收入人群的规模，缓解农村内部贫富分化的压力；第二，优化农村社会结构，增大农村社会资本的含量，促进农村地区社会发展和社区建设。以家庭农场为载体从事适度规模经营的农户，他们的收入主要依靠农业，社会关系在村庄，在农村人财物大规模流失的情况下，培育和壮大这个阶层，可以使农村社会结构得到有效的优化，农村社会发展和社区建设就有了可以依赖的主体力量；[①] 第三，有助于增进社会信任，发展生态农业，推进生态文明建设。农民专业合作社的发展，可以通过品种、技术等生产标准的统一，实施品牌化战略，保质供应农产品。[②] 合作社与家庭农场之间、合作社与超市、城市消费者之间可以建立明确的契约，明晰各方的责、权、利关系，通过制度建设约束各自的行为，化解农产品生产者与消费者之间的信息不对称，拓宽有机农产品的市场空间和重建社会的诚信机制，促使农业生产者改善生产模式，积极主动

---

① 赵晓峰、刘威：《家庭农场＋合作社：农业生产经营组织体制的理想模式及功能》，《当代农村财经》2014 年第 4 期。

② 赵晓峰、刘威：《家庭农场＋合作社：农业生产经营组织体制的理想模式及功能》，《天津行政学院学报》2014 年第 2 期。

发展生态农业。

从基本的价值立场来看，与强烈呼吁保护乡村文明并对城镇化进行激烈批评的新乡建派相比，主张建立"家庭农场 + 专业合作社"的部分新乡建派人士的理念显得更加温和、理性及务实。他们热爱农村，希望进行新农村建设，但是并不笼统地反对城镇化，希望通过渐进的城镇化转移适量农村人口，从而腾出土地让留守农村的"中坚农户"扩大经营规模。也就是说，在越来越多的农民定居城市的情况下，留村务农的农民也越来越有实现适度连片规模经营的机会。这部分"中坚农民"加上难以转移进城的"留守"老弱病残，就会形成一个相对稳定的农村结构，这个稳定结构为中国工业化、城市化和现代化提供了稳定的根基①。

当然，与"综合性"农民合作社一样，"家庭农场 + 合作社"的发展模式也遭遇了困境。主要表现在，当前从中央到地方都在积极推动土地流转，普遍发生了政府推动土地流转的竞赛，其实质是要发展以资本经营为特征的规模化大农业。在这样的发展思路下，村庄的大量土地流转到了外来的公司甚至本地的极少数人手中，高层领导和地方官员视察，几乎把注意力放到了少数几个打造出来的"现代农业示范点"上，这些示范点也很可能挂着"合作社"的牌子而没有合作社之实。与之相对，村庄内部依靠内生秩序自发进行土地流转形成的"家庭农场"模式却普遍遭遇到了漠视，那些留守村庄的农民难以实现"小农场主"（新中农）的梦想，不得不加入外出务工的行列。这样，村庄仅留下少数大农户和外来的资本与留守的老弱病残，这样的农村经济社会结构是值得商榷和警惕的。遗憾的是，在普遍弥漫的加快农业产业化、现代化的呼声中，这样的担忧正在逐渐变为现实。

本研究对于"家庭农场 + 合作社"的发展模式抱有一定的期待和信心。希望随着实践的推移，能够看到此类合作社在现实中获得更大的发展。

第三节　有关合作社未来发展的对策与建议

一　尊重农民专业合作社发展规律

建议政府部门破除推动合作社大发展的运动式治理逻辑和行政性冲

---

① 具体参见贺雪峰《站在小农立场看中国问题》，三农中国网，http：//blogsina. com. cn。

动，尊重农民专业合作社自身的成长规律。

农民专业合作社作为现代农业经营主体之一，有其自身的成长规律。一般而言，只有同时具备如下条件，"真正"的农民专业合作社才可能出现：第一，从经济条件上看，首先市场对某种农产品有着强烈的需求；其次是农户为生产该类农产品进行了较大的投资，生产设施的资产专用性很强，农户是"专业性农户"，而不是"兼业农户"；再次，生产这类产品的农户具有较强的同质性，生产规模较大的农户无法替代其他农户，且单个农户的市场交易成本很高，单个农户无法很好地打开市场销售渠道，只有联合起来才能更好地扩大经营规模，共同拓宽市场销售渠道，维护共同的市场谈判地位和经济收益。

第二，从社会条件上看，专业农户组建合作社还必须具有一个能力较强且具有公益心的领导人或领导集体，这样才能有效地克服集体行动的困难，消除阻碍因素，在内部培育出较好的合作文化氛围。

第三，外部力量比如政府或其他社会力量对该类专业农户进行了适当的扶持，促使该类农户接受了合作社的组织架构而不是其他农业组织形式的架构，如农业技术协会或行业协会的架构等等。具备这些前提才能发育出真正意义上的农民专业合作社，这样的合作社与投资者导向的企业相比，经济效益甚至会更高，但也可以看出，如果遵从市场规律的话，农民专业合作社的数量其实并不会太多。

现实经济生活中，很多从事商品化经营的农民并没有采取合作社的组织形式，比如地处城郊的农村，由于很多农户能够非常方便地接触到交易市场，农产品的销售并不是很困难，这些地区的农户往往采取的是独立的家庭经营方式。有的地区，如山东寿光、云南呈贡等地方政府往往建立专门的采购中心和大型批发场地，"将市场带到农户身边"，吸引零售商、加工厂和运输企业来购买当地农户所生产的农产品。由于专业市场极具规模、交易活跃，市场信息充分，农户收益很好，这些地区的农户也不倾向于采取专业合作社的组织形式，沿用的仍然是独立的家庭经营模式或者采取雇工经营的家庭企业模式。再比如，在笔者的家乡，周边十多个村庄的农户共同种植蔬菜和经济作物，已经形成了可观的经营规模，每年的收获季节，外省的收购企业就会定时前来采购。经过十几年的发展，已经形成了固定的收购、加工地点和稳定的市场销售渠道，形成了"收购企业＋

农户"或"收购企业＋经纪人＋农户"的稳定的农业组织模式。由于每家每户都能找到相对稳定的销售渠道，农户没有兴趣和动力来组织农民专业合作社。也就是说，即便是专业农户，如果村庄内部没有很好的合作传统和强有力的领导人，且农户可以方便地进行市场交易，在这样的地区，农业经济组织往往采取其他的组织形式架构，农民专业合作社没有成长的空间；如果有，绝大部分也是在行政干预和资本逐利下出现的"假合作社"或"空壳合作社"。

因此，尽管政府部门面临着支援"三农"发展的考核任务，但笔者还是建议政府部门改变原有的价值观和行动逻辑，重新考虑农民专业合作社的支持方向和支持力度。建议政府部门认真思考和讨论本地区的农业发展环境和适宜的农业经济组织形式，不要过分干预和打断已有的得到农民认可的农业经济组织形式，认真思考从什么领域培育农民专业合作社，以什么方式支持普通农户改善经济社会地位，唯有如此，支农资金才能落到实处，才能有效地发挥公共政策的公平和效率作用，也才能真正支持农业、农村和农民的发展。

二　按照新修订的《农民专业合作社法》，发展农民专业合作社

当今城乡资本之所以大力推动农民专业合作社的发展，某种程度上是把合作社当成获取政府优惠政策的工具，因此，很多农业经济组织也纷纷披上了"合作社"的外衣。其实，这些"合作社"要么是农业经济技术协会，要么是合伙企业，要么是翻牌的企业或公司，可谓五花八门，几乎涵盖了所有工商注册登记的企业类型。之所以出现这种情况，与《农民专业合作社法》相关规定有很大关系。正是相关的法律条款，导致合作社的基本制度安排出了问题。在政府部门、外来公司或农村专业大户领办的合作社中，成员是不同要素的提供者，普通农户不掌握关系资本、加工技术、销售渠道等核心要素，只是被动地提供劳动力或单纯交付农产品，因而不是合作社的所有者；核心成员不仅提供了合作社的注册资本和流动资金，而且掌握了合作社的核心业务，事实上取代了合作社。由于现实领域诸多问题的暴露，在学术界专家的推动下，《合作社法》已经于2017年底进行了修订。相信上述问题能够在一定程度上有所缓解或者得以改善。

合作社的本质是劳动者联合所有与民主控制的企业。合作社有两种类型：一种是员工合作社；一种是使用者合作社。这两类合作社在组建源头和运作机制上是有区别的，不可混淆。① 大体来说，员工合作社是指合作社产权为员工联合所有并且员工在合作社就业的经济组织，合作社成员既是股东也是职员。西班牙的蒙德拉贡合作社堪称员工合作社的典范。员工合作社通常采用按股分红和按劳分配相结合的原则，按劳分配为主体，按股分红的比例受到限制，且员工股份份额也受到一定的制约，防止"一股独大"，保障合作社的所有权为全体员工联合占有，凸显劳动者的主体性。比如，在调研中发现，有很多实力强的专业农户，共同投资兴建蔬菜大棚、温室、养殖小区或共同购买大型农机具等生产设备，发展特色农业和果蔬种植业，农户集投资者和劳动者于一身，共同生产经营、共同承担风险，民主决策，并且限制个人大股东的控股比例，保护大多数生产者的利益，收益通常采取按劳分配和按股分配相结合。这类组织保留了合作社的合理内核，同时吸收了股份制的优势，这类组织就接近于员工合作社，应按照员工合作社的方向进一步强化内部的组织建设。与之相对，使用者合作社是指合作社产权为使用者（惠顾者）联合所有但使用者仍然为独立的生产者的经济组织，合作社盈余一般采取按交易额分配的原则进行返还。与员工合作社不同，使用者合作社体现的是"所有者——惠顾者同一"的运作特征。尽管员工合作社和使用者合作社存在较大的差别，但两者的共同点是：强调劳动控制资本（按劳分配占主体）、所有权联合占有、治理机制上的民主控制。

依据上述认识，现有的农民专业合作社的治理就有了基本的线索。根据现有的法律规定，中国农民专业合作社应该归属于使用者合作社。但实际上，农民专业合作社的"专业"二字极为宽泛和灵活，可以涵盖从事不同类型业务、提供不同物品的合作社，比如农业供销合作社、农业保险合作社、农业信贷合作社、乡村旅游合作社、农耕文化保护合作社等等。根据合作社从事的不同业务和内部运作机制，可以把不同的合作社分别归属于员工合作社和使用者合作社，从而限制城乡资本"非法"侵入合作社的发展空间。对于现有的以"合作社"名义注册的各种类型的企业，

---

① 唐宗焜：《合作社真谛》，知识产权出版社 2012 年第 1 版。

规定相应的整改措施和整改期限，要求它们要么按规定改造成"员工合作社"，要么改造成"使用者合作社"，要么恢复其本来的组织名称和企业类型，决不能再套用合作社的品牌。同时，建议政府和相关社会组织加大审查力度，只有那些符合"使用者合作社"和"员工合作社"治理机制的农民专业合作社才能获得相应的政策扶持，提高扶持资金的瞄准率和公正性。

三　找准农民专业合作社的发展路径

适应"城镇化建设"、"生态文明建设"、"美丽乡村建设"的时代要求，吸取新乡建派的合理思想，找准农民专业合作社的发展路径，推进农民专业合作社走上健康发展轨道。

面临生态环境的恶化和食品安全事件的频繁发生，各级政府和普通公众对环境和生态问题的关注程度越来越高，中央高层适时推出了"生态文明建设"和"美丽乡村建设"的发展战略。这个发展战略为培育农民专业合作社提供了良好的契机和空间。目前很多城市的中产阶层向往安全食品、喜欢乡村旅游，农民专业合作社应抓住这个契机，开发休闲农业、体验农业、文化农业、养生农业、景观农业等旅游资源，将资源转化为促进农村发展的资本。各级政府要出台良好的扶持措施，在遵循合作社本质要求的基础上，鼓励拥有特色旅游资源的农村成立专业合作社来开发和管理旅游资源，防止逐利的资本下乡争夺旅游资源的收益。

在那些不具备特色旅游资源的广大普通农村，在适度转移农村人口的基础上，国家要鼓励农民进行有机农业生产。鼓励农民专业合作社和家庭农场发展有机的、适合本土的高产果蔬作物和畜禽养殖业。同时，借助当前精准扶贫的大背景以及乡村振兴战略，各级政府应该利用农民合作社作为精准扶贫的手段和工具之一，出台扶持措施鼓励留守村庄的中坚农民成立粮食专业合作社，大力发展有机粮食生产，既维护国家的粮食安全，也为保护生态和农民致富作出应有的贡献。

最后，本研究的主要政策建议是：农民专业合作社的出现有特定的前提条件，不能靠行政力量推动来急速发展合作社；针对目前绝大部分农民专业合作社日益背离合作社原则的客观现实，国家应适时对农民专业合作社进行治理；与此同时，适应城镇化进程和生态文明建设的需要，在遵循合作社本质要求的基础上，国家要鼓励农业生产者组建乡村旅游专业合作社、手工业合作社和粮食生产专业合作社，充分发挥合作社的"益贫性"功能，改善普通农户的经济社会地位，营造稳定的农村社会结构，保护和延续乡村文明。

总之，面对当今农民专业合作社日益"异化"的格局，按照合作社的本质要求对中国农民专业合作社进行规范化治理逐渐成为各方的共识。但是，要完成这一任务，迫切需要对合作社背后的推动力量进行相应的制度约束和制度激励。在学术界的推动下，中央高层已经按照合作社的本质要求，对《农民专业合作社法》进行了适度的修订。虽然有学者认为，新修订的法律依然没有解决合作社长远发展的相关问题，但是无论如何，新法体现了对现有的农民专业合作社进行清理和整顿的决心，也在一定程度上适应了新时代发展的需要和国家的战略要求。期待着农民专业合作社能够在国家全面振兴乡村战略以及全面建设小康社会的新时代获得长远而稳健的发展。

参考文献

一、论文类

1. 柏振忠、向慧、宋玉娥:《农民专业合作社精准扶贫机理研究》,《农业科技管理》2017 年第 3 期。

2. 傅晨:《农民专业合作经济组织的现状及问题》,《经济学家》2004 年第 10 期。

3. 贺雪峰:《退出权、合作社与集体行动的逻辑》,《甘肃社会科学》2006 年第 1 期。

4. 贺雪峰:《站在小农立场看问题》,《中国老区建设》2013 年第 7 期。

5. 贺雪峰:《公私观念与中国农民的双层认同:兼论中国传统社会农民的行动逻辑》,《天津社会科学》2006 年第 1 期。

6. 洪闫华:《国外农业合作社治理的经验及其启示》,《经济纵横》2012 年第 6 期。

7. 胡玉玲:《开封市农民专业合作社财务管理存在的问题及对策》,《河南农业》2011 年第 3 期。

8. 黄胜忠:《农业合作社理论研究述评》,《商业研究》2009 年第 3 期。

9. 黄祖辉、梁巧:《小农户参与大市场的集体行动——以浙江省箬横西瓜合作社为例的分析》,《农业经济问题》2007 年第 9 期。

10. 姜波:《关于辽宁省家庭农场发展情况的调研报告》,《农业经济》2013 年第 11 期。

11. 蒋永穆、刘承礼:《中国农地股份合作制制度绩效的内生交易费用理论分析》,《当代经济研究》2005 年第 2 期。

12. 朱军：《保障农民社会权的二元主体合理性论析》，《东北农业大学学报》（社会科学版）2014 年第 8 期。

13. 李长健、冯果：《我国农民合作经济组织立法若干问题研究》，《法学评论》2005 年第 4 期。

14. 李焕斋：《南乐县农村土地流转存在问题及建议》，《河南农业》2011 年第 1 期。

15. 刘锋、鲁可荣：《农村专业经济协会发展困境及政策建议》，《学会》2011 年第 1 期。

16. 刘启明：《日本农协的销售服务与启示》，《中国流通经济》2015 年第 4 期。

17. 刘涛：《传统资源、现代制度与基层治理的未来》，《社会科学论坛》2014 年第 7 期。

18. 刘涛：《何以安身立命？——村庄意义世界的传承及断裂》，《中共南京市委党校学报》2012 年第 6 期。

19. 刘涛：《转型期村庄选举的困境》，《民主与法制时报》2011 年第 7 期。

20. 刘晓敏、秦义民：《河南省农民专业合作社调查报告》，《河南农业》2014 年第 7 期。

21. 刘颖娴、纳口列子、德永澄宪等：《日本农协"生产履历记账运动"及其启示》，《农林经济管理学报》2014 年第 5 期。

22. 娄本东：《农民工代际差异凸显的问题与对策》，《理论导刊》2013 年第 11 期。

23. 陶红军：《美国众议院 2013 年农场法案评析》，《东北农业大学学报》（社会科学版）2014 年第 2 期。

24. 王军：《中国农民专业合作社社员机会主义行为的约束机制分析》，《中国农村观察》2011 年第 9 期。

25. 温铁军：《我们为什么不能实行农村土地私有化》，《红旗文稿》2009 年第 2 期。

26. 陈孝文：《泉州市农村土地承包经营权流转研究》，《中国林业经济》2014 年第 8 期。

27. 熊吉陵、张孝锋、黄诚：《发展农民合作经济组织存在的问题及建议》，《农业考古》2006 年第 12 期。

28. 严海蓉、胡靖等：《在香港观察中国的粮食安全》，《21 世纪》2014 年第 6 期。

29. 应瑞瑶：《农民专业合作社的成长路径——以江苏省泰兴市七贤家禽产销合作社为例》，《中国农村经济》2006 年第 1 期。

30. 苑鹏：《农民专业合作社的多元化发展模式》，《中国国情国力》2014 年第 2 期。

31. 张伟兵：《走向小农户联合的农民专业合作社：可能与可为——立足粮食生产的一个新思考》，《中州学刊》2014 年第 5 期。

32. 张学会、王礼立：《农民专业合作社一体化演进路径》，《广西社会科学》2014 年第 2 期。

33. 赵晓峰、刘成良：《利益分化与精英参与：转型期新型农民合作社与村两委关系研究》，《人文杂志》2013 年第 9 期。

34. 郑美华、江光辉：《农民合作社内资金互助发展困境探讨——基于山西省供销社的调研》，《山东农业大学学报》（社会科学版）2018 年第 1 期。

35. 柏振忠、李亮：《武陵山片区农民合作社助力精准扶贫研究——以恩施土家族苗族自治州为例》，《中南民族大学学报》（人文社会科学版）2017 年第 5 期。

36. 蔡永生：《十八届三中全会对贵州全面深化改革的深刻启示》，《理论与当代》2013 年第 12 期。

37. 陈柏峰：《农地的社会功能及其法律制度选择》，《法制与社会发展》2010 年第 2 期。

38. 陈成文、罗忠勇：《土地流转：一个农村阶层结构再造过程》，《湖南师范大学社会科学学报》2006 年第 4 期。

39. 陈东平、陈跃：《商品信用合作成为农民专业合作社首选的原因及启示》，《农村金融研究》2017 年第 8 期。

40. 陈文学、高圣平：《土地承包经营权流转视野下的土地承包经营权登记制度：困境与出路》，《学术探索》2010 年第 6 期。

41. 程漱兰：《两个趋向农村合作经济发展的新契机》，《中国合作经济》2005 年第 4 期。

42. 戴明福：《马克思恩格斯农业合作思想及其现实意义》，《南方论刊》2014 年第 7 期。

43. 邓衡山、徐志刚、柳海燕：《中国农民专业合作经济组织发展现状及制约因素分析——基于全国 7 省 760 个村的大样本调查》，《现代经济探讨》2010 年第 8 期。

44. 邓军蓉、何蒲明：《粮食类合作社成员的合作意愿及原因分析——基于湖北省 159 个合作社成员的调查》，《湖北农业科学》2016 年第 8 期。

45. 丁志宏：《发达国家的老年教育发展及其对我国的启示——以英、美、日三国为例》，《高等函授学报》（哲学社会科学版）2008 年第 9 期。

46. 董佳佳、王利艳：《日本农协在农产品市场营销中的新战略及启示》，《商业经济研究》2018 年第 1 期。

47. 高原：《市场经济中的小农农业和村庄：微观实践与理论意义》，《开放时代》2011 年第 6 期。

48. 葛文光：《河北省农民专业合作经济组织发展研究》，《西北农林科技大学学报》2008 年第 3 期。

49. 宫银峰、刘涛：《乡村社会的变动与村民自治的实践——国家与社会视角下的乡村政治解析》，《长白学刊》2010 年第 1 期。

50. 桂华：《中国农业生产现状与发展选择》，《中国市场》2012 年第 7 期。

51. 郭丹：《各国合作社立法模式比较及对中国立法的借鉴》，《经济研究导刊》2007 年第 8 期。

52. 郭红东、楼栋、胡卓红等：《影响农民专业合作社成长的因素分析——基于浙江省部分农民专业合作社的调查》，《中国农村经济》2009 年第 8 期。

53. 国鲁来：《农民专业合作社需要制度创新》，《农村经济》2011 年第 5 期。

54. 何仲玲、杨毅：《金钟镇农村土地流转调研浅析》，《云南农业》2010 年第 10 期。

55. 贺雪峰：《简论中国式小农经济》，《人民论坛》2011 年第 11 期。

56. 贺雪峰：《取消农业税后农村的阶层及其分析》，《社会科学》

2011 年第 3 期。

57. 胡宗山：《农村合作社：理论、现状与问题》，《江汉论坛》2007年第 4 期。

58. 黄季焜、邓衡山、徐志刚：《中国农民专业合作经济组织的服务功能及其影响因素》，《管理世界》2010 年第 5 期。

59. 黄宗智：《中国农业面临的历史性契机》，《读书》2006 年第10 期。

60. 黄祖辉：《发展农民专业合作社，创新农业产业化经营模式》，《湖南农业大学学报》2013 年第 4 期。

61. 黄祖辉：《合作社的本质规定性及其漂移》，《浙江大学学报》2009 年第 4 期。

62. 黄祖辉：《中国合作组织发展的若干理论与实践问题》，《中国农村经济》2008 年第 11 期。

63. 黄祖辉等：《农民专业合作社的效率及其影响因素分析》，《中国农村经济》2011 年第 7 期。

64. 姜长云：《中国粮食安全的现状与前景》，《经济研究参考》2012年第 5 期。

65. 蒋华：《中国农村剩余劳动力转移与制度安排研究》，《西南财经大学学报》2002 年第 4 期。

66. 金丽馥：《江泽民"三农"思想探要》，《江苏大学学报》（社会科学版）2003 年第 6 期。

67. 孔祥智、郭艳芹：《现阶段农民合作经济组织的基本状况组织管理及政府作用——23 省农民合作经济组织调查》，《农业经济问题》2006年第 1 期。

68. 孔祥智：《合作社的本质规定性》，《中国农民合作社》2014 年第5 期。

69. 李承嘉：《行动者网络理论应用于乡村发展之研究：以九份聚落1895—1945 年发展为例》，《台湾地理学报》2005 年第 39 期。

70. 李道和：《农户加入农民专业合作社影响因素及政府扶持机制研究》，《江西农业大学学报》2012 年第 1 期。

71. 李尔斌：《农村土地承包经营权流转机制的完善措施探讨》，《山东省农业管理干部学院学报》2010 年第 7 期。

72. 李国祥：《农民合作经济组织应成为精准扶贫的重要力量》，《中国合作经济》2016 年第 4 期。

73. 李如春、陈绍军：《农民合作社在精准扶贫中的作用机制研究》，《河海大学学报》（哲学社会科学版）2017 年第 2 期。

74. 李想：《农民合作社扶贫参与行为研究》，《华南农业大学学报》（社会科学版）2017 年第 6 期。

75. 李小建、李二玲：《西方农区地理学理论研究评述》，《经济地理》2007 年第 1 期。

76. 李燕萍、涂乙冬：《我国农民专业合作社发展模式研究——一个二维度整合模型》，《理论月刊》2009 年第 5 期。

77. 李昱姣：《空想的逻辑——欧文、傅立叶合作思想辨析》，《社会主义研究》2009 年第 6 期。

78. 廖萍萍：《马克思合作思想的新视角》，《福建论坛》（人文社会科学版）2007 年第 11 期。

79. 廖萍萍：《亚当·斯密与马克思：关于合作思想的比较》，《东南学术》2009 年第 5 期。

80. 林坚、黄胜忠：《成员异质性与农民专业合作社的所有权分析》，《农业经济问题》2007 年第 10 期。

81. 刘如翔：《农民专业合作社退社机制研究》，《甘肃政法学院学报》2010 年第 5 期。

82. 刘涛：《发展家庭农场需要考虑的重点问题》，《中国老区建设》2013 年第 7 期。

83. 刘涛：《让土地"活"起来》，《中国农民合作社》2010 年第 1 期。

84. 刘涛：《土地规模化流转的意愿、实践与逻辑分析——基于河南省 H 县的调查》，《古今农业》2011 年第 2 期。

85. 刘涛：《现代国家建设与小农合作的困境》，《华中科技大学学报》2010 年第 6 期。

86. 刘涛：《小农改造、土地流转与农业的现代化之路——基于乡村土地流转类型的考察》，《内蒙古社会科学（汉文版）》2012 年第 7 期。

87. 刘霞、杨菲蓉：《建国后毛泽东农业合作思想的困窘与张力——基于"组织起来"的视角》，《现代哲学》2011 年第 2 期。

88. 刘学侠：《土地股份制：中国农村土地制度改革的方向》，《农业经济问题》2007 年第 7 期。

89. 刘雪影：《在顶层设计的高度正确处理改革发展稳定的关系》，《经营管理者》2013 年第 12 期。

90. 刘勇：《西方农业合作社理论文献综述》，《华南农业大学学报》（社会科学版）2009 年第 10 期。

91. 刘宇翔：《农民合作组织成员投资意愿的影响因素分析》，《农业技术经济》2010 年第 2 期。

92. 刘媛媛：《从服务内容看合作社竞争力》，《中国农民合作社》2010 年第 10 期。

93. 楼栋、孔祥智：《成员异质性背景下的农民合作社小农困境分析》，《农林经济管理学报》2014 年第 6 期。

94. 卢向虎、吕新业、秦富：《农户参加农民专业合作组织意愿的实证分析》，《农业经济问题》2008 年第 1 期。

95. 陆路、米雅娜：《示范社"示范效应"如何最大化?》，《中华合作时报》2011 年第 8 期。

96. 马彦丽、林坚：《集体行动的逻辑与农民专业合作社的发展》，《经济学家》2011 年第 4 期。

97. 马彦丽、孟彩英：《我国农民专业合作社的双重委托代理关系》，《农业经济问题》2008 年第 5 期。

98. 倪星：《论集体腐败的经济学根源》，《武汉大学学报》（社会科学版）2000 年第 2 期。

99. 潘王平、李正功、李正汉：《集区农村土地流转现状与对策》，《现代农业科技》2008 年第 11 期。

100. 彭晓静、李凤瑞：《构建农民专业合作社发展新机制的路径探析：以河北为例》，《农业经济》2014 年第 7 期。

101. 任大鹏、李蔚：《农民合作社梯次民主现象研究》，《西北农林科技大学学报》（社会科学版）2017 年第 6 期。

102. 漆彦忠：《新型农民专业合作经济组织发展中存在的问题及对

策》,《河南科技》2012 年第 9 期。

103. 钱忠好、曲福田:《农地股份合作制的制度经济解析》,《管理世界》2006 年第 8 期。

104. 钱忠好:《外部利润、效率损失与农地股份合作制度创新》,《江海学刊》2007 年第 1 期。

105. 任辉、吴群:《外部利润、产权界定与土地资源优化配置——成都市农村土地股份合作制改革的制度经济学解析》,《地域研究与开发》2012 年第 3 期。

106. 孙宝强:《壮大农民合作经济组织,推进新农村建设》,《重庆社会科学》2006 年第 5 期。

107. 孙春城:《农民专业合作社成员能否退社？如何退社?》,《新农业》2008 年第 1 期。

108. 孙业范:《现阶段我国农民合作需求与意愿的实证研究和启示——对江苏农户的实证调查与分析》,《江苏社会科学》2003 年第 1 期。

109. 谭银清、王钊、陈益芳:《西方农业合作社演化对我国农民专业合作社异化的启示》,《现代经济探讨》2015 年第 5 期。

110. 谭智心、孔祥智:《不完全契约、内部监督与合作社中小社员激励》,《中国合作经济评论》2011 年第 4 期。

111. 仝志辉、温铁军:《资本和部门下乡与小农户经济的组织化道路——兼对专业合作社道路提出质疑》,《开放时代》2009 年第 4 期。

112. 仝志辉:《专业合作社发展中的小农困境》,《中国老区建设》2009 年第 2 期。

113. 万江红、管珊、钟涨宝:《农民专业合作社"规范困境"现象探析——来自湖北 T 合作社的个案》,《西北农林科技大学学报》(社会科学版)2014 年第 6 期。

114. 万江红、管珊:《国家—社会视野中农民专业合作社的发展分析》,《贵州社会科学》2014 年第 2 期。

115. 王丰、唐新苗:《从国外经验看我国烟叶生产合作组织的职能定位》,《中国烟草学报》2009 年第 4 期。

116. 王国敏、翟坤周:《我国农民专业合作社发展的政治经济学分析》,《经济问题探索》2012 年第 2 期。

117. 王小映：《土地股份合作制的经济学分析》，《中国农村观察》2003 年第 6 期。

118. 王秀娟、郑少锋：《陕西苹果产业发展中果农参加专业合作社意愿的实证分析》，《西北林学院学报》2009 年第 6 期。

119. 文贯中：《解决三农问题不能回避农地私有化》，《选择周刊》2006 年总第 104 期。

120. 吴思红：《乡村秩序的基本逻辑》，《中国农村观察》2005 年第 7 期。

121. 吴重庆：《从熟人社会到"无主体熟人社会"》，《读书》2011 年第 1 期。

122. 邢成举：《农民专业合作社的运行及其影响：兰考实证》，《重庆社会科学》2010 年第 12 期。

123. 熊万胜：《合作社：作为制度化进程的意外后果》，《社会学研究》2009 年第 2 期。

124. 徐旭初、吴彬：《治理机制对农民专业合作社绩效的影响——基于浙江省 526 家农民专业合作社的实证分析》，《中国农村经济》2010 年第 5 期。

125. 徐旭初、贾广东、刘继红：《德国农业合作社的发展及其对我国的几点启示》，《农村经营管理》2008 年第 5 期。

126. 徐旭初：《合作社的本质规定性及其他》，《农村经济》2003 年第 8 期。

127. 徐旭初：《农民合作社发展研究：一个国内文献的综述》，《农业部管理干部学院学报》2012 年第 8 期。

128. 徐旭初：《农民专业合作社绩效评价体系及其验证》，《农业技术经济》2009 年第 4 期。

129. 研石：《从数字看发展中的我国合作社事业》，载《中国供销合作经济》2002 年第 7 期。

130. 阎占定、丁兵：《马克思恩格斯农业合作思想中的政治价值意蕴及启示》，《中南民族大学学报》（人文社会科学版）2013 年第 6 期。

131. 杨华、欧阳静：《阶层分化、代际剥削与农村老年人自杀——对近年中部地区农村老年人自杀现象的分析》，《管理世界》2013 年第 5 期。

132. 杨华：《农村土地流转与农村社会阶层重构》，《重庆社会科学》2011 年第 5 期。

133. 杨华：《中农阶层：当前社会的中间阶层》，《开放时代》2012 年第 5 期。

134. 杨林、邓丽禛：《农业补贴理论的最新发展：一个文献综述》，《经济研究参考》2012 年第 4 期。

135. 杨龙、仝志辉：《农村精英对于合作社非线性发展的影响机制研究》，《探索》2013 年第 6 期。

136. 杨涛：《大户领办型农民专业合作社权力结构：失衡与矫正》，《中南大学学报》（社会科学版）2014 年第 6 期。

137. 杨团：《中国农村合作组织发展的若干思考》，《天津社会科学》2010 年第 3 期。

138. 杨雅如：《当前我国农民专业合作社发展的外部条件调整研究》，《青岛农业大学学报》（社会科学版）2010 年第 8 期。

139. 杨玉映：《荔枝合作社的价值链构成与战略选择》，《广东农业科学》2011 年第 8 期。

140. 叶扬兵：《江苏省南通地区"算账"事件研究——透析平息退社风潮中的打击单干户现象》，《江苏大学学报》（社会科学版）2006 年第 3 期。

141. 袁丽丽：《19 世纪 60 年代—90 年代俄国的合作化运动》，《内蒙古师范大学学报》（哲学社会科学版）2015 年第 5 期。

142. 袁丽丽：《合作社文化的内涵》，《中国农民合作社》2017 年第 8 期。

143. 苑鹏：《试论合作社的本质属性及中国农民专业合作经济组织发展的基本条件》，《农村经营管理》2006 年第 5 期。

144. 曾富生、朱启臻：《农业补贴与农村社会保障相结合——基于农业补贴效果的重新审视》，《西安电子科技大学学报》2010 年第 3 期。

145. 张冬平、丁鹭、夏海龙：《基于 Logit 模型下农民加入专业合作社的意愿分析》，《河南农业大学学报》2007 年第 3 期。

146. 张文明，《"新政社合一"：农民合作的集体制度困境——以 S 市某农村合作社为例》，《社会科学》2015 年第 3 期。

147. 张晓山：《中国农民专业合作社的发展及其面临的挑战》，《中国合作经济》2012 年第 6 期。

148. 张笑寒：《农村土地股份合作社：运行特征、现实困境和出路选择——以苏南上林村为个案》，《中国土地科学》2009 年第 2 期。

149. 张耀影：《传统农业改造的四种道路》，《广西社会科学》2005 年第 7 期。

150. 赵泉民：《农村合作经济组织发展困境分析——以机制问题为中心》，《贵州社会科学》2010 年第 10 期。

151. 赵泉民：《农民的公民意识与中国乡村合作经济组织的发展》，《社会科学》2010 年第 8 期。

152. 赵晓峰、邢成举：《农民合作社与精准扶贫协同发展机制构建：理论逻辑与实践路径》，《农业经济问题》2016 年第 4 期。

153. 赵晓峰、何慧丽：《农民专业合作社发展的结构性困境与突围路径》，《农业经济》2013 年第 1 期。

154. 赵晓峰：《结构性力量视角下的集体行动何以可能？——基于南马庄生产者合作社的实践分析》，《调研世界》2008 年第 8 期。

155. 浙江省农业厅课题组：《农民专业合作社绩效评价体系初探》，《农村经营管理》2008 年第 10 期。

156. 郑州市社科院课题组：《郑州农村土地流转问题调查与研究》，《郑州日报》2010 年第 1 期。

157. 周端明、蔡敏：《资本逻辑、技术创新与农业微观经营方式的变迁——家庭农场是最适合农业的经营方式吗?》，《教学与研究》2014 年第 12 期。

158. 周蕾：《西部农民合作经济组织成长机制研究》，《西北农林科技大学学报》2007 年第 6 期。

159. 周应恒、李强、耿献辉：《日本农协发展的新动向》，《世界农业》2013 年第 9 期。

160. 周祝平：《中国农村人口空心化及其挑战》，《人口研究》2008 年第 8 期。

161. 朱广其：《农户合作：农业组织化的主体性选择》，《经济问题》1996 年第 5 期。

162. 朱忠贵：《农村土地流转非粮化与粮食安全》，《粮食问题研究》2010 年第 10 期。

163. 邹烨：《构建农村合作经济组织中的新型劳动者群体》，《学理论》2010 年第 4 期。

二、硕博论文

1. 宝力道：《内蒙古牧民专业合作社发展现状及对策研究》，中央民族大学硕士论文，2013 年。

2. 陈荣文：《我国农村合作社法律制度的传承、发展与创新》，福建师范大学博士论文，2013 年。

3. 樊春辉：《河南省农民专业合作社的动力机制研究》，郑州大学硕士论文，2012 年。

4. 何晋花：《浙江省农民专业合作社发展模式研究》，浙江农林大学硕士论文，2013 年。

5. 黄其志：《农业产业化视角中瑞安市农民专业合作社的发展研究》，南京农业大学硕士论文，2013 年。

6. 苗焱：《河南省农民专业合作社规范化发展研究》，河南农业大学硕士论文，2009 年。

7. 邵兴全：《新型农民专业合作社治理结构研究》，西南财经大学博士论文，2011 年。

8. 陶正兵：《河南省农村土地流转的市场化研究》，河南农业大学硕士论文，2010 年。

9. 谢均己：《农村合作经济组织理论与实践研究》，四川大学硕士论文，2007 年。

10. 姚丽：《南宁市农民专业合作组织发展研究》，广西大学硕士论文，2013 年。

三、著作类

1. ［美］道格拉斯·诺斯、罗伯特·托马斯：《西方世界的兴起》，华夏出版社 1999 年版。

2. 费孝通：《生育制度》，北京大学出版社 1998 年版。

3. 费孝通：《乡土中国》，上海人民出版社 2006 年版。

4. ［美］格兰诺维特：《镶嵌：社会网与经济行动》，罗家德译，社会科学文献出版社 2007 年版。

5. 贺雪峰：《地权的逻辑——中国农村土地制度向何处去》，中国政法大学出版社 2010 年版。

6. 贺雪峰：《新乡土中国：转型期乡村社会调查笔记》，广西师范大学出版社 2003 年版。

7. 贾春增：《外国社会学史》，中国人民大学出版社 2000 年版。

8. ［英］科斯：《社会成本问题》，载于《财产权利与制度变迁——产权学派与制度学派译文集》，上海人民出版社 1994 年版。

9. 李昌平：《大气候——李昌平直言"三农"》，陕西人民出版社 2009 年版。

10. 梁漱溟：《中国文化要义》，上海世纪出版集团 2005 年版。

11. 林毅夫：《制度、技术与中国农业发展》，上海人民出版社 2005 年版。

12. 林语堂：《中国人》，学林出版社 2000 年版。

13. 刘少杰：《后现代西方社会学理论》，社会科学文献出版社 2002 年版。

14. ［美］曼瑟尔·奥尔森：《集体行动的逻辑》，陈郁等译，上海三联书店，上海人民出版社 1995 年版。

15. ［美］米歇尔·L·库克、康斯坦丁·伊利奥普洛斯：《集体行动中的不明晰产权：美国农业合作社的案例》，刘刚、冯健译，经济科学出版社 2003 年版。

16. 毛泽东：《只有合作化才能够抵抗天灾》，载于《中国农村的社会主义高潮》中册，1956 年版。

17. ［澳］马尔科姆·沃特斯：《现代社会学理论》，华夏出版社 2000 年版。

18. ［德］马克斯·韦伯：《经济与社会》，商务印书馆 1997 年版。

19. ［美］帕森斯：《社会行动的结构》，译林出版社 2003 年版。

20. ［俄］恰亚诺夫：《农民经济组织》，中央编译出版社 1996 年版。

21. ［美］舒尔茨：《改造传统农业》，商务印书馆 2006 年版。

22. 唐宗琨：《合作社真谛》，知识产权出版社 2012 年第 1 版。

23. 阎云翔：《私人生活的变革：一个中国村庄里的爱情、家庭与私密关系 1949—1999》，龚小夏译，上海书店出版社 2006 年版。

24. 杨华：《隐藏的世界：农村妇女的人生归属与生命意义》，中国政法大学出版社 2012 年版。

25. ［美］伊恩·罗伯特：《社会学》，商务印书馆 1990 年版。

26. ［美］詹姆斯·斯科特：《弱者的武器》，译林出版社 2007 年版。

27. 张晓山：《连接农户与市场：中国农民中介组织探究》，中国社会科学出版社 2002 年版。

28. 中共中央党史研究室：《中国新时期农村的变革：中央卷》，中共党史出版社 1998 年版。